우리에게는 다른 데이터가 필요하다

우리에게는 다른 데이터가 필요하다

차별을 만드는 데이터, 기회를 만드는 데이터

시빅 데이터 사이언티스트
김재연 지음

세종

차례

프롤로그
데이터가 어떻게 시민을 위할 수 있을까

1장 기회
시빅 데이터는 어떻게 부상했나

2장 데이터
데이터는 스스로 말하지 않는다

9장 인재
한 조직의 역량은 그 구성원의 역량만큼 뛰어나다

▶

10장 결론
데이터로 만드는, 잘해야 하는 일을 잘하는 정부

▶

프롤로그

데이터가 어떻게
시민을 위할 수 있을까

Prologue

미국에는 먹을 것이 부족한 취약 계층 가정을 돕는 정책의 일환으로 푸드 스탬프food stamp란 정책이 존재한다. 한국말로 식품 할인권이란 뜻인데, 2018년 한 해 동안 이 프로그램을 통해서 지출된 미국 정부 예산이 한화로 약 75조 원이다. 이 정책은 미국 최대의 저소득층 사회보장 정책이다. 2019년 기준, 한국 인구의 70퍼센트가 넘는 3,800만 미국인이 이 정책의 혜택을 받았다. 최근 경제학 빅데이터 연구에 따르면 이 정책은 미국 아동의 경제적 자립, 수명 연장 등에 기여한 것으로 밝혀졌다(Bailey et al. 2020).

그러나 이 정책에는 여전히 사각지대가 많다. 자격 조건만 갖추면 복지 급여를 받을 수 있음에도, 여전히 이 혜택을 누리지 못하는 사람이 많다. 인구가 4,000만에 육박하는 캘리포니아주는 미국에서 인구가 가장 많다. 정치 성향도 진보적이어서 복지 정책에 대한 지지가 많았다. 그럼에도 2018년 기준, 이곳에서 식품 할인권의 혜택을 누릴 자격이 있는 10명 중 실제로 이 혜택을 누리는 사람은 7명밖에 되지 않는다.

문제는 정책 집행 방식이다. 이유는 시간이다. 이 정책의 신청 서류를 작성하는 데 평균 한 시간이 넘게 걸린다. 신청자가 서류 작성 시 응답해야 하는 비슷한 성격의 질문이 200개가 넘는다. 가난한 사람들은 바쁘다. 돈만 없는 것이 아니라 시간도 없다. 임금이 낮기 때문에 일을 오래 해야 하고, 여러 일을 동시에 해야 하는 경우도 많다. 내가 한국에서 대학교수로 일할 당시, 한국과 미국의 시차 때문에 새벽에 연구실에서 미국 동료들과 회의를 해야 하는 경우가 많았다. 동이 트기 전 학교에 가도 나보다 앞서 출근한 분들이 계셨다. 모두 사무실을 청소하는 분들이었다. 미국도 다를 바 없다. 어쩌다 아침 일찍 전철을 타면 피곤한 몸을 전철에 맡긴 채 하루를 시작하는 사람들은 대개 일용직으로 일하는 분들이다.

시간당 버는 돈은 부자가 더 많다. 그러나 시간의 상대적 가치는 가난한 사람에게 더 크다. 그만큼 시간이 희소하기 때문이다. 따라서 행정 업무를 처리하기 위해 소요되는 시간 세금the time tax 문제는 결코 작지 않다. 집단 간 불평등의 원인이 된다.

내가 재직 중인 코드 포 아메리카Code for America에서 만든 디지털 서비스 겟캘프레쉬GetCalFresh는 캘리포니아 주정부가 운영하는 웹사이트의 대안이다. 식품 할인권의 이름은 주마다 다르다. 캘리포니아에서 쓰는 식품 할인권의 이름이 캘(리포니아)프레쉬다. 겟캘프레쉬는 이 식품 할인권CalFresh을 받도록Get 도와주는 서비스라는 뜻이다. 코드 포 아메리카는 실리콘밸리 기업들이 디지털 제품을 만드는 노하우를 정부 웹사이트에 적용해 단순하고 직관적인 웹사이트를 만들었다. 이 웹사이트를 사용하면 같은 서류 작성이 평균 10분이면 끝난다. 한 시간에서 10분, 6배에 가까운 시간 단축이다.

공문서 작성 시간이 6배 단축된 이유는 디자인 사고에 기초해 이 웹사이트를 설계했기 때문이다. 공공 영역에서 뭔가를 더하는 것은 쉽지만, 빼는 것은 어렵다. 규정을 따르는 것은 쉽지만, 시민의 목소리에 귀를 기울이기는 쉽지 않다.

디자인 사고는 반대다. 더하는 것보다 빼는 것에, 규정보다 시민의 목소리에 더 집중한다. 현장에서 신청자와 실무자의 목소리를 듣고, 작성할 필요가 없는 항목은 뺀다. 질문이 200개나 됐던 이유는 중복되는 항복이 많았기 때문이다. 필요한 항목은 쉽게 이해해서 실수 없이 작성할 수 있도록 돕는다. 공무원뿐만 아니라 정책을 활용하는 당사자인 시민이 이해할 수 있는 언어를 쓴다. 이것이 디자인 사고의 핵심이다. 마이크로소프트의 디자인 부사장이며 세계적 디자인 컨설턴트인 존 마에다에 따르면, '덜 하는 것이 더 하는 것less is more'이다(Maeda 2006). 두꺼운 설명서가 필요하고, 상세한 가이드가 있어야 한다면 서비스 디자인이 잘못된 것이다. 정부 서비스도 서비스의 일종이다. 쓰기 쉬운 정부가 시민에게 좋은 정부다.

이러한 디자인 개선 과정에서 데이터는 그동안 가려졌던 시민의 불편과 짜증을 드러낸다. 문제의 원인을 밝히고, 문제 해결의 방향을 잡는다. 데이터가 있기에 시민이 정부 서비스를 이용하는 일련의 과정에서 어디서, 얼마나, 왜 시간을 소요했는지 알 수 있다. 데이터가 있기에 이 개선된 서비스 디자인이 과연 시민의 시간을 어디서, 얼마나, 어떻게 아껴주었는지도 알 수 있다. 데이터는 이렇게 힘이 없던 사람들에게 힘을 실어준다.

01

행정 사무의 기계화, 자동화로는 부족하다

한국 정부는 행정사무의 자동화에 많은 노력을 들였다. 민원인이 바쁜 시간을 쪼개 관공서를 방문하는 일은 번거롭다. 그러니 굳이 관공서에 방문하지 않더라도 웹사이트나 모바일 앱을 통해 민원 처리를 할 수 있게 했다. 이 점에서 한국 정부는 미국 정부보다 앞서 있다.

일례로, 한국에서는 직장인이 세금 신고를 위해 각종 서류를 찾고, 모으고, 정리해서 국세청에 제출할 필요가 없다. 이것은 한국에서는 상식이지만 미국에서는 아니다. 미국에서는 보통 4월 중순까지 세금 신고 작업을 해야 한다. 여기에 여간 많은 시간과 노력이 필요한 것이 아니다. 2023년 아카데미 시상식에서 7개 부문을 수상한 영화 〈에브리씽 에브리웨어 올 앳 원스〉는 이민자의 애환을 그린다. 이 영화는 배우 양자경이 연기한 주인공 애블린 왕이 주방 식탁에 앉아 세금 신고를 준비하는 장면으로 시작한다. 이 장면이 선택된 이유는 그만큼 세금 신고가 미국 이민자의 삶의 고단함을 보여주는 좋은 예시이기 때문이다.

한국은 세금 환급 신청도 웹사이트나 모바일 앱으로 할 수 있다. 반면에 앞서 소개한 캘리포니아의 식품 할인권 웹사이트는 모바일 앱 버전이 없다. 스마트폰이 없는 사람은 드물어도 집에 컴퓨터가 없는 사람은 많다. 학교나 회사에서 컴퓨터를 사용할 수 있는 사람은 그나마 낫다. 그것도 안 되면 공공 도서관 같은 곳에 가서 컴퓨터를 찾아 써야 한다. 가난한 사람들이 정부의 도움을 요청하는데, 정부가 제공하는 도움을 찾아가는 길은 멀고 험하다.

행정사무의 자동화 측면에서 한국 전자정부의 우수함은 국제적으로 공인된 바다. UN은 2022년 전자정부 영역에서 한국을 세계 3위로 꼽았다. 그러나 우리 정부가 아직 더 잘할 수 있는, 잘해야 하는 부분도 많이 남아 있다.

민원 처리를 관공서에 직접 가서 하든 컴퓨터로 하든 스마트폰으로 하든, 본질은 같다. 공문서 작성을 잘해야 민원 처리가 잘된다. 이때 작성해야 할 서류의 종류, 양, 복잡함이 온·오프라인에서 동일하다면 디지털 기술은 공공서비스 개선이라는 문제를 본질적으로 해결하지 못한다. UN의 전자정부 지수는 시민들이 행정 처리에서 겪는 피곤함까지 측정하진 못한다.

정부가 만든 웹사이트나 모바일 앱을 써보면 정작 시민들이 많이 쓰는 서비스와는 관계없는 각종 기능이 덕지덕지 붙어 있어서 불편한 경우가 많다. 전문 용어로 이용성usability이 떨어진다. 쓸데없는 기능만 많고 정작 필요한 기능은 제대로 개발이 안 됐다. 관리도 안 된다. 양과 질이 반비례한다.

이렇게 정부의 디지털 서비스에 불필요한 기능이 많은 이유는 정부 웹사이트, 모바일 앱이 기존의 관공서 창구에서 공무원들이 쓰던 시스템을 그대로 디지털 환경으로 옮겨놓은 것이기 때문이다. 2023년 6월 19일 애플 앱스토어 확인 결과, 국세청 앱인 홈택스 리뷰가 3,600개 넘게 달려 있었다. 앱이 너무 훌륭해서 리뷰가 많은 것이 아니다. 이 앱은 5점 만점에 1.9점을 받았다. 그나마 받은 고점들도 제발 관리자가 이 리뷰를 보라고 이용자들이 일부러 준 것이다. 구색만 갖추고, 쓰긴 너무 어렵고, 관리가 안 된다는 평이 일색이다.

정부 웹사이트는 공무원 입장에서 보면 이해하기 쉽다. 그들의 전문 영역이기 때문이다. 그러나 시민의 관점에서 보면 알 필요도 없고, 필요한 정보를 찾는 데 방해되는 내용들이 너무 많다. 나아가, 모든 것을 디지털화하지도 못했다. 과거에는 민원인이 창구에서 서류를 작성하다가 이해가 되지 않는 내용은 가까이에 있는 담당자에게 물어보면 됐다. 온라인 환경에서는 민원인이 이해하지 못하는 부분도 모두 민원인의 몫이다. 혼자 고민하고, 그래도 답이 없으면 결국 해당 관청에 직접 연락해 담당자의 도움을 요청해야 한다. 전화를 걸어도 누가 언제 받을지 모른다. 몰라서 전화를 하는데, 담당 부서를 정확히 찾아야 한다. 연락이 닿는다고 끝이 아니다. 담당자가 정부 웹사이트나 앱을 어떻게 사용하는지 모르는 경우도 허다하다. 정부 웹사이트나 앱을 자주 사용하고 업데이트된 내용을 확인하는 담당자는 거의 없기 때문이다.

시민과 정부의 관계는 시작과 끝, 출생부터 사망, 전입부터 전출까지 모두 공문서를 기반으로 한다. 기술은 새롭지만 공문서라는 이름의 이 절차상 문제는 전혀 새롭지 않다. 시민이 정부 서비스를 이용할 때 맞닥뜨리는 문제의 핵심은, 공문서가 대부분의 사람들에게는 너무 어렵다는 것이다. 물어보는 것도 너무 많고, 제출하라는 것도 많고, 무엇을 물어보고 무엇을 달라는 것인지 이해하고 기억하기도 어렵다. 이 공문서의 문턱이 낮아질 때, 시민이 정부를 이용하기가 쉬워진다.

02

디자인 사고란
당사자의 입장에서
문제를 정의하는 것

───────────────

어떤 문제가 있을 때, 그 문제를 경험한 사람의 관점에서 정의하고 해결하는 것이 '인간중심적 디자인 접근법human-centered design approach'이다. 실리콘밸리 기업들이 제품 개발을 할 때 강조하고 애용하는 사고방식, 이른바 디자인 사고가 바로 이 접근법을 기본으로 한다.

- 전통적 사고방식: 제품을 먼저 만들고 피드백을 받는다
  시장의 반응은 가장 나중에 고려한다
- 디자인 사고방식: 먼저, 현장에 가서 의견을 경청하고
  피드백을 바탕으로 제품을 설계한다

코드 포 아메리카가 하는 일이 디자인 사고를 공공 영역에 적용해 시민들이 공문서를 더 쉽고, 빠르게 작성할 수 있도록 돕는 웹사이트, 모바일 앱 같은 디지털 도구를 만드는 것이다. 코드 포 아메리카는 이렇게 일하는 정부를 '기술 중심적 정부'와 대치되는 개념인 '인간 중심적 정부human-centered government'라 부른다. 정부에게 필요한 것은 더 강력한 기술, 규정에 더 잘 부합하는 기술이 아니라 시민이 쓰기 쉬운 기술이라는 점을 강조하기 위해서다. 기술이 중심이고 인간이 기술을 보조하는 정부가 아니라, 인간이 중심이고 기술이 인간을 보조하는 정부를 만드는 것이 우리의 목표다.

03

성숙한 시민은
만만하지 않다

디지털 시대의 새로운 정부를 만들기 위해 정부만 할 일이 있는 것이 아니다. 시민도 할 일이 있다. 공공 영역의 문제 해결은 쌍방향에서 이뤄져야 한다. 그래야 관계의 균형점이 새롭게 만들어진다. 손뼉을 마주쳐야 소리가 난다.

정부가 변하길 기대한다면 시민도 달라져야 한다. 정부는 시민이 기대하는 수준에 따라 변화한다. 성숙한 시민은 '말 잘 듣는' 시민이 아니라 '만만하지 않은' 시민, 혼자만 똑똑한 것이 아니라 함께 행동할 줄 아는 시민이다. 정부가 시민을 어려워해, 알아서 일을 열심히 하도록 만드는 시민이다. 시민들이 집단으로 행동할 때, 정부는 긴장한다(Acemoglu and Robinson 2006).

문제는 적극적이고 능동적인 시민이 되는 것이 쉽지 않다는 점이다. 정치 참여, 시민 참여 모두 좋은 말이다. 그런데 참여는 공짜가 아니다. 시간과 노력을 들여야 한다.

정보가 풍요로운 시대이지만 '사적인' 소비가 아닌 '공적인' 참여를 위한 정보는 여전히 빈곤하다. 네이버 지도를 보고 동네 맛집을 찾는 것은 쉽다. 반면 같은 서비스를 통해 내가 특정한 정책 결정 과정에 참여하는 데 도움을 주는 단체를 찾는 일은 어렵다. 갈수록 심해지는 미세먼지로 환경 문제에 관심이 생겨, 내가 사는 동네에 위치한 환경 단체를 찾으려 한다. 환경 관련 정책 결정이 어떻게 이뤄지는지 알고 싶다. 정부와 일반 시민에게 이 이슈에 대한 관심을 촉구하고 싶다. 이 문제에 적극적으로 의사를 표현하는 정당과 정치인을 지지하고, 후원하고, 그들을 위해 투표하고 싶다. 그러나 이와 같은 정보를 찾는 데 특화된 디지털 서비스는 없다. '특정 주소지'에 위치한 '환경'이란 단어가 들어간 단체는 네이버 같은 검색 엔진을 통해 쉽게 찾을 수 있다. 그러나 이들 단체의 사명은 무엇이고 어떤 활동을 하며, 어떤 참여 기회를 제공하는지 그 구체적 정보를 파악하기란 요원하다.

시민들이 시민사회, 민주주의에 참여하는 것이 쉽고 빨라질 때 민주주의의 저변이 넓어지고 깊어진다. 내가 지난 3년 넘게 존스 홉킨스의 SNF 아고라 연구소SNF Agora Institute에서 해온 연구가 바로 공공 빅데이터를 이용해 이런 시민사회의 지도를 만드는 것이다. 이 지도는 우리 동네에 어떤 종류의 비영리단체들이 있으며 이 단체들의 목적과 주요 활동이 무엇이고, 회원 가입, 이벤트 참여, 자원봉사, 집단행동 등 구체적으로 어떤 참여 기회를 제공하는지 보여준다. 이 프로젝트는 180만 개가 넘는 미국의 비영리단체들이 작성한 세금 보고서를 기반으로 한다. 한국식으로 표현하면, 국세청 데이터다.

조세 데이터의 접근성, 그리고 미국 민주주의의 위기를 다룬다는 프로젝트의 목표 때문에 이 책에서는 미국 사례에 초점을 맞추었다. 그러나 비슷한 공공 데이터만 공개되어 있다면 한국을 포함한 어떤 지역, 국가에서도 유사한 프로젝트를 실행할 수 있다.

04

시민을 위한
데이터 사용법

시빅 데이터civic data란 시민을 위한 데이터다. 이 책은 정부가 시민과 함께, 시민을 위해 데이터를 쓰기 위해 생각하고 행동해야 할 내용을 소개한다.

책의 1~3장은 시빅 데이터를 이해하고 활용하기 위한 배경지식을 다룬다. 1장에서는 시빅 데이터의 부상을 설명한다. 미국과 한국 사례를 통해 공공 정책 영역에서 기술과 데이터가 어떻게 사용되는지, 그 흐름이 어떻게 바뀌고 있는지 소개한다.

2장은 데이터가 중심이 된 이른바 데이터 사회를 살아가는 시민이라면 기본적으로 알아야 할 데이터 상식을 다룬다.

정책을 다루는 3장은 데이터와 정부 정책의 연결고리를 설명한다. 민주주의와 복지국가 모두 데이터 없이는 작동하지 않는다. 데이터는 정부란 기계를 움직이는 기름이다. 그러나 더 많은 데이터가 더 나은 정책을 만들지는 않는다. 왜곡된 데이터는 정책을 통해 차별을 낳고, 이 차별은 세대를 잇는 견고한 불평등을 만든다.

4장에서는 변화를 살펴본다. 먼저, 시빅 데이터로 정부를 바꾸기 위한 기본 원리를 설명한다. 접근하기 쉬운 정부일수록 차별은 줄이고, 기회는 늘린다. 이런 정부가 만드는 정책은 시민이 이해하기 쉽고, 규정을 따르기도 쉽다. 시민이 정부 서비스를 이용하면서 겪는 정신적 피로도 적다.

5~7장은 이 책의 핵심이다. 여기서는 4장에서 정의한 접근성 높은 정부를 만드는 방법을 인터페이스, 인프라, 피드백이라는 세 가지 부분으로 나누어 설명한다. 이것이 시빅 데이터로 차별은 줄이고 기회는 늘리는 세 가지 공략 포인트다.

5장 인터페이스에서 다루는 주요한 내용은 공문서다. 정부와 시민이 만나는 기본적인 접점, 이른바 인터페이스가 공문서이기 때문이다. 부의 가장 큰 문제는 공문서의 난해함이다. 공문서를 쉽게 작성할 수 있을 때, 시민은 좀 더 쉽게 정부를 쓸 수 있다.

6장 인프라에서는 정부가 수집하는 데이터가 정부가 만들 수 있는 정책의 틀을 결정한다는 점을 설명한다. 정부가 많은 데이터가 아니라 필요한 데이터를 잘 모을 때, 시민의 필요를 미리 파악하고 찾아가는 서비스를 만들 수 있다.

7장 피드백은 보이지 않는 문제는 해결할 수 없다는 점을 다룬다. 정부가 다양한 시민의 불편함에 관한 정보를 빠르고 쉽게 모을 때, 지속적으로 개선 가능한 정부 서비스를 만들 수 있다.

8장 균형에서는 공공 영역에서 개인정보를 포함한 민감한 데이터를 다루기 위해 주의할 사항을 정리한다. 공공 영역에서 필요한 것은 파괴적 혁신이 아니라 안전한 혁신이다. 정부가 보유한 개인정보에는 시민 각자의 소득, 의료 정보 등 민감한 정보가 많이 포함되어 있다. 더 민감한 데이터일수록 더 신중하게 다루어야 한다.

9장 인재는 공공 영역에서 데이터를 제대로 모으고 쓰기 위해 어떤 인재를 어떻게 모으고, 어떻게 키워야 할지 논의한다. 한 조직의 역량은 그 조직 구성원의 역량만큼 뛰어나다. 정부의 데이터 역량은 정부에서 일하는 사람들의 데이터 역량에 달려 있다. 마지막으로, 이 책의 핵심 메시지를 다시 한 번 강조한다.

한국 정부가 21세기에 걸맞은 데이터 정부가 되기 위해 필요한 것은 빅데이터 혹은 메타버스 강국이 되기 위한 노력이 아니다. 유행을 좇는 것이 아니다. 사명에 집중하고 기본에 충실하자. 데이터 기반 정부가 풀어야 할 고유의 사명은 데이터로 더 많은 시민이 정부의 혜택을 더 빨리, 더 쉽게 누릴 수 있도록 돕는 것이다.

　정부 웹사이트에서 공문서를 작성하는 것이 온라인 쇼핑몰에서 상품을 주문하는 것만큼이나 쉬워지고 빨라질 때, 모든 시민이 그런 정부를 경험할 때, 우리 정부는 더 좋은 정부가 된다. 차별은 적고 기회는 많은, 더 성숙한 민주주의 사회가 된다.

1장

기회

시빅 데이터는 어떻게 부상했나

01

미국 공공 영역의
데이터 사이언스

미국의 공공 영역에서 데이터 과학자가 본격적으로 활약한 지는 아직 10년이 채 되지 않았다. 그 시작은 오바마 행정부다. 왜 오바마 정부는 테크 인재를 중용하게 되었을까.

오바마 행정부에서 데이터 과학자를 비롯한 테크 인력이 미국 정부에 발을 깊게 들이게 된 것은 오바마가 주도한 의료보험 개혁안 때문이다. 이 법안의 정식 명칭은 환자보호 및 부담적정보험법Patient Protection and Affordable Care Act. PPACA이다. 이름이 길고 복잡해서 보통 오바마 케어Obamacare라 부른다. 오바마의 이름과 의료보호healthcare를 합친 것이다.

오바마 케어 이전에는 4,700만이 넘는 미국인에게 의료보험이 없었다. 보험이 없으면 충치가 생겨도 치과에 갈 수 없다. 값비싼 의료비를 지불해야 하기 때문이다. 미국에도 저소득층을 위한 의료보험인 메디케이드와, 노인의료보험제도인 메디케어는 있다. 그러나 오바마 케어 이전에는 보통 사람들은 국가가 제공하는 의료보험 혜택을 받지 못하고 사보험에 가입해야 했다. 직장이 있으면 직장에서 사보험에 가입시켜주는 경우가 많다. 그러나 실직을 당하거나 회사를 그만두게 되면 보험 혜택도 같이 상실한다. 이것이 미국 사회안전망의 오랜 구멍이었다. 오바마 케어의 핵심은 이 구멍을 메우는 것이다. 미국에서 의료보험에 가입하지 못하는 사람이 없도록 하는 것이다.

공화당의 거센 반대에도 불구하고 오바마는 2010년 이 법안을 통과시켰다. 정부 내부의 많은 의견 조율과 진통 끝에 2014년, 결국 이 법안이 효력을 발휘하게 됐다. 이 정책을 위한 웹사이트 이름도 헬스케어닷가브HealthCare.gov로 정했고, 웹사이트 론칭 일정도 2013년 10월 1일로 확정되었다. 이 웹사이트를 통해 이제 미국인은 오바마 케어와 여러 사보험의 가격 등 조건을 비교하고, 오바마 케어 등록 절차를 마칠 수 있게 됐다. 이 웹사이트가 오바마 케어의 관문이다.

모든 계획이 좋았다. 실행하기 전까지는. 웹사이트 오픈 후 24시간 동안 470만 명이 방문했다. 결국 사이트가 다운됐다. 예상

보다 훨씬 많은 인원이 접속했기 때문이다. 다음 날 이 사이트를 통해 오바마 케어에 등록한 사람은 고작 여섯 명에 불과했다.

이 사이트가 무너지면 오바마 케어도 무너진다. 미국 정부가 오랫동안 공을 들인 의료개혁안은 물거품이 된다. 헬스케어닷가브를 구하기 위해 오바마 행정부의 CTO였던 토드 박은 실리콘밸리의 탑 엔지니어들을 정부로 부른다. 토드 박은 한국계 미국인이다. 하버드대 경제학과 출신으로 24세에 의료 전문 IT 업체인 아테나헬스를 공동 설립했다. 이후 공직에 뛰어들어 2009년 미국 보건복지부 CTO를 맡았고, 2012년 오바마 정부의 CTO로 임명됐다. 토드 박이 영입한 실리콘밸리 인재 중에는 구글에서 웹 스팸 관리를 총책임한 맷 커츠도 있다. 구글은 이용자가 구글의 검색 결과에서 선정적 콘텐츠를 필터링할 수 있도록 세이프 서치라는 기능을 제공한다. 이 검색 필터의 초기 버전을 만든 사람이 맷 커츠다. 미국 정부의 공무원들과 맷 커츠와 같은 실리콘밸리의 테크 인재들이 협력해 많은 노력을 기울인 끝에, 결국 헬스케어닷가브는 정상화됐다.

이 뼈아픈 사건을 계기로 오바마 정부는 실리콘밸리 인재들을 중용하게 됐다. 이렇게 열린 문을 통해서 많은 실리콘밸리의 소프

트웨어 엔지니어, 디자이너, 데이터 과학자, 프로덕트 매니저*들
이 미국 정부로 자리를 옮겼다. 헬스케어닷가브 구조에 기여한 맷
커츠는 사건이 마무리된 후 다시 구글로 돌아갔지만, 공직의 매력
에 끌려 2016년 백악관으로 자리를 옮긴다. 그는 오바마 정부에
서 신설된 디지털 서비스청을 4년 넘게 이끌었다.

미국 정부에는 국가 최고 데이터 과학자가 있다

미국 국가 최고 데이터 과학자U.S. Chief Data Scientist. CDS라는 직
함도 오바마 행정부에서 시작됐다. CDS는 미국 정부의 데이터를
시민을 위해 효율적이고 책임 있게 사용하는 전략, 조직, 체계를
만든다. 백악관을 따라서 중앙부처, 지방자치단체도 CDS를 뽑기

---

*   제품의 기획부터 출시까지 전 과정을 책임지는 매니저. 프로젝트 매니
저project manager가 프로젝트를 문제없이 완수하는 것을 목표로 한다면, 프로덕트
매니저는 제품을 성공시키는 것을 목표로 한다. 한국 IT 산업에서는 프로덕트 매니
저보다 서비스 기획자가 흔하다.
두 직종 모두 제품 출시에 관여한다는 점에서 공통점이 있지만, 한국의 서비스 기획
자는 출시되는 서비스의 기능, 디자인 등을 기획하는 경우가 일반적이다. 미국의 프
로덕트 매니저가 어떤 시장에 어떤 제품을 출시할지를 기획부터 론칭까지 모두 준비
하는 것에 비해 권한과 책임이 작은 편이다. 미국 IT 산업에서는 프로덕트 매니저가
큰 틀을 잡고 방향을 이끌어주면, 그 팀에 속한 엔지니어, 디자이너, 데이터 과학자
등이 제품 출시를 준비한다.

시작했다. 각 공공 조직 내에서 CDS를 중심으로 데이터 팀이 구축됐다. 이 흐름에 따라 연방정부의 인사관리처는 2019년 데이터 과학자를 연방정부 직군으로 정식 추가해, 정부 부처에서 데이터 인력을 채용하기가 쉬워지도록 했다.

2015년, 최초의 미국 CDS 역할을 맡았던 DJ 파틸은 링크드인, 페이팔, 이베이와 같은 테크 기업에서 일했다. 그러나 파틸이 미국 정부에서 일한 것은 이때가 처음이 아니다. 사실 파틸은 실리콘밸리로 직장을 옮기기 전 공무원으로 일했다. 미국 국방부에서 대테러방지에 관한 데이터 분석 업무를 담당했다.

미국의 1세대 데이터 과학자들 중에서 파틸과 같이 정부에서 일했던 배경을 가진 이들이 흔하다. 그 이유는 인터넷 기업이 등장하기 이전에 대규모 데이터의 수집, 정제, 분석이 가능했던 유일무이한 단체가 정부였기 때문이다.

역사를 살펴보면 실리콘밸리와 미국 정부는 쌍방향 관계임을 알 수 있다. 실리콘밸리의 많은 혁신이 정부 투자에서 비롯되었다. 데이터 과학만 그런 것이 아니다. 인터넷은 미국 국방부 산하 고등연구계획국의 프로젝트다. 인터넷의 시초가 아르파넷ARPAnet이고, 아르파는 냉전 시기인 1958년 설립된 고등연구계획국의 약자Advanced Research Projects Agency. ARPA다. 고등연구계획국은 인터넷 외에도 마우스, 전자레인지, GPS, 음성인식기술, 드론, 자율주행 자동차와 같은 핵심 기술을 개발했다.

시빅 테크, 공공서비스를 개선하는 산업

나는 미국의 공공 영역 데이터 과학자다. 코드 포 아메리카의 데이터 과학자로서 뉴욕, 콜로라도, 뉴멕시코 주정부와 협력하며 데이터를 통해 더 많은 사람들이 더 쉽게, 더 빨리 정부의 혜택을 누릴 수 있도록 돕는 일을 한다.

정부와 함께, 시민을 위한 기술을 만드는 산업

내가 일하는 분야를 좀 더 정확하게 정의하면 시빅 테크civic tech다. 테크는 테크인데, 정부와 함께 시민을 위한 기술을 만드는 산업이다. 한국에서는 공익을 목적으로 기술을 활용하는 시빅 테크란 개념이 아직은 생소하지만, 미국에선 제법 자리 잡은 산업이다. 2013년 미국의 나이트재단이 출판한 〈미국의 시빅 테크 발달에 관한 보고서〉에 따르면 2000년대 초반만 해도 시빅 테크 단체는 내가 일하는 코드 포 아메리카를 포함, 미국 전역에 16개에 불과했다. 2012년에 이르러서는 관련 단체의 숫자가 100여 곳이 넘는다.

팬데믹을 거치며 시빅 테크의 규모는 더 커졌다. 정부의 도움이 필요한 사람은 늘어났는데, 이들을 지원할 정부의 역량이 부족하기 때문이다. 이 빈틈을 시빅 테크가 채웠다. 팬데믹 이전만 해도 코드 포 아메리카의 직원은 80명 남짓이었다. 지금은 200명이 넘는다. 코드 포 아메리카에서 첫 번째 데이터 과학자를 뽑은 것이 약 6년 전이다. 지금 우리 데이터과학팀은 15명이 넘는다.

한국 사람들에게 시빅 테크는 생소할지 몰라도 핀테크fin tech라는 말은 익숙하다. 핀테크는 데이터에 기반한 디지털 도구를 통해 일반인들이 금융 서비스를 쉽게 이용할 수 있도록 돕는 테크다. 스마트폰 간편결제가 좋은 예다. 간편결제는 자신의 신용카드나 계좌 정보를 스마트폰에 등록해놓고 간단한 인증절차를 거쳐 대금을 결제하는 서비스다. 한국에서 살 때 네이버 지도의 모바일 앱으로 집에서 가까운 미용실을 찾아 예약하고 미리 대금을 결제했다. 미용실을 예약한 날짜와 시간에 해당 미용실에 가서 머리를 자르고 그냥 나오면 되었다.

핀테크가 금융 서비스 영역에서 개인이 느꼈던 짜증과 불편을 혁신으로 만들어주었다면, 공공서비스 영역에서 비슷한 역할을 수행하는 것이 시빅 테크다. 시빅 테크는 기술을 통해 시민과 정부의 관계를 재정의한다. 시민이 정책 결정 과정에 더 쉽게 참여하고 그 혜택을 더 많이 누리도록 돕는다. 정부 웹사이트, 모바일 앱을 이용해 공문서를 작성하는 일을 온라인 쇼핑몰에서 간편결제를 하는 것처럼 쉽게 만든다.

미국의 시빅 테크 영역을 대표하는 단체가 코드 포 아메리카다. 2023년 기준, 코드 포 아메리카는 미국의 10여 개 주정부와 IRS 같은 연방정부 기관과 일하며, 사회복지, 조세, 형사교정 분야에서 어렵고 힘든 사람들이 정부의 혜택을 쉽고, 편하고, 빠르게 누릴 수 있도록 돕는다. 겟캘프레쉬와 같은 서비스를 여러 주에서 여러 기관과 협력해 개발한다. 정부와 일하지만 직원 대다수는 프로덕트 매니저, 소프트웨어 엔지니어, 디자이너, 데이터 과학자처럼 실리콘밸리에서 흔히 보는 전문 기술 인력이다. 그래서 직원들 중에는 테크 기업 출신들이 흔하다. 나의 데이터과학팀 입사 동기는 이전에 트위터에서 일했고, 사수는 구글에서 14년 가까이 일한 베테랑이다. 시빅 테크 영역에 다양한 전문가들이 이렇게 많은 것은 그만큼 이 분야가 전문적이기 때문이다. 많은 시민이 정부 서비스를 쉽고 편하게 이용할 수 있도록 공익을 위해서 일하는 데는 의미와 정성뿐 아니라 디자인, 소프트웨어, 데이터 과학 등 여러 분야의 전문성이 요구된다.

03

민간과 공공의 목적이
달라야 하는 이유

데이터 과학은 종합격투기다

데이터 과학data science은 데이터를 통해 유용한 지식을 생산하는 분야다. 데이터 과학은 통계학, 컴퓨터 과학 등의 학문에 기초한다. 그러나 잘 정리되고 체계를 갖춘 학문 영역이라기보다 데이터로 문제를 푸는 기술, 즉 사용법을 연구하는 분야에 가깝다. 그런 점에서, 데이터 과학은 전통 무술이라기보다는 실전 위주의 종합격투기에 가깝다.

정부 조직에 왜 데이터 과학이 필요한가

데이터 과학자가 일할 수 있는 실전 영역은 다양하다. 그중에는 사회적 영향력을 중시하는 공공 영역도 있고, 이익을 중시하는 민간 영역도 있다.

한국은 아직 데이터 산업의 역사가 짧지만, 상대적으로 데이터 과학의 역사가 긴 미국의 데이터 산업 시장은 훨씬 전문화, 세분화되어 있다. 미국에서는 보통 링크드인으로 구인, 구직 활동을 한다. 2023년 5월, 링크드인으로 데이터 과학자 채용 공고를 검색해보니 이제 미국에서 데이터 과학자를 뽑지 않는 산업은 거의 없는 듯했다. 애플, 구글, 아마존, 에어비앤비 같은 테크 기업부터 하와이 항공 같은 항공사, 스탠퍼드 같은 대학, NBC유니버설 같은 엔터테인먼트사, 엔비디아 같은 반도체 회사 모두 데이터 과학자를 뽑고 있었다.

21세기에 데이터를 잘 다루지 못하는 조직은 경쟁력이 없다. 그래서 많은 조직이 데이터를 더 잘 다루는 조직, 데이터 중심 조직data-driven organization으로 체질을 개선하려 한다. 공공 영역도 이 흐름을 따라간다. 한국 정부에는 아직 데이터 과학자란 직함을 달고 일하는 사람들이 거의 없지만, 미국의 경우 공공 영역 곳곳에서 데이터 과학자가 일한다. 노동부 같은 중앙정부, 샌프란시스코시, 볼티모어시 같은 지자체, 정당, 재단, 퓨 리서치 센터Pew Research Center 같은 여론조사 기관, 어반 인스티튜트The Urban Institute 같은 정책 연구소, 미국시민자유연맹ACLU 같은 시민단체에서도 데이터 과학자를 뽑는다. 미국의 수도 워싱턴 DC에 위치한 조지타운대의 맥코트 정책대학원처럼 공공 영역에 특화된 데이터 과학을 가르치는 대학도 여럿 있다.

공공 영역에서 데이터 과학이 유행하는 이유는 명확하다. 데이터를 활용해 부족한 자원을 효율적으로 집행하기 위해서다. 효율적 자원 배분은 기업뿐 아니라 예산 압박이 심각한 정부와 비영리단체에게도 중요하다.

정부 데이터가 빅데이터의 원조다

'데이터 과학' 하면 구글 같은 빅테크 기업을 떠올리기 쉽다. 그래서 정부와 데이터 과학을 쉽게 연결 짓기 어려울 수 있다. 그러나 정부 데이터 과학의 역사는 민간 데이터 과학의 역사보다 더 오래되었다.

정부 데이터는 빅데이터의 원조다. 미국의 리서치 기업 가트너는 빅데이터에 대해 '빠르게 모을 수 있는 다양하고 방대한 데이터'라고 정의한다. 미국의 국립측정기관인 국립표준기술연구소NIST도 빅데이터에 대해 비슷한 정의를 내린다. 이 빅데이터의 역사를 거슬러 올라가면, 그곳에는 정부 데이터가 있다.

정부가 일찍부터 데이터 수집과 처리에 관한 기술 개발에 투자했던 이유는 데이터 없이는 효과적 통치를 할 수 없기 때문이다. 국가의 정당성, 상징적 힘은 국민의 지지로부터 나온다. 그래서 독재자도 여론을 신경 쓴다. 여론을 잃으면 통치의 명분을 잃는다.

그러나 국가의 실질적 힘은 군대, 경찰과 같은 폭력과 조세, 재정과 같은 돈에서 나온다. 그래서 독일의 저명한 사회과학자인 막스 베버는 국가를 '폭력을 독점한 기관monopoly on violence'이라 정의한다(Weber 1919). 국가가 폭력을 독점하기 때문에 세금 징수 과정도 독점적이다. 국가는 이렇게 거둔 돈으로 공동체 구성원에게 치안, 교육, 의료보건, 사회복지 등의 공공서비스를 제공한다.

정부가 폭력과 돈을 사용하는 과정에서 특정 집단을 포용하거나 배제하려면 그 집단에 소속된 개인이 누구인지 알아야 한다. 그러려면 데이터가 필요하다. 어느 곳에 사는 아무개가 남자이고 여자인지, 나이가 많은지 적은지, 가난한지 부유한지, 내국인인지 외국인인지 알아야 한다. 정부는 사람을 범주에 따라 분류하고, 분류에 따라 계수해야 한다. 이런 연유로, 동서고금을 막론하고 인구통계는 국가의 실질적 힘을 말할 때 중요한 위치를 차지했다.

성서를 예로 들어보자. 기원전 쓰인 구약성서의 민수기Book of Numbers는 책 제목처럼 사람(민)의 숫자(수)를 세는 것에 관한 책

(기)이다. 민수기는 시작부터 신이 등장한다. 애니메이션 〈이집트 왕자〉의 실제 주인공 모세는 이집트에서 노예 생활을 하던 유대 민족을 탈출시킨 지도자다. 신은 이 탈출이 거의 끝나갈 무렵 모세에게 가문별, 가족별 인구조사를 실시하라는 명령을 내린다. 당시 유대 민족은 이민족과의 전쟁을 눈앞에 두고 있었다. 인구 데이터 수집의 목적은 유대 민족이 보유한 성인 남성의 숫자를 세어 전쟁에 동원할 인원을 파악하는 것이었다.

데이터를 통해 국가의 실질적 힘을 측정할 수 없다면 효과적 통치가 어렵다. 이 엄연한 현실은 고대의 부족국가나 오늘날의 대한민국이나 마찬가지다.

정부 서비스에 추천 알고리듬이 도입된다면

시간이 흘러 21세기가 되었다. 이제 데이터 시대의 주역은 정부가 아니라 빅 테크를 위시한 테크 기업이다.

넷플릭스는 글로벌 동영상 스트리밍 서비스로 전 세계적 인기를 누리고 있다. 〈킹덤〉, 〈오징어게임〉 같은 한국 드라마가 이 플랫폼을 통해서 전 세계에 흥행했다. 넷플릭스를 통해 시청할 수 있는 다국적 영화와 TV 쇼는 수천 개가 넘는다.

여기서 내가 어떤 동영상을 보면 좋을지는, 사람이 아닌 알고리듬이 추천한다. 넷플릭스 자동 추천 알고리듬collaborative filtering

은 과거의 내 취향(입력값)에 근거해 내가 보고 싶어할 콘텐츠(출력값)를 예측한다. 넷플릭스가 이용자 한두 명의 데이터만 가지고 있다면, 알고리듬이 이런 예측을 정확하게 하기란 불가능하다. 넷플릭스 추천 알고리듬이 이런 일을 할 수 있는 이유는 나와 비슷한 취향을 가진 수많은 사람들이 이 플랫폼을 이용하기 때문이다. 빅데이터가 알고리듬을 훈련시키고, 알고리듬이 더 많은 데이터(이용자)를 유인한다. 이 선순환이 넷플릭스 같은 디지털 플랫폼의 고속 성장을 이끈다.

추천 시스템은 민간 디지털 서비스의 상식이자 가장 기본적인 서비스다. 나는 어릴 때부터 만화를 좋아했다. 어릴 땐 만화방에서 만화를 읽었고, 지금은 웹툰을 본다. 네이버에서 웹툰을 읽으면 알고리듬이 나와 비슷한 사람들이 찾았던 웹툰을 읽어보라고 추천한다. 유튜브나 여타의 콘텐츠 플랫폼도 비슷한 자동 추천 기능을 제공한다.

정부 서비스에서 이런 자동 추천 시스템을 찾아보긴 어렵다. 경제적으로 어려운 젊은 부부가 정부 웹사이트를 접속해 육아 복지 지원 정책을 신청했다. 그래도 알고리듬이 이 부부에게 주택 복지 정책을 같이 지원하라고 자동으로 추천하는 일은 없다. 내게 맞는 육아 복지 서비스, 주택 복지 서비스를 알려면 내가 정부 웹사이트 곳곳을 열심히 찾아 헤매야 한다. 왜 알고리듬이 추천하

는 정부 서비스는 아직 없을까? 왜 드라마를 보고 웹툰을 읽는 데
는 잘 적용되는 디지털 기술이 공공 영역에서는 잘 활용되지 않을
까? 근본적으로, 정부는 어떻게 해야 시민을 위해 데이터를 더 잘
쓸 수 있을까? 민간의 유행을 따라가야 할까? 아니면 공공 영역이
추구해야 할 데이터 과학은 민간이 하는 것과 달라야 할까? 나는
사회과학자로서의 지식과 공공 분야 데이터 과학자로서의 경험을
바탕으로, 이 책에서 이러한 질문에 답하고자 한다.

04

한국의 디지털 정부,
문제 정의부터
제대로 하자

한국의 유별난 4차 산업혁명 사랑

다시 한국 사례로 돌아가 우리의 현실을 따져보자. 한국 정부가 어떻게 디지털, 데이터 기반 정부를 만들 것인지 고민을 안 한 것은 아니다. 정보화 강국을 넘어서 데이터 강국, 인공지능 강국이 되고자 하는 한국 정부가 아닌가. 대한민국의 꿈은 현재진행형이다.

'4차 산업혁명the Fourth Industrial Revolution'은 스마트한 자동화 기술이 이끄는 사회경제적 변화를 의미한다. 전 세계에서 한국만큼 이 구호를 사랑하는 나라, 애호하는 정부도 많지 않다. 2017년, 한국 정부는 대통령 직속 4차산업혁명위원회를 설립했다. 2022년,

새로운 대통령 취임 이후 해당 위원회는 폐지됐다. 그러나 관련 정책 기조는 흔들림이 없다. 간판만 바꿔 4차산업혁명위원회의 자리를 디지털플랫폼정보위원회가 대신했다. 지자체의 경우 'AI 중심도시 광주'처럼 원색적 구호를 거침없이 도시 브랜드로 채택한 곳도 있다. 메타버스가 유행하자 광주광역시는 2021년 'AI-메타버스 융합도시'라는 비전을 발표했다. 1970년대 한국 농촌의 근대화를 부르짖던 새마을 운동이 21세기에는 AI 운동으로 탈바꿈했다.

4차 산업혁명이란 단어가 인구에 회자되기 시작한 것은 2016년이다. 그때 이 단어가 글로벌 경제 트렌드가 만들어지는 세계경제포럼(속칭 '다보스' 포럼)에 등장했다. 구글 트렌드 서비스를 통해 분석해보면 한국의 4차 산업혁명 사랑은 유별나다. 2016년 1월 1일부터 2023년까지 1월 1일까지 7년 동안 한국에서 '4차 산업혁명'을 검색한 빈도는 미국에서 같은 단어를 검색한 빈도보다 6배 높다.

그림 1은 내가 직접 구글 검색 트렌드 데이터를 활용해서 만든 도표다. 이 도표를 보면 4차 산업혁명에 관심을 보이는 나라는 한국만이 아니다. 주로 아프리카와 동남아 국가들이 4차 산업혁명에 관심이 많다. 그래도 한국의 관심이 유별난 것은 분명하다. 대한민국은 4차 산업혁명 구글 검색 빈도에서 상위 10개국에 속한다.

그림 1. 구글 트렌드에 따른 '4차 산업혁명' 검색 빈도. x축은 검색어 검색 빈도를 가리킨다. 빨간색으로 표시된 부분 중 위쪽이 한국이고 아래쪽은 미국이다

출처: 구글 검색 API (Application Programming Interface)

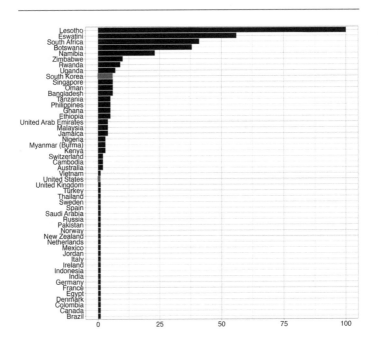

문제 정의는 문제 해결에 선행한다

한국 사람들은 유행에 민감하다. 남에게 뒤처지기 싫어한다. 이 성향은 한국 정부도 마찬가지다. 그러나 유행을 따라 하는 것은 공공 문제 해결의 좋은 전략이 아니다. 기술지상주의technology determinism의 관점에서 보면 모든 공공 문제는 기술의 문제다. 공공 문제의 원인은 '낡은' 기술이며, 따라서 '새로운' 기술이 도입되면 기존의 문제는 알아서 해결된다. 업데이트가 해결책이다. 이 주술적 사고에 의하면 기술은 마법의 지팡이다.

하지만 공공 문제에서 가장 중요한 질문은 최신 기술이 아니다. 도구가 아니다. 문제 정의가 문제 해결에 선행한다. 인공지능을 써야 할지 메타버스를 써야 할지는 부차적 문제다. 누구를 위해, 어떤 문제를 풀 것인가가 가장 중요한 질문이다.

사명을 달성하는 조직이 일을 잘하는 조직이다

정부는 데이터를 어떻게 써야 할 것인가? 공공 정책에서 데이터가 풀어야 할 가장 기본적인 문제는 배제와 포용이다. 데이터를 통해서 차별은 줄이고 기회는 늘리는 것이다. 정부와 기업은 목적이 다르기 때문이다.

조직의 성패는 개별 조직이 가진 고유한 사명의 달성 여부에 달려 있다. 학교는 학생을 잘 교육해야 한다. 병원은 환자를 잘 치료해야 한다. 아무리 돈을 잘 버는 학교, 병원이라도 가르치지 못하고 치료를 못하면 실패한 학교, 실패한 병원이다.

차별화는 비즈니스에서 상식이다. 비행기에 탑승할 때 돈을 많이 내면 퍼스트석, 비즈니스석에 앉는다. 돈을 적게 내면 이코노미

석에 앉는다. 소비자의 구매력에 따라 공급자가 서비스의 질에 차등을 두는 프리미엄 서비스는 거의 모든 산업에서 볼 수 있다.

그런데 이 당연한 상식이 공공 영역에서는 상식이 아니다. 이 논리를 공공 영역에 그대로 적용하면 모순이 발생한다. 정부는 원칙상 공동체 구성원 '모두'를 대표한다. 대한민국 헌법 제1조 1항은 "대한민국은 민주공화국"이며 2항은 "주권은 국민"에게 있다고 정의한다. 여기서 국민은 전 국민 모두를 의미한다. 누구도 배제되지 않는다. 그래서 모든 국민은 투표권을 가지고 공평하게 1인 1표를 행사하는 것이 원칙이다. 만일 정부가 부자에게 가난한 사람보다 더 많은 표를 행사할 수 있는 권한을 부여한다면 그것은 프리미엄 서비스가 아니다. 돈이 정치를 지배하는 금권정치plutocracy 다. 헌법이 정하는 민주주의의 기본 원칙을 훼손하는 부정부패다.

민주주의 정부는 모두를 공평하게 대표한다. 취약 계층을 보호한다. 사람이 사람답게 살 수 있는 세상의 기초를 닦는다. 정부는 정부만이 할 수 있는, 정부가 해야 하는 고유한 사명에 집중해야 한다. 기존 정부 복지 체계의 사각지대를 개선해 소외된 이웃을 더 빨리, 정확하게 찾아 이들이 더 쉽고 편하게 정부 서비스를 제때에 이용할 수 있도록 돕는 일이다. 한 사회가 가장 취약한 구성원을 대하는 태도를 보면 그 사회의 상식 수준이 보인다. 그 사회의 민주주의의 성숙도가 보인다.

정부가 데이터로 할 일은 따로 있다

도구를 잘 쓰려면 올바른 도구를 정확한 곳에 써야 한다. 데이터 자체는 가치가 없다. 데이터를 실제 문제 해결, 사람들의 불편함을 풀기 위한 수단으로 사용해야 가치가 생긴다. 국민을 대표하는 정부가 데이터로 풀어야 하는 문제는, 시민이 정부 서비스를 이용하고 시민사회와 정책 결정 과정에 참여하면서 발생하는 불편함을 줄이는 것이다.

여기서 정부가 할 일은 크게 두 가지다. 먼저, 정부는 실제로 그 문제를 겪는 사람의 입장에서 정부 데이터와 민간 데이터의 가치를 재발견해야 한다for people. 또한 시민과 함께 공공 문제를 정의하고 해결책을 찾아나가야 한다with people.

05

시민을 위한 데이터,
시빅 데이터

'시민을 위한' 데이터가 시빅 데이터다. 정부와 시민이 함께 공익
을 위해 사용할 수 있는 데이터가 있다면 그것이 시빅 데이터다.
아래에서 보듯 시빅 데이터는 범위가 넓다.

- 정부 데이터government data: 인구통계, 세금 정보처럼 정부가 수집한
  행정자료administrative records
- 공공 데이터public data: 저작권이 만료된 저작물처럼 모두가 사용할 수
  있는 공공 데이터
- 민간 데이터commercial data: 상업용 데이터이지만 공익 목적으로 사용
  할 수 있는 데이터

중요한 것은 데이터의 출처가 아니다. 누구를 위해 데이터를 쓰느냐가 시빅 데이터를 이해하는 가장 핵심적인 질문이다.

시빅 데이터로 도시 환경의 접근성 높이기

기업도 시빅 데이터 생산에 큰 역할을 한다. 인터넷 등장 이후, 사람들의 활동 무대가 디지털 공간으로 옮겨갔다. 테크 기업들은 인류가 역사상 본 적 없는 규모의 데이터를 갖고 있다. 매분마다 2,500개의 비디오가 유튜브에 공개된다. 이런 기업의 빅데이터를 공익 목적으로 재활용할 수 있다. 워싱턴대가 개발한 연구 프로젝트인 프로젝트 사이드워크Project Sidewalk가 좋은 예다.

영어의 '사이드워크'는 한국말로 '인도'다. 보통 인도人道를 보도步道라고도 한다. 이 말엔 모순이 있다. 모든 사람들이 인도를 두 발로 걷는 것은 아니다. 신체장애가 있는 사람들은 휠체어를 타야 한다. 아직 걷지 못하는 자녀를 둔 부모는 유아차를 끌어야 한다. '인도=보도'라는 시각에서 알 수 있듯이 많은 인도가 걷기에만 적합하다. 휠체어와 유아차로 다니기엔 불편하고 접근성도 부족하다. 턱이 높거나 커브가 심하거나 표면이 울퉁불퉁하다.

프로젝트 사이드워크는 빅데이터와 인공지능을 통해 이 도시 환경의 접근성 문제를 해결한다. 여기서는 구글이 수집한 빅데이터를 사용한다. 구글은 구글 스트리트 뷰Google Street View를 위해 미국뿐 아니라 세계 주요 도시의 길거리를 촬영해 2조 장이 넘는 사진을 모았다. 이 사진에 포함된 거리의 길이를 다 합치면 1,700만 킬로미터가 넘는다. 지구를 400번 돌 수 있는 거리다.

프로젝트 사이드워크는 구글 스트리트 뷰 데이터와 시민 자원 봉사자의 협력, 인공지능을 활용해 어느 도시의 어느 거리가 휠체어를 타는 장애인이 다니기에 불편한지 파악한다. 이렇게 수집한 세밀한 정보는 도시 계획을 담당하는 정책 결정자들이 누구나 더 쉽게 이용할 수 있는 도시를 설계하는 데 도움을 준다(Saha et al. 2019).

이 외에도 빅테크 기업들이 사회적 책임 차원에서 자신들이 수집, 축적한 빅데이터와 기술력을 공익을 위해 활용한 사례는 많다. 애플과 구글은 스마트폰 시장의 양대 강자다. 애플은 2020년 경쟁사 구글과 협력해 개인정보를 보호하면서 방역에는 도움을 주는 역학조사 기술을 개발했다. 이 기술은 근접거리 통신기술인 블루투스를 이용해 10미터 이내의 감염자를 추적하면서, 감염자의 개인정보는 암호화 처리를 해서 보호하는 방식이다.

페이스북의 모회사인 메타는 2022년 페이스북 데이터를 통해 러시아의 우크라이나 침공 사태로 발생한 난민 구호 활동을 도왔다. 난민은 실시간으로 이동하니 위치 파악이 어렵다. 이들을 구호하는 일도 만만치 않다. 메타는 개인정보 보호를 강화한 페이스북 데이터를 활용해 국제기구의 난민 구호 활동을 지원했다.

지금까지 시빅 데이터가 어떻게 등장하고 부상하게 되었는지를 소개했다. 미국에서 공공 영역 데이터 과학이 어떤 계기로 부각되었는지, 공공서비스를 개선하는 시빅 테크가 왜 각광을 받는지, 민간과 공공 영역의 데이터 과학은 무엇이 어떻게 다른지, 그리고 한국의 디지털 정부는 무엇이 부족한지 짚어보았다. 마지막으로 시민을 위해, 시민과 함께 데이터를 활용해 공익을 확장하는 시빅 데이터의 정의와 의의, 대표적 응용 사례를 살펴보았다.

이어지는 2~3장에서는 데이터의 세계로 더 깊이 들어간다. 데이터의 시대에 시민이 데이터를 어떻게 이해해야 할지 설명하고 데이터와 권력, 정치, 정책의 관계를 정의하겠다.

2장

데이터

데이터는 스스로 말하지 않는다

Data

이 장에서는 데이터가 무엇인지에 대한 이야기부터 시작하고자 한다. 데이터를 잘 쓰려면 먼저 데이터가 무엇인지 알아야 하기 때문이다.

사람이 데이터를 만든다

"이민이 증가하면 복지 증대에 대한 여론이 좋아질까, 나빠질까?"

2022년, 미국국립과학원회보PNAS에 게재된 논문에서 73개 연구팀에 속한 161명의 연구자들이 같은 데이터를 가지고 이 문제에 대한 연구를 진행했다. 결과는 천차만별이었다. 한 팀은 이민이 증가하면 복지 증대에 대한 여론도 우호적으로 바뀐다는 패턴을 발견했다. 다른 팀은 반대되는 패턴을 발견했다. 데이터가 같은데 73개 연구팀이 내놓은 결과가 너무도 다른 이유는, 연구자마다 데이터를 정제, 분석, 해석하는 방법이 달랐기 때문이다(Breznau et al. 2022).

데이터는 자연의 법칙도 아니고, 종교적 진리도 아니다. 자연의 법칙은 관찰하는 사람에 따라 바뀌지 않는다. 종교적 진리 역시 믿는 사람에 따라서 변하지 않는다. 데이터는 다르다. 데이터는 스스로 말하지 않는다data doesn't speak for itself. 사람이 데이터를 만들고 해석하고 그 가치를 결정한다.

데이터에 관한 세 가지 상식

나는 데이터를 잘 쓰기 위해 알아야 할 기본 상식을 다음의 세 가지 원칙으로 정리한다.

- 신뢰하기 위해서 의심해야 한다
- 날것의 데이터는 없다
- 쓰레기를 넣으면 쓰레기가 나온다

자본주의 사회에서는 가치가 돈으로 측정된다. 비슷한 맥락에서, 데이터 사회datafied society는 데이터로 가치가 측정되는 사회다.

물고기는 물이 무엇인지 모른다. 물속에서만 살기 때문에 물이 너무 당연하다. 우리는 데이터를 잘 모른다. 데이터를 요구받고, 제공하고, 사용하는 매 상황이 자연의 법칙처럼 당연한 세상에서 살기 때문이다. 웹사이트에 가입하기 위해서 개인정보 동의를 요구받았을 때, 얼마나 깊은 고민을 하고 마우스 오른쪽을 클릭할까. 유튜브 동영상을 보다가 새로운 동영상을 추천받았을 때, 어떤 알고리듬이 왜 이 영상을 추천했을지 생각해본 적이 있을까.

데이터가 진실이 아니라 진실의 그림자임을 이해하기 위해 빅데이터까지 살펴볼 필요도 없다. 한국 사람이 목숨을 거는 시험 성적도 데이터다. 시험 성적은 자연의 법칙도 종교적 진리도 아니다. 사람이 만든 것이고, 사람이 쓰는 것이다. 시험은 과연 무엇을 위해서 존재하고, 성적은 과연 무엇을 측정하는가. 이런 고민을 우리는 평소에 하지 않는다.

그러나 데이터를 잘 쓰려면 데이터의 기본 속성을 잘 알아두어야 한다. 어떤 도구든 그것을 잘 쓰려면, 기본적으로 두 가지 태도가 필요하다.

첫째, 하나의 도구에만 의존해서는 안 된다. 시쳇말로, 원-툴 플레이어가 되지 말아야 한다. 둘째, 올바른 도구를 정확한 곳에 쓸 줄 알아야 한다. 공사 현장에 비유하자면, 삽으로 떠야 할 곳은 삽으로 뜨고, 굴착기로 파야 할 곳은 굴착기로 파는 것이 맞다. 여기서 핵심은 장비$_{tool}$가 아니라 원료$_{source}$다. 데이터의 속성을 이해해야 어떤 데이터를 어떤 곳에 어떻게 쓸지, 쓰지 말아야 할지 알 수 있다.

01

신뢰하기 위해서는
의심해야 한다

녹음된 음악도 데이터다. 녹음된 음악은 실제 현장에서 듣는 음악과 다르다. 녹음된 음악이 표본이라면 실제 현장에서 듣는 음악은 모집단이다. 녹음된 음악이 추정값estimate이라면 실제 현장에서 듣는 음악은 추정의 대상estimand이다. 추정estimation이란 아는 것을 가지고 알지 못하는 것을 미루어 생각해보는 것을 말한다.

나는 소리에 민감해서 다양한 종류의 스피커, 이어폰, 헤드셋을 사용한다.

녹음된 음악을 어떤 브랜드, 어떤 제품의 음향 장비로 듣느냐에 따라서 소리의 감이 달라진다. 브랜드와 제품에 따라서 악기의 기본음이 더 잘 들리는 경우도 있고 현장감이 더 생생하게 느껴지는 경우도 있다.

이 차이는 우연의 결과가 아니다. 제품 설계의 특성이다. 이 특성을 편향bias이라고 한다. 같은 기능을 하는 제품도 설계 방식에 따라 한쪽으로 특성이 치우친다. 또한, 같은 음악을 조용한 집에서 듣느냐 시끄러운 전철 안에서 듣느냐에 따라서도 소리의 집중도가 다르다. 이 차이를 만드는 것이 노이즈error다. 노이즈에는 특정한 방향성이 없다.

모든 데이터가 이 간단하지만 중요한 공식을 따른다. 데이터는 시그널과 노이즈의 합이다. 여기서 시그널은 추정값과 편향을 합한 결과다. 이 공식을 일단 이해하고 세상을 바라보면 이전에는 당연하던 것들이 새롭게 보인다.

데이터의 원리 1
데이터 = 시그널(추정값 + 편향) + 노이즈

한국에서는 흔히 시험을 잘 치르는 사람을 '머리가 좋다'라고 여긴다. 과연 이것은 어느 정도로 맞는 말일까? 먼저, 질문의 성격을 따져보자. 질문의 정의가 잘못되면 문제에 맞는 답을 할 수 없다. 이 질문은 '1+1=2'가 맞는지 아닌지를 묻는 논리적, 수학적 문제가 아니다. 따라서 이 질문에 대해서 관계가 있다 혹은 없다라고 한마디로 답할 수 없다.

이 질문에서 중요한 점은 확률이다. 시험 성적과 머리가 좋은 것, 이 두 변수 간의 통계적 관계가 얼마나 깊은지를 따져야 한다.

치열한 경쟁이 따르는 시험에서 수석, 차석을 하는 사람이 아둔할 가능성은 낮다. 그러나 이 사실이 시험을 더 잘 치른 사람이 그렇지 않은 사람보다 더 영민하다는 뜻도 아니다. 반례는 쉽게 찾을 수 있다. 철수와 영희 중 사실 영희가 더 똑똑하다. 그러나 그 차이는 크지 않다. 시험 기술은 철수가 더 좋다. 그렇다면, 영희보다 철수가 시험을 잘 치를 가능성이 높다.

나아가, 많은 자격시험은 근본적으로 지능 테스트가 아니다. 수능을 예로 들어보자. 애초에 수능의 목적은 대학에서 공부를 할 수 있는 능력, 수학 능력을 테스트하는 것이다. 시험을 잘 치르는 사람이 지능이 높다고 주장하는 것은 시험 성적이라는 지표를 측정하는 목적부터 잘못 이해한 것이다.

또한, 어려운 시험은 오랜 시간 꾸준히 준비를 해야 한다. 집안에 여유가 없다면 장기 투자가 쉽지 않다. 한국에는 사교육을 통해 공교육에서 가르치지 않는 별도의 시험 기술을 습득하는 학생들이 많다. 사교육을 받을 수 있느냐 없느냐, 얼마나 양질의 사교육을 받느냐는 부모의 사회적, 경제적 지위와도 연결된다. 지능, 수학 능력 외에 가정환경, 부모의 사회적, 경제적 지위도 시험 성적에 영향을 미친다.

잠깐만 같이 일을 해봐도 학습 능력이 탁월한 사람이 평범한 대학을 나온 경우가 종종 있다. 이 경우는 이분이 학창 시절 공부에 흥미가 없었거나 아니면 공부할 환경이 주어지지 않았던 것이다. 공부를 잘하고 시험을 잘 치르기 위해선 내 머리 외에도 충족되어야 할 조건이 많다.

마지막으로, 한국의 수능처럼 1년에 단 한 번만 치를 수 있는 시험에는 당일 컨디션이 큰 영향을 미친다. 수능 당일 우연히 배탈만 나도 평소 공부를 잘하던 학생이 수능을 망칠 수 있다. 남보다 긴장을 많이 하는 학생들도 수능에서 불리해질 가능성이 크다. 이런 일을 줄이기 위해 한국 정부는 수능 당일 수험생의 듣기 평가를 방해하지 않도록 국제 항공편 일정을 조정한다. 지각 등 돌발 상황을 줄이기 위해 경찰과 소방 인력까지 투입한다.

$$\text{시험 성적} = \underset{\substack{\text{추정값} \\ \text{(지능, 수학능력)}}}{} + \underset{\substack{\text{편향} \\ \text{(시험 기술,} \\ \text{집안 배경)}}}{} + \underset{\substack{\text{잡음} \\ \text{(수능 당일의 컨디션)}}}{}$$

데이터의 본질을 알고 나면 데이터를 있는 그대로 믿지 못한다. 데이터는 그 자체가 측정 대상이 아니다. 시험 성적이 곧 지능은 아니다. 수학 능력 그 자체도 아니다. 데이터는 측정하고자 하는 대상 외에 편향과 노이즈를 포함한다.

그래서 데이터를 신뢰하기 위해서는 의심하는 법을 배워야 한다. 이것이 데이터 과학자가 가장 먼저 배워야 할 덕목이고 기술이다. 재료를 고르고 다루는 법을 모르고 요리사가 될 수는 없다. 현실에서 만들어지는 모든 데이터는 완전무결과는 거리가 멀다. 그러나 그중에서 어떤 데이터는 다른 데이터보다 더 질이 떨어진다. 질이 떨어지는 데이터를 어떻게 찾아낼 것인가? 근본적으로, 데이터의 질은 어떻게 평가할 것인가? 신뢰할 수 있는 데이터가 좋은 데이터다. 데이터 기반 의사결정이 무조건 좋은 것이 아니라, 신뢰할 수 있는 데이터에 기반한 의사결정이 유용하다.

데이터가 커지면 노이즈의 비중은 줄어든다

데이터에서 노이즈의 비중을 줄이는 것은 상대적으로 쉽다. 수능을 1년에 한 번만 치를 수 있어서 수능 성적이라는 데이터에 노이즈가 많다면, 같은 시험을 1년 동안 여러 번 치를 수 있게 하면 이 문제가 해결된다. 미국에서 대학 입학 자격을 얻기 위해 많이 쓰는 표준화 시험으로 SAT가 있다. SAT는 수능의 선례다. SAT는 수험생이 원하면 1년 동안 수차례 다시 치를 수 있다. 어쩌다 시험을 한 번 망쳤다면 다음 기회를 노리면 된다.

동전 던지기를 해서 앞면과 뒷면이 나올 확률은 모두 1/2이다. 그런데 동전을 고작 열 번 정도 던진다면 모든 경우에 앞면이 나올 확률이 반드시 1/2은 아니다. 그림 2의 시뮬레이션 결과에서 보듯이 동전을 던지는 횟수가 적으면(x축) 어떤 경우에는 앞면이

그림 2. 동전을 던진 횟수와 앞면이 나올 확률.
빨간색 선은 앞면이 나올 확률을 의미한다

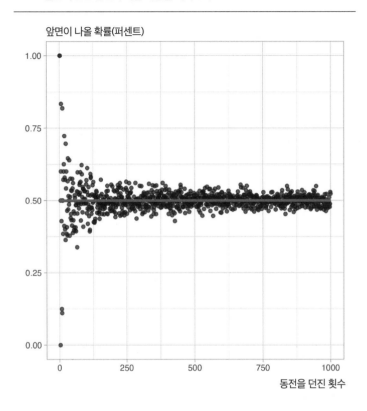

앞면이 나올 확률(퍼센트)

동전을 던진 횟수

나올 확률이 1에 가깝고 어떤 경우에는 0에 가깝다(y축). 표본의
크기, 데이터의 크기가 작으면 노이즈가 심하다. 반면에 동전을 백
번 정도 던진다면 동전의 앞면이 나올 확률이 거의 1/2로 수렴한
다. 노이즈의 크기와 데이터의 크기는 반비례한다.

데이터가 커질수록 편향도 선명해진다

편향을 줄이거나 없애는 것은 매우 어렵다. 통계학에서 말하는 편향이란 측정값과 측정하려는 대상의 차이다. 수능의 목적은 수험생 가정의 사회적, 경제적 지위를 측정하는 것이 아니다. 그런데 수능 성적(측정값)이 수험생 가정(측정 대상)의 사회적, 경제적 지위까지 반영한다면 이 결과에는 편향이 포함되어 있다. 수험생에게 수능 시험을 여러 번 치를 수 있게 한다고 해서 수험생 부모 간의 사회적, 경제적 지위의 차이가 사라지지 않는다.

제약회사가 새로운 약을 실험하고 있다고 가정해보자. 실험 과정에서 실험군과 대조군을 임의로 구분하고 대조군에게는 가짜 약을 지급했다. 이 실험의 효과를 측정하는 측정치는 실험군과 대조군의 평균 건강 수치다. 가짜 약이기 때문에 이 약의 실제 효과는 0이다. 그런데 제조 과정에서 실수가 생겨 가짜 약에 비타민 성분이 포함됐다. 덕분에 가짜 약을 섭취한 사람들의 평균 건강 수치를 측정하니 긍정적 효과가 나왔다.

그림 3은 실험에 참가하는 사람의 숫자(x축)가 늘어난다고 해서 측정치에 포함된 이 편향(제조 과정에서 실수로 포함된 비타민 성분)의 영향력(y축)은 사라지지 않는다는 점을 보여준다. 실제 약 효과가 0이기 때문에 실험 과정에 문제가 없었다면 측청치의 평

그림 3. 데이터에 편향이 포함되어 있을 때 표본의 크기와 측정값의 관계
빨간 점선은 가짜 약의 실제 효과(0)를 가리킨다

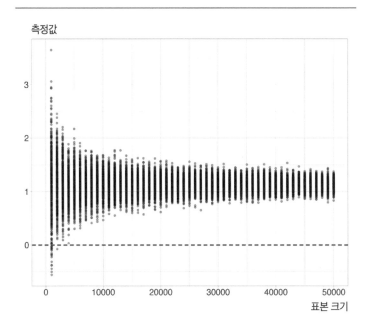

균은 실험 참가자가 늘어날수록 0에 가까워야 한다.

그러나 시뮬레이션이 보여주는 결과는 다르다. 표본의 크기가
증가하면 오히려 측정치의 노이즈가 줄어들어 가짜 약의 실제 효
과(0)에 근접한 관측값의 비율이 줄어든다. 그림 3에서 x축의 오
른쪽으로 갈수록 0에 닿거나 닿을 만한 점들의 개수가 감소하는
것을 볼 수 있다.

이처럼 데이터의 크기와 편향의 선명도는 비례한다. 빅데이터는 노이즈를 줄이는 데는 유효하지만 편향을 줄이는 데는 힘을 못쓴다. 오히려 표본 크기를 늘리느라 시간과 돈만 낭비한다. 데이터의 크기에 비례해 잘못된 정보를 얻을 확률만 올라간다. 데이터의 크기가 증가하면 잡음이 줄어든다. 과녁에 화살이 더 정확히 꽂힌다. 문제는 여기서 화살이 꽂히는 곳이 애초의 목표 지점이 아니라는 것이다.

신뢰할 만한 데이터가 신뢰할 만한 결과를 만든다

이것이 크기만 한 '빅'데이터가 아니라 문제를 푸는 데 필요한 '굿'데이터가 훨씬 더 중요한 이유다. 좋은 데이터는 신뢰할 수 있는 데이터다.

이런 질문을 생각해보자. 다가오는 대통령 선거에서 특정 정당 후보의 유권자 지지율을 파악하고자 한다면 어떤 데이터가 필요할까. 이 문제를 풀기 위해서는 전국의 유권자 중에서 임의로 추출된 3,000명을 사용하는 것이 인스타그램 이용자 300만 명을 조사하는 것보다 유효하다.

임의로 표본을 추출했을 경우, 모집단의 구성원이 표본에 추출될 확률은 동일하다. 따라서 이 표본은 대표성을 가진다. 젊은 사람이든 나이 든 사람이든 이 표본에 추출될 확률은 같다. 따라서 표본의 평균과 모집단의 평균이 일치할 가능성이 높다.

그러나 인스타그램 사용자는 임의로 추출된 결과가 아니다. 인스타그램을 쓰는 사람은 그렇지 않은 사람보다 더 젊은 사람, 디지털 트렌드에 더 민감한 사람일 가능성이 크다. 이 차이는 우연이 아니며, 이 표본은 대표성이 없다.

데이터의 본질에 이렇게 체계적으로 접근하는 것이 대부분의 사람들에게는 고역이다. 그 이유는 우리의 뇌가 작동하는 방식 때문이다. 우리는 타고나길 게으르다. 인류의 역사는 궁핍의 역사다. 먹을 건 없고, 뇌는 많은 에너지를 쓴다. 그래서 우리 뇌는 가급적 에너지를 덜 쓰는 방향으로 진화했다. 우리 뇌의 기본 설정은 배터리 절약 모드다.

프린스턴대 심리학자 대니얼 카너먼은 같은 이스라엘 출신 아모스 트버스키와의 공동 연구로 2002년 노벨경제학상을 수상했다. 심리학자로서는 최초로 노벨경제학상을 받았다. 스탠퍼드대 교수였던 트버스키가 병환으로 일찍 세상을 뜨지 않았다면 카너먼과 트버스키는 공동 수상을 받았을 것이다. 인지심리학과 행동경제학의 지평을 연 그들의 연구는 인간의 뇌가 게을러서 우리는 대부분 의사결정을 쉽고 빠른 정보 처리 과정을 통해 내린다는 것을 보여준다.

차가 지나는 도로를 안전하게 건너는 것은 쉽지 않다. 불확실성 때문이다. 오가는 차에 부딪칠 가능성과, 사고 발생에 대한 불확실성을 관찰하고 고민해야 한다. 그러나 그렇게 많은 생각을 하고 도로를 건너는 사람은 적다. 우리는 이 문제를 상황 판단에 필요한 정보를 제공해주는 인식 도구cognitive device, 일명 휴리스틱heuristics을 써서 해결한다.

이 상황에서 휴리스틱은 신호등이다. 신호등이 빨간색이면 발걸음을 멈추고 초록색이면 횡단보도를 건넌다. 이 신호등이란 인식 도구는 '차가 지나는 위험한 도로를 안전하게 건너야 하는' 복잡한 의사결정 문제를 '초록색이면 건너가는' 매우 간단한 문제로 만든다.

통계적 사고는 이런 빠르고 얕은 사고가 아니라 느리고 깊은 사고다(Kahneman 2011). 확률은 직관적으로 판단하기 어렵다.

다음의 문제를 생각해보자. 내가 사는 동네에 100명의 주민이 있다. 이들 중 90명은 내국인이고, 10명은 외국인이다. 범죄율을 살펴보면 내국인의 범죄율이 10퍼센트, 외국인의 범죄율이 40퍼센트다. 간밤에 누군가가 범죄 피해를 입었다. 이 범인은 내국인일 확률이 높을까 아니면 외국인일 확률이 높을까? 경찰은 현장 탐문을 하기 전 이 질문에 답하며 용의자의 폭을 좁히고자 한다.

이 추론 과정에서 경찰이 이 사건은 범죄이니 범죄율만 생각한다면 유력한 용의자로 외국인을 꼽게 된다. 여기서는 범죄율이 신호등이다. 범죄율만 보면 외국인이 내국인보다 높다. 그래서 경찰은 '두 집단의 범죄율 차이가 30퍼센트나 되는데, 외국인이 범죄일 가능성이 더 높지 않을까'라고 오판을 내리게 된다. 정답은 '내국인일 가능성이 높다'이기 때문이다.

확률을 따지기 위해 우리가 해야 할 계산에는 두 집단의 범죄율 외에도 두 집단의 상대적 크기(주민의 숫자)도 포함되어 있다. 기대값(확률적 사건에 대한 평균값)은 각 집단의 범죄율과 집단의 크기를 곱해서 계산한다. 0.1과 90을 곱하면 9가 나오고, 0.4와 10을 곱하면 4가 나온다. 100명의 마을 사람 중 범인으로 추정할 수 있는 내국인은 9퍼센트인 9명이고, 외국인은 4퍼센트인 4명이다. 경찰이 13명의 용의자를 한 곳에 모으면 내국인 용의자의 숫자가 외국인 용의자의 숫자보다 두 배 넘게 많다.

통계를 배웠다면 조건부 확률의 문제를 푸는 베이즈 정리 공식을 활용해 이 문제를 풀 수 있다. 그러나 여기서 이 공식을 아느냐는 중요하지 않다. 이 공식을 배우지 않았거나 잊었더라도, 위에서 설명한 것처럼 차분하게 마을 사람들의 숫자를 세어보면 확률을 계산할 수 있다. 그런데 이 '차분하게' 생각하는 것이 쉽지가 않다. 보통 사람들은 빨리 생각하는 것이 어렵다고 여기지만 사실 생각은 천천히 하는 것이 더 어렵다.

이처럼 신뢰하기 위해서는 먼저 의심해야 한다. 데이터를 보고 신중하게 판단하기 위해서는 문제가 주어졌을 때 쉽게 판단하지 않는 훈련을 해야 한다. 그럴 듯한 숫자를 들이밀며 사람들의 생각을 멈추게 하는 것이, 통계로 거짓말하기 좋은 방법이다(Huff 1993).

데이터는 자명한 진실이 아니다. 자연의 법칙도 아니고, 신의 뜻도 아니다. 데이터는 추정값과 편향과 노이즈의 합이다. 이것이 본질이다. 데이터로 세상을 이해하기 위해서는 데이터와 데이터가 가리키는 대상 사이의 간극을 이해하고, 비판할 줄 알아야 한다. 이것이 내가 강조하는 데이터의 세 가지 원칙 중 첫 번째 원칙이다.

두 번째로 소개할 원칙은 데이터는 날것이 없다라는 점이다. 데이터는 하늘에서 떨어지지 않는다. 사람이 만든 데이터에는 그 사람의 편향이 반영된다.

02

날것의 데이터는
없다

데이터가 만들어지는 과정은 많은 경우 불투명하다. 앞에서 소개
한 그림 2와 그림 3에 사용한 데이터는 필자가 R이란 프로그래밍
언어를 이용해 직접 만들었다.

시뮬레이션이나 실험 같은 경우, 데이터 과학자가 직접 데이터
가 산출되는 과정을 설계하고 통제한다. 시뮬레이션은 데이터 과
학자가 작성한 코드를 통해 진행된다. 또한 실험을 할 때는 실험
참가자들 중에서 어떤 사람들이 실험군 또는 대조군에 들어갈지
를 직접 결정한다. 데이터 과학자가 실험 연구의 정의 자체를 이
런 배경 과정을 통해 정의하고 통제할 수 있을 때라야, 진정한 실
험이라 할 수 있다(Imbens and Rubin 2015).

그러나 대부분의 데이터, 거의 모든 빅데이터는 데이터 제작 과정이 매우 복잡하고 불투명하다. 데이터 과학자의 업무 시간에서 많은 비중을 차지하는 것이 데이터 제조 과정 추적이다. 통계 분석, 코드 작성에 앞서 누가, 어떻게, 왜, 어떤 데이터를 만들었는지 그 과정을 이해하는 데 많은 시간과 노력을 쏟는다. 이런 수고 없이는 데이터의 질을 평가할 수는 없다. 그래서 데이터를 만드는 데는 상당한 돈과 시간이 든다. 규모가 큰 데이터를 만들려면 더 많은 자원이 투입되어야 한다. 이런 데이터를 누군가가 특정한 방식으로 수집한다면 그 나름대로의 구체적 이유와 목적이 있어야 한다.

사람이 만든 데이터에는 '만든 사람'의 편향이 포함된다

미국 경찰이 범죄 수사에 데이터를 본격적으로 적용하기 시작한 것은 1980년대와 1990년대에 신공공관리 이론new public management을 경찰 행정에 도입하면서부터다. 신공공관리 이론이란 경쟁 시장을 모방해 정부 관료제의 효율성을 높이자는 이론으로 영국의 대처 정부, 미국의 레이건 정부가 대표적으로 이 주장을 수용했다. 이 이론에서 나온 대표적 공공 정책 아이디어 중 하나가 바로 민영화다.

이때부터 미국 경찰은 경찰 인력 운영에서 효율과 실적을 우선시하게 됐다. 근무 태만을 막기 위해 업무 활동과 그 결과를 측정, 관리해야 한다는 주장이 설득력을 얻었다. 이에 따라 데이터로 경찰 인력의 업무 능력을 평가해 인사고과에 반영하게 되었다.

품질 관리를 위해 측정이 중요하다는 것은 경영계의 오래된 상식이다. 경영의 구루 피터 드러커가 말했듯 측정 없이는 관리도 없다. 이 오래된 비즈니스 상식을 경찰 인력 운영에 도입한 것이 무슨 문제일까?

코드 포 아메리카에서 나와 같이 데이터 과학자로 일하는 로렐 에크하우스는 미국의 형사교정제도 전문가이자, 코드 포 아메리카에 오기 전 덴버대에서 정치학을 가르친 교수이기도 하다. 정치학 교수 시절 그가 출판한 논문은 미국 경찰의 데이터 중심 조직 운영이 어떻게 예측하지 못한 부작용을 일으켰는지 분석한다 (2022). 데이터 기반으로 경영한 결과, 미국 경찰은 단기적 성과에만 치중했고 실적을 올리기 위해 데이터를 조작하기까지 했다. 데이터 기반 경영 관리 기법이 중범죄 감소에는 영향을 미치지 못한 것이다.

에크하우스는 자신의 논문에서 경찰 업무를 두 가지로 분류했다. 첫째는 측정이 잘되는, 단기간에 실적을 내는 업무다. 차량 단속이 좋은 예다. 같은 시간 내에 누가 얼마나 많은 차량을 단속했는지는 쉽게 측정할 수 있다. 둘째는 측정이 잘 안 되는, 불확실하고 장기간의 노력이 필요한 업무다. 지역 주민과 관계를 맺고 그들과 신뢰를 쌓는 것이 이런 종류의 일이다. 관계성과 신뢰도는 정의하기도 쉽지 않고, 따라서 측정하기도 어렵다.

측정이 목적이 되면 어떤 부작용이 생길까

측정이 도구(가이드)가 아니라 목적(성적표)이 되면 측정되는 것만 중요해진다. 측정이 어려운 지역 주민과의 관계 만들기, 신뢰 쌓기 같은 일은 경찰 업무의 우선순위에서 뒤로 밀려버리고, 일선 경찰의 주요 업무는 차량 단속처럼 단기간에 실적을 올리기 좋은 일이 된다.

나아가, 실적을 만들어내기 위해 데이터를 조작할 가능성도 생긴다. 신공공관리 이론에 따르면 일을 잘하는 경찰은 범죄율이 낮은 경찰이다. 미국 FBI는 살인, 강간, 폭행, 강도 등 강력범죄 관련 통계를 수집해 1년에 한 번씩 발표한다. 이 범죄율을 낮추는 경찰 조직이 일을 잘하는 경찰 조직이다.

물론 경찰은 실제로 일을 잘해서 범죄율을 낮춰야 한다. 하지만 꼭 그렇게 하지 않아도 된다. 더 쉽게 갈 수 있는 길이 있으니까. 바로 범죄율 조작이다. 강력범죄 중에서도 살인 사건 같은 경우는 조작하기가 어렵다. 사람이 죽었다는 사실은 물리적 결과이기 때문이다. 대신 강간 같은 사건은 조작이 쉽다. 증언에 기초하는 경우가 많아 증거불충분으로 처리할 수 있기 때문이다(Eckhouse 2022).

자연은 인간이 측정한다고 해서 행동을 바꾸지 않는다. 우리가 지켜본다고 비가 갠 후에 뜨는 무지개가 마른하늘에 뜨지 않는다. 그러나 인간은 측정 대상이 되면 행위를 바꿀 인센티브가 생긴다. 경제학 용어 중 이런 현상을 가리키는 굿하트의 법칙Goodheart's Law도 있다.

인간은 특정 행위를 했을 때 보상을 받으면 그 행위를 더 많이 한다. 미국 경찰은 자신들의 활동 중 평가되기 쉬운 영역과 그렇지 않은 영역을 구분해, 평가되기 쉬운 영역에 더 많은 자원을 투입했다. 거기에 인센티브가 있기 때문이다.

〈더 와이어〉는 미국 평론가들 사이에서 역대 최고의 TV 시리즈로 꼽힌다. 이 드라마는 미국 볼티모어시의 경찰과 마약 갱스터의 대결을 다룬 범죄 스릴러이자 사회 비판물이다. 이 작품에서 주인공인 강력계 형사와 그의 동료들은 마약 유통 조직의 보스를 잡으려 하지만 그들의 의지는 번번이 경찰 조직 간부의 반대에 부딪힌다. 조직 관리자 입장에서는 일선 형사들이 마약 유통 조직의 보스를 잡겠다는 무모한 도전을 하는 것 자체가 시간 낭비이자 자원 낭비이기 때문이다. 같은 시간에 비슷한 노력을 들여, 길에서 마약을 파는 청소년들을 교도소에 보내면 훨씬 빠르고 쉽게 실적이 쌓인다(Muller 2019: 129).

마약 유통 조직의 보스를 잡지 않고 그 밑에서 일하는 하수인들만 잡아서는 문제를 뿌리 뽑을 수 없다. 그러나 윗분들은 이 문제를 해결하는 데 별 관심이 없다. 보스를 잡는 것은 실적을 올리는 불확실한 길이기 때문이다.

데이터를 의심해야 하는 이유, 날것으로 받아들이면 안 되는 이유는 세상에 데이터를 조작할 만큼 본성이 나쁜 사람들이 많아서가 아니다. 데이터를 조작하는 이유는, 사람이 나빠서가 아니라 인센티브 때문이다. 보통 사람들은 심각한 희생을 감수하면서까지 남을 위해 살려고 하지 않는다. 나도 다를 바 없다. 한 사람이 다른 사람에게 해를 가하는 보통의 사유는 그래도 되기 때문이다. 우리 대다수는 평범한 사람이고, 평범한 사람은 대체로 인센티브에 따라 움직인다.

제도가 만든 인센티브가 데이터 왜곡의 주요 원인이다. 뉴욕 경찰이 주차 단속을 지역 주민과의 관계 개선보다 우선시한 이유는 인센티브 때문이다. 강간 데이터를 조작해 범죄율을 낮춘 것은 단기 성과를 중시하는 제도적 환경에서 내린 합리적 판단의 결과다. 이러한 전략적 선택이 장기적으로 고민하면서 풀어야 할 문제는 놓치고 사회적 불평등은 강화하는 결과를 낳았을 뿐이다.

이것이 데이터를 확인하기 전에 데이터 생산자들의 인센티브 조건을 먼저 살펴봐야 하는 이유다. 제도가 인센티브를 만들고, 인센티브가 개인의 행위를 만든다.

GDP를 조작하는 국가의 탄생

비근한 예로, 경제 현황을 파악하는 데 쓰이는 중요한 지표인 GDP를 생각해보자. GDP는 중고등학생에게도 친근한 지표다. 이 지표는 1930년대 대공황 시기에 미국과 영국 정부가 대공황에 맞설 수 있는 경제 개입의 정책적 근거를 마련하기 위해 도입한 것이다. 국가 경제가 어떻게 돌아가는지를 측정할 수 없다면 경기 진작을 위해 정부가 돈을 어디에 얼마나 뿌려야 할지 알 수가 없다(Lane 2020).

제2차 세계대전 이후 이 지표는 미국과 영국을 넘어 전 세계로 퍼져 나가, 국가의 발전 상황을 측정하는 중요한 기준이 됐다. 분석을 위해 사용하던 지표가 평가 기준이 되자 상황이 바뀌었다. 국가 지도자들은 이 지표를 조작해 자신의 능력을 선전할 수 있게 되었다. 인센티브가 생긴 것이다. 민주주의 국가 지도자보다 비민주주의 국가 지도자가 이 데이터 조작의 유혹에 빠지기 쉽다. 그래도 되기 때문이다. 민주주의 국가에는 정부가 거짓말을 하면 이를 지적하고 견제하며 균형을 맞출 언론 매체와 같은 장치가 있다. 비민주주의 국가에는 독재자 고양이의 목에 감히 방울을 달용감할 쥐가 많지 않다.

정부가 발표한 경제성장 자료가 정확한지 확인하기 위해서는 비교 대상, 즉 신뢰성이 높은 다른 데이터가 필요하다. 이를 위해서 최근 학자들이 많이 쓰고 있는 데이터가 야간의 위성사진이다. 1962년 이래, 북한 정부는 북한 주민 모두가 좋은 집에서 고깃국을 먹고 비단옷을 입으며 부유하게 사는 나라가 될 것이라 주장했다. 그러나 북한이 아무리 선전, 선동을 해도 한밤중에 찍은 북한의 위성사진에서 불빛이 보이지 않는다면 그들의 발표는 말짱 거짓말이다.

그림 4. 한반도 위성사진

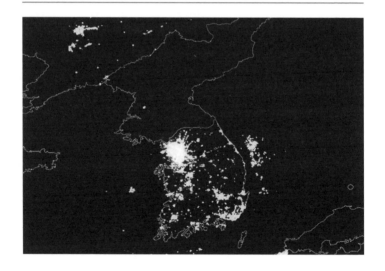

활발한 경제활동과 캄캄한 밤의 풍경은 상반된다. 정부는 자신들이 생산하는 정부 통계에는 손을 대기 쉽지만 대기권 밖에서 촬영한 위성사진에는 손을 대기 어렵다. 시카고대의 루이스 마티네스 교수는 이 위성사진과 정부 발표 자료를 비교해, 북한을 비롯한 비민주주의 국가는 연간 경제성장률을 최대 35퍼센트까지 부풀려서 발표한다고 밝혔다. 2퍼센트 경제성장률이 실제 수치라면 2.7퍼센트라고 공표하는 식이다(Martinez 2022).

더 측정하기 쉬운 지표가 더 의미 있는 지표는 아니다

데이터 과학자는 개인과 조직이 데이터를 통해 더 나은 의사결정을 내리도록 돕는다. 이 과정에서 데이터 과학자는 문제 상황에 도입한 해결책이 과연 약속한 결과를 만들어냈는지를 평가하기 위해 지표metrics를 활용한다. 지표로 측정할 수 없으면 분석할 수 없고, 가이드를 만들 수도 없다.

문제는 무엇을 측정하느냐에 따라서 측정 비용이 동일하지 않다는 것이다. 어떤 지표는 더 측정하기 쉽고, 어떤 지표는 더 측정하기 어렵다. 그런데 측정하기 쉬운 것이 반드시 더 의미 있는 지표는 아니다.

이처럼 지표가 분석 도구가 아닌 평가 기준으로 사용될 때 모순이 발생한다. 그래서 지표는 진단과 분석의 도구로는 의미가 있지만 이것이 평가 기준이 되면 문제가 생길 수밖에 없다. 앞서 소개한 사례들에서 살펴보았듯, 사람들은 그 지표를 달성하는 것이 아니라 조작하는 것을 목표로 삼는다(Muller 2019).

나는 한국에서 고등학교를 다닐 때 체육 수업을 제대로 받은 적이 없다. 대학 입시가 가까워질수록 체육 시간에 운동장에 나가지 않고 교실에서 자습을 했다. 미술이나 음악 수업도 마찬가지였다. 내가 예체능 교육을 제대로 받지 못했던 이유는 단순하다. 국영수 같은 주요 과목에 비해서 예체능 과목은 대학 입시라는 당면 과제를 해결하는 데 상대적으로 덜 중요하다. 수험생이 원하는 대학에 합격하는 데 미치는 영향력이 미미하다. 그러니 학교 입장에서는 예체능 수업 시간에 해당 수업을 진행하는 대신 입시에 중요한 교과목 공부를 시킬 수밖에 없다. 그런데 인생을 건강하고 풍요롭게 사는 데 예체능 과목은 가치가 없을까? 전혀 아니다. 체육만큼 좋은 취미가 없다. 음악과 미술만큼 삶을 행복하고 풍요롭게 만드는 것도 드물다.

시험을 교육을 개선하는 도구로 쓰면 좋다. 그러나 시험 그 자체가 교육이 되는 순간, 교육은 죽는다. 학생들은 시험에 나오는 과목 위주로, 그 과목 내에서도 시험에 나올 내용 위주로 배우게 된다.

이러한 지표에 대한 맹목적 믿음은 한국만의 문제가 아니다.

미국, 영국 등 많은 나라에서 나타난다. 시험만의 문제도 아니다. 인센티브가 있는 모든 영역에는 이러한 문제가 있다. 지표는 훌륭한 분석 도구이지만 면피하기 좋은 수단이기도 하다. 사람을 빼고 수치를 집어넣으면 겉보기에는 더 객관적이고 과학적으로 보인다. 사람 대신 기계가, 인공지능이 지표를 만들면 더 그럴듯하다.

그 보이지 않는 결과로 누가, 어떤 희생을 치러야 할지는 당장의 논의에서 제외된다. 일단은 내 책임이 아니기 때문이다. 어차피 이런 사회적 비용은 쉽게 측정되지도 않는다. 현장을 떠나 지표로만 세상을 보는 사람들에게 측정되지 않는 것은 존재하지 않는다(Muller 2019). 측정하지 않으면 평가할 수 없다. 그러나 측정할 수 없는 것이 가치가 없는 것은 아니다. 조직 관리의 많은 문제가 이 두 명제를 혼동하는 논리적 오류에서 발생한다.

측정하지 않으면 평가할 수 없지만 측정할 수 없다고 가치가 없는 것은 아니다

맹목적 지표가 맹목적인 이유는 지표 자체에 문제가 있어서가 아니다. 모든 지표는 완벽과 거리가 멀다. 측정 대상(치안)과 지표(범죄율) 사이에 차이가 있다는 사실을 알고 사람들이 지표를 조작할 수 있다는 사실을 감안해, 지표를 의사결정의 참고자료로 쓰면 지표는 유용한 도구가 된다. 스웨덴 수학자 안드레예스 둥켈스가 말한 것처럼 통계로 진실을 감추기도 쉽지만 통계 없이 진실을 드러내기도 어렵다. 그러나 지표를 통해 생각하기를 포기하고, 근본적 문제에 접근하는 것을 회피하기 위한 용도로 사용할 때 지표는 전문성의 적이 된다. 제대로 된 문제 해결의 장애물이 된다.

03

쓰레기를 넣으면
쓰레기가 나온다

데이터에 대해서 우리가 마지막으로 기억해야 할 원리는 쓰레기 같은 데이터가 들어가면 쓰레기 같은 결과가 나온다는 점이다gar-bage in. garbage out. 좀 더 정확하게는, 편향된 데이터가 들어가면 편향된 결과가 나온다bias in. bias out.

나는 요리를 좋아한다. 그렇지만 어디까지나 아마추어에 불과하기 때문에 고난도 요리법은 알지 못한다. 고급 레스토랑에 자주 가지도 못하지만, 어쩌다 가서 식사를 하면 이 멋들어진 음식을 요리사가 어떻게 만들었는지 감을 잡을 수 없다. 다만, 아무리 요리사의 실력이 출중해도 재료가 형편없다면 음식 맛이 없다는 사실은 상식으로 안다. 상한 고기로 먹음직스러운 스테이크를 만드는 것은 누구의 재주로도 불가능하니까. 외식 전문가 백종원 대표가 관리 안 된 주방을 보고 화를 내는 이유도 마찬가지가 아닐까.

편향이 넘치는 데이터를 넣으면 편향이 넘치는 데이터가 나온다. 이 엄정한 원칙은 아무리 강력한 인공지능을 사용해도 바뀌지 않는다(O'Neil 2016). 우리는 스마트한 기계가 도처에 널린 사회에 산다. 아침에 눈을 뜰 때부터 밤에 잠들 때까지 스마트폰을 손에 쥐고 사는 사람들이 많다. 인공지능이 실시간으로 통역도 하고 운전도 한다. 정말 대단해 보인다. 바둑 같은 어려운 게임에서 알파고라는 인공지능이 이세돌 같은 불세출의 고수를 꺾기도 했다.

여기서 우리는 똑똑한 것과 똑똑해 보이는 것을 구분해야 한다. 결국 상용화된 많은 인공지능은 통계 모형의 일종이라는 것이 핵심이다. 모형은 복잡한 현실을 변수 간의 수식 관계로 표현한 것이다. 변수라고 하니 어려워 보이지만 변하는 것이 변수라고 생각하면 쉽다. 우리의 키도 하나의 변수다. 사람마다 키가 다르기 때문이다.

교육 변수(x)와 소득 변수(y)의 관계를 설명하는 모형을 만든다고 생각해보자. 이 모형을 통해서 우리는 교육을 더 잘 받은 사람들의 기대소득이 그렇지 않은 사람들에 비해서 어떻게 달라질지 알 수 있을까? 인공지능을 통해 이런 예측 모형을 만든다는 말은 $y=f(x)$에서 교육 변수 x를 소득 변수 y를 기준으로 가장 정확하게 예측하는 모형을 찾아낸다는 뜻이다.

미분(기울기)은 데이터를 적용해 문제를 푸는 데 최적화된 도구다. 여기서 선택지는 많다. 어디에서 데이터를 찾아, 얼마나 많은 변수를, 그리고 그들 간의 관계를 얼마나 복잡한 함수로 표현할 것이냐에 따라서 다양한 모형이 나온다.

그러나 어떤 기준에 따라 어떤 모형을 선택하든, 데이터(x, y) 없이 인공지능(f)을 설계하는 것은 불가능하다. 쇠로 금을 만드는 기술이 있다면 그것은 연금술이지 과학이 아니다.

빅데이터가 더 나은 사회를 만들지 않는다

'편향을 넣으면 편향이 나오는 문제'에 우리가 깊은 관심을 가져야 하는 이유는 이 세상이 불평등하고 차별이 넘치는 곳이기 때문이다. 그래서 데이터에서 집단 간 심각한 차이를 발견했다면, 그 패턴의 기저에는 뿌리 깊은 사회적 차별이 자리하고 있을 가능성이 높다. 이런 비판적 문제의식의 필요성은 빅데이터와 인공지능이 등장한다고 사라지지 않는다. 그래서 데이터로 세상을 바꾸기 전에 세상이 어떻게 데이터를 만드는지 돌아봐야 한다.

더 나은 기술, 더 많은 데이터가 더 나은 사회를 만들어주지 않는다. 빅데이터는 역사적 데이터historical data의 일종이다. 인류 역사상 이 정도의 규모와 빠르기로 이렇게 다양하고 복잡한 데이터를 모은 적은 물론 없다. 그러나 이 전대미문의 바벨탑을 완성하는 벽돌은 미래에서 온 것이 아니라 과거에서 왔다. 빅데이터는 과거 경험의 집합체다. 기술로 데이터로 세상을 바꾸자는 구호를 외치기 전에, 한 걸음 물러서서 세상이 어떤 데이터를 어떻게 만들고 있는지에 관심을 가져야 한다.

프린스턴대에서 인공지능과 사회 정의에 대해 연구하는 루하 벤저민 교수는 차별이 넘치는 세상에서 무작정 크고 많은 데이터를 통해 개발된 인공지능은 기본적으로 차별을 자동화하는 기계라고 강조한다(Benjamin 2019a).

2021년 국내 스타트업 스캐터랩이 개발한 챗봇 '이루다'가 여성 혐오, 차별 문제를 드러내 이슈가 된 적이 있다. 이런 문제가 불거진 이유는 이루다 개발자가 성차별주의자여서가 아니다. 실제 연인들이 주고받은 100억 건 넘는 데이터를 기초로 만들어낸 인공지능이 그 데이터에서 학습한 패턴을 그대로 모방한 탓이다.

인공지능은 알고리듬이 인도하는 대로 기계적으로 학습할 뿐, 이 패턴이 사회적으로 문제가 될 패턴인지 아닐지 고려하지 않는다. 최근 화제가 되고 있는 챗GPT 같은 대형 언어 모형도 마찬가지다. 이 한계를 알기에 챗GPT는 의도적으로 종교, 정치 같은 민감한 이슈에 대한 답변을 피한다. 이런 인공지능은 똑똑해 보이는 것을 잘하는 것이지 실제로 사리분별을 할 수준으로 똑똑한 것이 아니다(Bender et al. 2021).

인공지능은 미래가 아닌 과거를 예측한다

이런 배경을 고려하면, 차별은 피할 수 없는 패턴이며 차별하지 않는 것은 의식적 선택의 결과임을 알 수 있다. 윤리적이지 않은 사회에서는 윤리에 대해 치열하게 고민하고 부단하게 실천하지 않으면 비윤리적으로 살게 되어 있다. 비윤리는 관성이고, 윤리는 저항의 결과다. 이 딜레마는 인간을 학습해 기능하는 인공지능에게도 동일하게 적용된다. 인공지능으로 만든 예측모형은 '예측' 모형이라 불리지만, 실제로는 미래를 예측하는 것이 아니라 과거를 예측한다. 과거 경험이 축적된 데이터를 학습해 새로운 데이터에서 동일 패턴을 찾아내는 예측 기능을 수행하기 때문이다.

따라서 성능 좋은 인공지능이 반드시 윤리적인 인공지능이라 할 수는 없다. 인공지능의 성능을 결정짓는 예측의 정확성은 윤리적 판단과는 아무 관계가 없다. 수만 장의 개와 고양이 사진을 두고 인공지능이 대부분의 고양이 사진을 고양이라 분류했으면 이 인공지능은 성능이 우수한 것이다. 문제는 수만 장의 남성과 여성 사진을 보고 남성은 의사로, 여성은 간호사로 분류할 때다. 이렇게 훈련된 인공지능이 여성 의사와 남성 간호사를 얼마나 정확하게 분류할 수 있을까? 여성 간호사에 비해 여성 의사를 분류하는 정확도가 떨어질 때, 그 원인은 사회적 차별에서 찾아야 한다.

결국 이러한 윤리적 이슈와 사회적 차별에 대한 고민 없이 개발되는 인공지능은 우리가 과거에 했던 실수와 잘못을 그대로 반복한다. 오히려 더 빠르게, 더 많은 곳에서 반복한다.

법정에서는 무죄추정의 원칙을 적용한다. 유죄 판결이 나기 전까지는 피의자를 범인 취급해서는 안 된다. 죄가 없는데 처벌받는 억울한 사람을 법의 힘으로 막기 위해서다. 사회적 차별이 가득한 빅데이터를 사용하는 인공지능에는 반대로 유죄추정의 원칙이 적용된다. 차별을 초래하지 않는다는 검증이 없다면, 이 똑똑한 척하는 기계는 차별을 자동화하는 기계로 기능한다.

편향이 편향을 낳는 문제는 눈을 가린다고 해결되지 않는다

편향이 편향을 낳는 문제는 모형에 살짝 손을 댄다고 해결되지 않는다. 편향의 주요 원인으로 의심되는 변수를 통계식에 집어넣지 않는다고 그 영향력이 사라지지 않는다. 한마디로 눈 가리고 아웅 하는 격이다.

최근 인종, 성별처럼 사회적 차별의 기준이 되는 변수를 의사결정 단계에서 활용하지 말자는 정책적 움직임이 일고 있다. 한국의 경우 이력서에 출신 지역을 기입하지 않는 것이 대표적인 예다.

얼핏 보면 좋은 시도다. 사실 취지는 나쁘지 않다. 지역 출신이라는 점이 걸림돌이 되니 애초에 지역을 언급하지 않으면 문제가 해결되지 않을까 하는 발상도 이해가 된다. 게다가 한국은 이력서뿐만 아니라 채용 과정에서 실제 업무 능력과 상관없는 잡다한 사생활을 묻는 것이 일반적이다. 애초에 이력서에 사진이 왜 필요한가? TV에 나올 연예인이 아니면 대부분 외모와 업무 능력에는 아무 관련이 없다. 한국의 이력서 관행에는 고쳐야 할 부분이 많다.

하지만 해당 변수를 보지 않는다고 그 변수의 영향에서 자유로울 수는 없다(D'ignazio and Klein 2020). 한 변수를 가려서 그 변수의 영향력에서 자유로워지려면 이 변수는 다른 변수와 관계가 없어야 한다. 이것은 매우 증명하기 어려운 가정이다. 우리가 차별의 원인으로 지목하는 대부분의 변수는 자연적 변수가 아니라 사회적 변수이기 때문이다.

성차별을 예로 들어보자. 성에는 생물학적 성인 sex와 사회적 성인 gender가 있다. 성차별이 문제가 되는 이유는 생물학적 성의 차이가 아닌 사회적 성, 이른바 젠더를 차별하기 때문이다(Perez 2019).

왜 특정 직업에는 남성이 많고 여성이 적은가. 나와 아내는 모두 경제활동을 하고 가사를 분담한다. 하지만 내 부모님 세대만 해도 남편이 밖에서 일을 하고 아내는 집안일을 하는 것이 일반적이었다. 그래서 과거에는 아내를 '집사람'이라 불렀다. 돌아가신 아버지는 혼자서는 라면도 잘 끓이지 못하셨다. 나에게는 내 끼니를 내가 직접 챙기는 것이 당연하다. 아내가 회사 일도 더 바쁘고 다른 집안일을 많이 하니 가급적 집에서는 내가 요리를 한다. 운전은 남자가 더 잘한다는 인식이 여전히 강하지만, 재택근무를 하고 동네에서는 자전거를 타는 나보다 차로 거의 매일 출퇴근하는 아내의 운전 실력이 훨씬 뛰어나다.

이것은 불과 한 세대가 지나면서 남녀의 생물학적 형질이 바뀐 결과가 아니다. 사회적 통념이 변화하고 사회 활동을 할 기회의 분배가 달라지면서 생긴 현상이다. 생물학적 차이만 생각하면 아이를 낳는 것을 제외하고 여성이 하는 일 중 남성이 못 할 일은 없다. 남성이 가사와 육아에 덜 참여해야 할 생물학적 이유도 없다. 같은 논리로, 막중한 육체노동을 하지 않는 이상 남성이 하는 일을 여성이 못할 이유도 없다. 전통적으로 남성이 많이 차지해온 전문직을 여성이 못할 생물학적 이유도 없다. 아내는 전자공학을 전공한 베테랑 반도체 엔지니어다.

사회적 인식이 편향의 원인이라면 보고 싶지 않은 변수를 보지 않는다고 해서 문제가 사라지지 않는다. 성이 '사회적 개념'이라는 뜻은 이 변수들이 사회적 지위와 관련된 다른 변수들과 끈끈하게 연결되어 있다는 점을 의미한다. 이럴 때는 한 변수를 모형에서 빼더라도, 즉 이력서에 사진을 붙이지 않거나 성별 혹은 성별을 암시하는 이름을 기재하지 않더라도 다른 변수를 통해 여전히 차별이 조장된다.

글로벌 테크 기업인 아마존은 2014년부터 채용 과정 일부를 자동화했다. 인공지능이 이력서를 확인해 어떤 사람이 더 뽑을 만한지를 알려준다. 사람 대신 기계를 쓰면 돈도 줄이고 시간도 절약된다. 문제는 이 과정에서 인공지능이 성차별을 한다는 것이다. 인공지능은 같은 공학 전공자라도 여자대학을 졸업한 사람에게 감점을 줬다.

아마존은 이런 이슈를 발견한 후, 이력서에서 여성을 암시하는 단어를 뺀 뒤 다시 인공지능이 이력서를 거르도록 훈련을 시켰다. 그럼에도 인공지능은 비슷한 실수를 반복했다. 직접적으로 여성을 암시하지 않더라도 여성과 연관된 다른 단어를 찾아냈기 때문이다. 결국, 2017년에 아마존은 인공지능을 통한 이력서 검증 시도를 중단했다.

성차별은 피해를 당하는 집단의 특성이 아니라 그들을 차별하는 집단의 권력 때문에 발생한다. 이런 뿌리 깊은 문제는 변수 하나를 모형에서 빼는 정도로는 쉽게 해결할 수 없다. 복잡한 사회 문제를 이렇게 단순한 방법으로 해결할 수 있다고 믿는다면 너무 안일한 사고이자, 현실을 모르는 무지한 발상이다.

기계로 하는, 복잡하고 은밀한 차별

데이터 전환 시대가 왔다. 이제 사람이 하던 데이터 수집, 처리, 분석을 많은 부분 컴퓨터가 수행한다. 이것이 자동화다. 그러나 본격적인 자동화가 기존에 팽배했던 각종 차별이 갑자기 사라졌음을 의미하지는 않는다. 이런 문제에 대한 관심과 의식의 중요성은 감소하지 않았다. 오히려 우리 사회에는 이전보다 더 높은 경각심이 필요하다.

똑똑한 척하는 기계를 통한 스마트한 차별은 더 복잡하고 은밀하다. 감시도 어렵고 통제도 힘들다. 인공지능이 하는 많은 일 중 하나는 개인별 위험 점수 매기기risk scoring다. 보험, 연금 등의 금융 상품이 존재하는 이유는 불확실한 미래를 대비하기 위해서다. 보건 측면에서 중요한 위험 점수는 누가 앞으로 얼마나 더 아플 것인가에 관한 수치다. 이른바 건강 위험 지표다. 이 정보는 정부가 복지 제도를, 보험회사가 보험 상품을 설계하는 데 중요하게 활용된다. 이런 건강 위험을 예측하는 인공지능은 미국뿐 아니라 한국에서도 널리 쓰인다.

2019년 학술지 〈사이언스〉는 인공지능의 건강 위험 예측 시스템이 흑인과 백인의 '위험지수'를 '똑같이' 평가할 때, 실제로는 흑인의 건강 위험이 백인보다 '더' 크다고 보고했다(Obermeyer et al. 2019). 똑똑해 보이는 기계가 오작동을 한다. 인종차별을 한다.

이 인공지능을 썼을 때, 흑인은 백인보다 건강 위험에서 덜 보호 받을 가능성이 크다.

인공지능이 판단 착오를 일으킨 이유는 데이터 때문이다. 아주 단순하지만 근본적 이유다. 해당 인공지능의 학습 데이터는 일명 대리변수proxy variable를 사용했다. 건강 서비스에 대한 '필요'를 측정하기 어려우니 관련 서비스를 제공하는 '비용'을 그 자리에 대신 쓴 것이다(Benjamin 2019b).

데이터 분석 편의를 위해 사용한 이 가정에는 치명적인 맹점이 있다. 과연 '비용'은 '필요'와 같은 개념인가? 흑인들은 역사적으로 의료 시스템 내에서 차별을 받았다(Washington 2006). 이 말인즉, 같은 의료 서비스가 '필요'할 때도 흑인은 백인이 받는 것보다 '비용'이 더 저렴한 서비스만 제공받았다. 뒤집어 생각해보면, 같은 비용의 서비스를 받았다면 흑인이 백인보다 더 아픈 사람일 가능성이 크다.

좀 더 명확하게 이해하기 위해 다음의 사례를 생각해보자. 흑인 여성 자말은 불안정한 고용 상태 때문에 보험 혜택을 제대로 받지 못했다. 자말은 흔한 흑인 여성 이름이다. 미국에서는 직업이 없으면 건강보험 혜택을 받지 못하는 경우가 많다. 미국 정부가 저소득층에게 건강보험을 제공하고 있지만, 직업 활동이 불안정해지면 자격조건의 중요 기준인 소득을 만족시키기 어려워 혜택을 누리기가 쉽지 않다. 설령 보험이 있더라도 보험의 혜택 범위에 따라 이용할 수 있는 의료 서비스의 등급이 다르다. 싼 보험은 혜택 범위가 좁고, 비싼 보험은 혜택 범위가 넓다. 갈 수 있는 병원도, 받을 수 있는 서비스도 다르다. 그래서 비슷한 의료 문제가 발생해도 백인 여성 에밀리에 비해 흑인 여성 자말은 더 낮은 등급의 의료 서비스만 이용할 수 있다. 여기서 에밀리는 흔한 백인 여성의 이름이다.

자말의 고용 상태가 불안정한 이유는 그녀가 흑인이라는 이유로 고용 시장에서 차별을 받아왔기 때문이다. 이 가정에는 학술적 근거가 있다. 똑같은 이력서인데 백인이 많이 쓰는 이름 대신 흑인이 많이 쓰는 이름을 기입하면 면접 제안을 받을 가능성이 떨어진다는 유명한 연구 결과가 있다(Bertrand and Mullainathan 2004). 이런 배경을 무시하고 필요와 비용을 등가로 취급하면 사회적 모순을 무시한 예측 결과가 나온다.

이러한 차별 패턴은 사람이 수동으로 분석하든, 인공지능이 자동으로 하든 바뀌지 않는다. 기술은 새롭지만, 문제는 전혀 새롭지 않다.

인공지능은 인간을 닮았다

인공지능은 앵무새다. 데이터와 통계 모형에 따라 사람의 행위를 따라 한다(Bender et al. 2021). 얼핏 보기에, 사람 대신 기계가 자원 배분을 결정하면 중립적인 의사결정을 내릴 수 있을 것 같다. 인간이 편견에 빠지는 이유는 우리의 뇌가 게으르기 때문이다. 한 인간을 총체적으로 이해하기보다는, 인종이 됐든 성별이 됐든 개인의 단면으로 전체를 판단하고자 한다(Eberhardt 2020). 인간은 그 사람 자체를 보는 대신 그 사람이 속한 집단(범주)을 먼저 보고, 그 기준으로 개인을 판단하기 쉽다.

이런 점에서 생각하면 사람 대신 인공지능이 의사결정을 내릴 경우 세상이 좀 더 공평한 곳이 되지 않을까 기대할 수도 있다. 기계가 본질적 제약에서 인간보다 좀 더 자유로울 수 있다고 믿는다면 말이다.

그래서 혹자는 말한다. 사람의 본성을 고치는 것보다 기계의 오류를 고치는 것이 더 쉽다고. 하지만 이것은 결국 닭이 먼저냐, 달걀이 먼저냐의 문제일 뿐이다. 기계는 자연의 산물이 아니라 인간의 피조물이다. 인공지능은 우리를 닮았다. 인공지능은 인간이 만든 데이터를 통해 어떻게 생각하고 어떻게 행동할지를 배운다.

지금까지 데이터라는 도구를 잘 쓰기 위한 전제 조건으로, 데이터의 본질을 이해하기 위한 세 가지 원칙을 살펴보았다.

- 신뢰하기 위해서 먼저 의심하자
- 날것의 데이터는 없다
- 편향은 편향을 낳는다

우리는 데이터로 세상을 바꾸려 한다. 그러나 바로 지금의 이 세상이 데이터를 만든다.

3장

권력

기회의 불평등이 차별의 시작이다

Power

이 장에서는 데이터와 정책의 연결 고리를 설명한다. 먼저, 둘 사이의 연결 고리에 대해 크게 세 가지를 강조할 수 있다.

첫째, 빅데이터의 원조는 정부 데이터다

둘째, 민주국가와 복지국가 모두 데이터 없이는 작동하지 않는다

셋째, 더 많은 데이터가 더 불평등한 사회를 만들 수 있다

01

빅데이터의 원조는
정부 데이터다

영어 단어 통계statistics는 18세기 독일어인 '슈타티스틱statistik'에
서 유래했다. 현대 통계는 데이터를 통해 패턴을 배우는 응용 수
학에 가까운 학문이다. 일례로, UC버클리의 통계학과는 원래 수
학과의 일부였다가 1955년 독립했다. 그러나 통계의 역사적 기
원을 살펴보면, 사회적 패턴을 과학적으로 연구하는 사회과학에
가깝다. 통계가 역사에 처음 등장했을 때 이 단어가 가진 뜻은 국
가state가 알아야 할 정보였다.

　18~19세기 유럽 사회에서 통계라는 학문이 꽃을 피우게 된
것은 우연이 아니다. 권력의 중심이 바뀌었기 때문이다. 근대라 부
르는 이 시대는 세계사의 전환점이 되었다. 왕과 귀족이 중심이

되었던 봉건 사회가 무너지고, 오늘날의 주권에 기초해 국가와 국민이 통합된 근대 국가가 인류 역사에 등장했다. 빈곤을 줄이기 위해 인구 억제를 주장했던 토마스 맬서스의 《인구론》은 경제학, 생물학, 통계학 등 다방면에 영향을 미친 역저이자, 서양 근대 사상의 발달사를 엿볼 수 있는 고전이다. 제약이 없으면 인구는 기하급수적으로 증가하는데, 식량은 산술급수적으로 증가해 결국 인류가 위기를 맞이한다는 인구론의 주장을 어딘가에서 들어본 적이 있을 것이다. 그런데 왜 이 책은 프랑스 혁명이 일어난 해인 1789년에 출판됐을까? 그 이유는 프랑스 혁명 이전에는 유럽 국가들이 철저하게 인구조사를 하는 것이 불가능했기 때문이다. 귀족들은 비밀 유지를 특권으로 여겨 자신들과 관련된 정보 공개를 거부했다(Porter 2020: 23-27). 그래서 《인구론》은 맬서스 본인이 저자 서문에서 인정했듯이(vii) 머릿수 세기, 이른바 인구통계가 시작된 덕분에 출간될 수 있었다.

이처럼 빅데이터와 인공지능이 등장하기 이전에도 정부에게 데이터 수집은 중요했다. 인구를 모르면 통치가 불가능하다. 자신의 국가가 상대적으로 어느 부분에서 강하고 약한지, 부유하고 빈곤한지 모르면 전쟁도 무역도 할 수 없다.

이런 맥락에서 보면, 정보 수집은 공공 기관의 주요 업무 중 하나다. 일례로 미국의 연방준비위원회, 한국의 한국은행 같은 중앙은행이 하는 일 중 하나가 국내총생산 및 경제성장률 파악이다. 데이터에 기초한 경제 현황 조사, 분석, 전망 없이는 체계적인 경제 정책도 없다.

다른 예로, 미국의 상무부Department of Commerce는 기관명에 '상업commerce'을 넣는다. 그러나 이 부처가 상업에 직접 관여하는 일은 없다. 상무부의 역할은 경제활동 지원을 위한 유·무형의 인프라 건설이다. 미국의 인구 관련 통계 데이터를 수집, 관리, 분석하는 인구조사국, 기상환경 변화에 대한 정보를 수집하는 해양대기청이 모두 상무부에 소속되어 있다.

02

정부 데이터의 역사는
민주주의의 역사

구글 같은 빅테크가 아닌 정부를 데이터 혁신의 주인공으로 여기는 사람은 이제 많지 않다. 그러나 역사적으로 데이터 혁신은 정부가 주도해왔다. 사실 민주주의와 복지국가의 발달사는 곧 정부 데이터의 발달사이기도 하다.

데이터 없이는 민주주의도 없다

미국은 지구상에서 가장 오래된 민주주의 국가 중 하나다. 그래서 데이터와 민주주의가 어떻게 함께 발전해왔는지 살펴보려면 미국 역사를 살펴보는 것이 유용하다. 250여 년 가까이 미국 민주주의를 지탱해온 것이 바로 인구통계다. 미국 민주주의의 역사가 데이터 혁신의 역사인 것이다.

민주주의의 상징은 국민을 대표하는 의원들이 모인 의회다. 의회가 만든 법을 행정부가 집행하고, 사법부가 해석하고 적용한다. 그래서 백악관(행정부)이 아닌 의회가 미국 민주주의를 상징한다. 의회가 국민을 '대표'하려면, 국민에 대한 데이터가 있어야 한다. 한 학교에 남학생과 여학생이 100명씩 있는데 남학생 대표는 19명, 여학생 대표는 1명이라면 이 구성은 대표성이 부족하다. 남학생 대표와 학생의 비율은 19:100인데 여학생 대표와 학생의 비율은 1:100이기 때문이다.

이런 배경 하에 미국 헌법 제1조 제2항은 인구통계에 대한 내용을 담고 있다. 이 법령에 따라 미국 정부는 의회의 관할 하에 정기적으로 전 국민의 인적사항 관련 정보를 수집한다. 실제로, 미국 정부는 1790년부터 2023년까지 230년이 넘는 기간 동안 인구수를 꾸준히 집계해왔다.

의회가 미국 인구수를 세는 것을 중시하는 이유는 이 정보가 의석수(의원의 숫자)를 결정하기 때문이다. 미국은 여러 주가 힘을 합쳐 만든 연방국가다. 13개 주가 합심해 미국을 세웠고, 그 후 연방에 편입된 주의 숫자가 늘어나 이제는 50개 주가 됐다. 캘리포니아, 텍사스 같은 주는 땅도 넓고 인구도 많다. 로드아일랜드 같은 주는 땅도 좁고 인구도 적다. 사우스다코다 같은 주는 땅은 넓지만 사람보다 소가 더 많다.

그래서 미국 연방정부는 인구가 적은 주와 많은 주의 눈치를 다 본다. 한쪽 편만 들면 다른 쪽이 불만을 갖기 때문이다. 미국의 주정부와 주 의회를 대표하는 상원의원은 각 주마다 두 명씩 일률적으로 선출한다. 따라서 인구가 적은 주에 유리하다. 미국 국민을 대표하는 하원 의원은 주의 인구에 비례해 선출한다. 따라서 인구가 많은 주에 유리하다. 한 주의 상원의원의 수는 이미 정해져 있지만 하원 의원의 수는 매번 실시하는 인구통계 결과에 따라 달라진다. 인구수의 변화에 따라 달라지는 하원은 국민의 의지를 대변한다. 이와 무관한 상원은 정치 시스템의 안정을 상징한다. 미국 상원senate의 모형인 로마의 원로원senatus 의원직은 종신직이었다. 미국을 건국한 이들이 의회를 상원과 하원으로 나눈 이유는 견제와 균형을 그만큼 중요하게 여겼기 때문이다. 의회는 대통령을 포함한 행정부를 견제하는 동시에 양원제를 통해 서로를 견제한다.

한국처럼, 미국 역시 지역 정당의 특성이 강하다. 지역에 따라서 지지하는 정당의 성향이 크게 갈린다. 민주당 성향이 강한 캘리포니아에서 인구수가 줄어들면 민주당이 선출할 수 있는 캘리포니아 출신 하원 의원의 숫자가 줄어든다. 반대로 캘리포니아 인구가 많이 측정되면 민주당이 선출할 수 있는 하원 의원의 숫자가 늘어난다. 인구통계 결과에 따라서 의회 내에서 특정 당이 정책 입안을 위해 사용할 수 있는 힘이 달라진다. 미국 정부가 결정하는 정책이 달라진다. 그래서 인구 데이터는 권력이다.

데이터 없이는 복지도 없다

인구수를 세는 것은 복지국가에서도 중요하다. 인구통계 없이는 복지국가도 작동하지 않는다. 복지란 이름의 기계는 데이터란 기름이 들어가야 움직인다. 복지 정책을 시행하려면 어느 지역의 누가 얼마나 가난한지 혹은 얼마나 사회적 위험에 놓여 있는지를 알아야 한다.

미국의 복지국가 발달사에는 크게 두 번의 모멘텀이 있었다. 미국 복지국가의 기초는 1930년대 프랭클린 루즈벨트 대통령이 세운 뉴딜 정책이다. 이때 가난한 사람과 나이 든 사람에 대한 복지 정책이 만들어졌다. 미국의 노령연금인 사회보장정책Social Security Act이 의회에서 통과된 것이 1935년이다. 미국에서 어떤 식으로든 돈을 벌게 되면 사회보장번호social security number를 받아야 한다. 이 번호는 한국의 주민등록번호 같은 역할을 한다. 사회보장정책을 관할하는 사회보장국SSA은 미국 최대의 회계 기관이기도 하다. 이들이 미국에서 활동하는 사람들의 소득, 자산 정보를 추산해 은퇴 후 연금을 제공하기 때문이다.

그러나 1930년대에 만들어진 미국 복지 정책의 주요 타깃은 백인 남성 노동자였다(Lieberman 1998). 뉴딜 정책 자체가 백인 남성 노동자들이 만든 노동연맹AFL, 산별노조협의회AFL-CIO 등의 도움을 받아 만들어진 것이기 때문이다. 이 복지 혜택에서 많은 경우 여성, 소수 인종, 이민자는 제외됐다.

1960년대에 린든 B. 존슨 대통령은 본래 부통령이었다가 케네디 대통령의 암살로 대통령 자리에 올랐다. 미국의 수정헌법 제25조에 의하면, 부통령은 대통령이 임기를 마치지 못하면 그 자리를 대신할 권한이 있는 권력 승계 1순위다.

텍사스주 출신인 존슨 대통령의 별명은 상원의 달인이다. 텍사스는 남북전쟁 당시 링컨의 노예해방에 반대해 미국으로부터 분리 독립 선언을 했던 남부의 11개 주 가운데 하나다. 또한 미국 의회의 조임목(군사적 요충지)이기도 하다. 하원에서 법안을 만들어도 상원에서 통과시키지 않으면 소용이 없다. 상원의원 100명은 하원 의원 435명에 비해 인원수로는 23퍼센트밖에 되지 않지만, 상원을 움직이지 않으면 미국 의회를 움직일 수 없다. 이 상원을 쥐고 흔들었던 정치인이 46세에 최연소로 상원 원내대표Senate Leader를 역임한 존슨이다. 존슨은 대통령이 되기 전까지는 진보적 정치 개혁안에 모두 거부 의사를 표명했다(Caro 2002). 따라서 이 노회한 정치인이 미국 사회에 진보의 기수가 되리라고는 대부분 사람들이 예상하지 못했다.

그럼에도 존슨은 케네디의 뒤를 이어 1963년 대통령에 부임한 후 미국 사회에 대규모 정책 개혁을 감행했다. 그가 자신의 전공을 살려 의회를 구워삶아 추진한 그레이트 소사이어티The Great Society는 단순히 뉴딜의 확장판이 아니다. 존슨은 기존 복지제도가 가진 성, 인종, 국적의 벽을 허물고 여성, 소수인종, 이민자도 복지국가의 혜택을 누릴 수 있게 했다(Orleck and Hazirjian 2011). 한 예로, 이전까지는 미국의 이민 정책 제도에 엄연히 인종 쿼터가 존재해 아시아계의 이민은 제한적으로 받아들였다. 아마 존슨의 정책 개혁이 없었다면 대규모 아시아계 이민도, 200만 가까이 되는 미국의 재미동포도 없었을 것이다.

1960년대 이후, 인구통계에서 특정 지역의 인종 비율이 어느 정도인지 여부가 첨예한 정치적 문제가 되었다. 이 비율에 따라서 개별 지역의 특정 인종에 배정되는 복지 예산이 달라지기 때문이다. 2020년에 미국 인구통계국이 발표한 자료에 따르면 2015년 회계연도 한 해에 이렇게 분배된 정부 예산이 미화로 6,750억 원, 한화로 950조 원이 넘는다. 그래서 미국에서는 인구통계를 집계할 때가 되면 마치 선거철처럼 각 지역, 각 동네마다 설문 참여를 독려하는 캠페인이 벌어지곤 한다. 이 시기에는 집 근처 공공 도서관에서 인구통계 설문 참여에 관한 안내물을 나눠주는 모습도 흔하게 볼 수 있다.

이처럼 헌법이 명시하는 정부도, 복지국가가 추구하는 사회적 약자를 보호하는 정부의 이상도 국민의 머릿수를 제대로 세지 못하면 실현하지 못한다. 결국, 현대 민주주의 정부의 권력은 데이터로 표현된다.

나사 하나를 제대로 만들고 숫자 하나를 제대로 세는 일, 이 사소해 보이는 기초 설계 없이는 크고 정교한 건물을 올릴 수가 없다. 민주주의와 복지국가를 움직이는 힘도 이렇게 작지만 단단한 데이터 조각들이다.

인구통계는 정치의 문제이자 기술의 문제

인구통계는 지극히 '정치적'인 문제이자 지극히 '기술적'인 문제다. 1776년 건국 당시의 미국 인구는 250만 명밖에 되지 않았다. 미국 영토는 동부의 일부 주에 한정되어 있었다. 미국 지도를 보면 동부의 주들은 구석에 옹기종기 모여 있고, 이곳에 미국의 오래된 명문 사립대학의 집합체라 할 수 있는 아이비리그 대학이 있다.

이후 미국 영토가 확장되면서 캘리포니아가 미국 연방 정부에 유입되었고, 산업혁명이 본격화되자 일자리가 많아진다. 일자리가 늘어나자 이민도 늘어나면서 인구가 폭발적으로 증가했다. 1960년대에 미국 인구는 2억 명 가까이 됐고, 2007년부터는 3억 명을 넘어섰다.

급격한 인구 증가로 미국 정부가 수행해야 할 인구통계 사업의 규모와 성격이 달라졌다. 초기에는 미국 인구가 적어서 조사원이 전국을 돌면서 일일이 조사하는 것이 가능했다. 이 일을 주로 법무부 집행기관인 연방보안청US Marshals Service의 보안관이 담당했다. 미국 건국 초기에는 판사들도 지역을 순회하며 재판했다. 미국에서 연방항소법원을 순회법원이라고도 부르는 이유가 이 때문이다. 이때 판사들의 경호 업무를 맡았던 사람들이 연방보안청 보안관이다. 이들이 인구통계 조사도 담당했다.

이때는 선거도 공개투표로 진행했다. 광장에서 선거 담당자가 유권자를 한 명씩 호명하면 유권자들이 자기 목소리를 내서 지지 정당과 후보를 밝혔다(Lynch and Madonna 2013). 비밀투표는 초기 미국 민주주의의 상식이 아니라, 오스트레일리아가 미국에 수출한 정치 상품이다. (그래서 비밀투표의 또 다른 이름이 오스트리아 투표다.) 그러나 이런 수동적, 노동 집약적인 집계 방식은 인구 증가 속도를 따라가지 못하고 실효성이 급격히 떨어졌다. 개인정보 유출 문제도 커졌다.

1889년, 미국 정부는 통계 조사 과정의 효율성 제고를 위한 방안을 공모했다. 이 공모전에 당선된 것이 인구조사국(인구통계국의 전신)에서 일했던 독일계 이민자 헤르만 홀러리스의 발명품이다. 홀러리스는 명문 컬럼비아대에서 공학 교육을 받은 인재로, 구멍을 통해 정보를 식별하는 홀러리스카드와 이 카드의 판독기를 발명했다. 홀러리스카드는 한국 수험생들에게도 익숙한 OMROptical Mark Recognition 카드의 원조다. 홀러리스카드에는 실제로 구멍을 뚫어서 정보를 표시하고, OMR 카드에는 구멍을 뚫는 대신 해당 항목을 사인펜으로 칠한다.

홀러리스의 정보 처리 기계는 획기적이었다. 1890년 인구통계 분석 과정을 자동화하고 관련 업무의 효율성을 높였다. 당시 공모전의 과제는 미국 미주리주 세인트루이스에 있는 네 개 지역의 인구통계를 수집하는 것이었다. 이 작업을 처리하는 데 경쟁작들은 100시간이 넘게 걸렸지만 홀러리스의 기계는 같은 일을 5.5시간 만에 끝냈다. 경쟁작보다 18배 빨랐던 것이다. 공모전 당선 이후 홀러리스는 TMCTabulating Machine Company란 회사를 창업하고 여러 유사한 기계를 만들어, 뉴욕의 금융 자산가에게 매각했다. 요즘 스타트업계 용어로 엑싯을 한 것이다.

이 회사는 1924년 IBM으로 이름을 바꾼다. IBM은 이후 1970년대까지 기업용 컴퓨터인 메인 프레임 시장을 중심으로 글로벌 정보 산업을 이끌었다. 1967년 청와대 경제기획원이 도입한 한국 최초의 컴퓨터가 바로 IBM 컴퓨터다. 민간의 데이터 혁명이 있기 전, 이미 공공 영역에서 오리지널 데이터 혁명이 시작된 것이다.

03

더 많은 데이터가
더 불평등한 사회를
만들 수 있다

미국 정부의 데이터 역사는 정부 데이터 혁신의 영광만 보여주지 않는다. 정부가 앞장선 데이터 오남용 사례도 있다. 이 역사는 더 많은 데이터(빅데이터)가 어떻게 더 나쁜 정책을 만들 수 있는지도 보여준다. 데이터를 쓰는 정부가 좋은 정부가 아니라 데이터를 잘 쓰는 정부가 좋은 정부다.

1장에서 나는 시민이 데이터 사회를 살아가기 위해 알아야 할 데이터의 3원칙을 소개했다. 첫째, 신뢰하기 위해서는 의심해야 한다. 둘째, 날것의 데이터는 없다. 셋째, 쓰레기를 넣으면 쓰레기가 나온다. 잘못된 시그널을 더 많이 모으면 데이터 안에서 편향이 사라지는 것이 아니라 오히려 더 선명해진다.

이 3원칙은 데이터와 정책의 연결 고리를 이해할 때 매우 중요하다. 잘못된 시그널이 정책의 기반이 되면, 이런 정책은 차별을 늘린다. 이렇게 만들어진 차별은 정책이라는 통로, 공권력이라는 기반을 통해 사회에 깊게 자리 잡는다. 쉽게 사라지지 않는다.

내가 차별을 연구 주제로 삼게 된 것은 우연한 계기에서다. UC 버클리 정치학 박사과정에 입학하고 얼마 지나지 않아 동기 중 한 명에게 저녁 식사 초대를 받았다. 버클리 근처는 지가가 천정부지로 높다. 월세를 감당하기 어려워서 많은 대학원생들이 혼자 살기보다 공동 주거를 택한다. 당시 나를 초대한 대학원 동기가 친구들과 살던 집은 캠퍼스 남쪽에 있었다. 동기에게 저녁 식사 초대를 받은 날, 구글 지도로 캠퍼스와 그 친구네 집의 거리를 대략 살펴봤다. 그렇게 멀지 않았다. 한국에서 살던 상식으로는 이 정도 거리는 걷는 게 일반적이었다.

그런데 저녁 시간에 미국의 도심을 걷는 것은 좋지 않은 선택이었다. 해가 서서히 지기 시작할 무렵 캠퍼스를 벗어나 친구 집을 향해 걷기 시작했다. 버클리 캠퍼스 북부는 대부분 백인이 살고 집도 크고 동네가 안전하다. 창밖으로 태평양과 샌프란시스코의 랜드마크인 금문교가 내려다보이는 풍경도 아름답다. 그에 비해 버클리 남쪽, 특히 남서쪽 지역인 웨스트 오클랜드는 가난하고 위험하다. 이쪽으로 내려오는 순간, 갑자기 백인들은 보이지 않고 거리에는 흑인들만 돌아다녔다. 인적이 드문 거리가 이어지는 와중에 양쪽으로 이어진 가게에는 창문마다 철창이 달려 있었다. 거리 하나를 지났을 뿐인데 너무도 다른 세상이 펼쳐졌다. 그 광경은 10여 년이 지난 지금도 잊지 못할 깊은 문화적 충격을 남겼다.

오랫동안 버클리대에 계시다 지금은 하버드대로 옮긴 나의 지도교수는 여러 나라에서 거주한 경험이 있는 한국계 이민자다. 그분도 미국에서 경험했던 주거 지역에 따른 인종 분리 현상을 가장 인상 깊은 문화적 충격으로 꼽았다.

주거지 인종 분리 목격이 박사학위 논문 선택으로

미국에서는 같은 동네에서도 한쪽은 백인 동네, 다른 쪽은 유색인종(주로 흑인) 동네로 주거지 경계가 명확히 나뉘는데 이를 주거지 인종 분리residential segregation라 부른다.

길거리 하나를 지나면 인종 구성이 바뀌고 빈부 차이가 벌어지는 지역은 미국에 허다하다. UC버클리는 샌프란시스코 동쪽인 이스트 베이에 위치하고 스탠퍼드는 샌프란시스코 남쪽인 사우스 베이에 위치한다. 스탠퍼드가 위치한 팔로알토는 백인 동네. 최근에 와서야 그나마 아시아인 거주자가 늘어났다. 내가 지금 사는 곳은 이제 버클리보다 스탠퍼드에 가깝다. 이곳에서 여전히 흑인은 찾아보기 어렵다. 팔로알토에서 고속도로를 건너면 바로 갈 수 있는 동네가 에덴의 동쪽, 전통적 흑인 거주 지역인 '이스트' 팔로 알토다.

팔로알토에는 공립 도서관과 공원, 놀이터 등 각종 공공 편의 시설이 많다. 반면 이스트 팔로알토에는 최근까지도 제대로 장을 볼 수 있는 쇼핑몰도 하나 없었다. 상업 시설을 유치하기에는 동네가 가난하고 위험했다. 1990년대 초반, 이 도시의 살인 범죄율은 미국 전역에서 가장 높아 미국의 범죄 수도란 오명으로 불리기도 했다. 이 트렌드는 지금도 여전하다. 2020년 미국의 인구통계로 보았을 때 팔로알토의 흑인 인구는 전체의 2퍼센트밖에 되지 않고, 이스트 팔로알토의 백인 인구는 전체의 13퍼센트밖에 되지 않는다.

인종 분리의 역사와 흑인 대이동

미국에서 '인종 분리'는 심각한 사회문제다. 미국은 건국할 때부터 민주주의를 표방했다. 그러나 동시에 인종에 근거한 신분제, 노예제를 인정했다. 여기에 이 나라의 근본적 모순이 있다. 이상과 현실의 타협이다.

현실은 결국 돈이다. 영국의 방직산업은 18세기에 촉발한 산업혁명의 기수였다. 방직산업이 커지자 그 원재료인 목화의 가치가 높아졌다. 당시 미국은 목화의 주요 생산지였는데, 임금을 줄

필요가 없는 흑인 노예가 있었기에 목화를 저비용으로 대량 생산할 수 있었다. 오늘날을 기준으로 설명하면 방직산업은 당대의 디지털 기기 산업이고 목화는 이 시대의 반도체 산업이다. 이 목화산업이 흑인 노예의 피와 땀으로 번성했다.

남부는 16세기부터 플랜테이션(공장식 농업 경영)을 도입하고 미국으로 유입된 흑인 노예의 노동력을 착취하면서 부를 축적했다. 미국 정부는 남부를 연방에 편입시키기 위해 남부의 부의 근원인 노예제를 인정할 수밖에 없었다.

1863년 링컨의 노예해방 이후에도 남부에서는 인종차별이 종결되지 않았다. 오히려 흑백 분리를 1950년대까지 지속시킨 일명 '짐 크로 법The Jim Crow Laws'을 통해 공권력이 앞장서서 이 제도를 존속시켰다. 흑인과 백인은 같은 버스를 타지 못했고, 같은 식당에서 식사도 못했다. 흑인과 백인 아이들이 같은 학교를 다니지 못했던 것은 물론이다. 화장실도 따로 썼다.

1963년, 마틴 루터 킹 목사는 흑인의 정치적 자유와 경제적 안정을 위한 군중집회를 워싱턴 DC에서 벌인다. 이때 그가 연설한 "나에겐 꿈이 있습니다I have a dream"는 한국에도 잘 알려져 있고, 내가 중학생 때 공부한 영어 교과서에도 실려 있었다.

짐 크로 법과 같은 당대의 역사적 배경을 이해하면 이 연설의 문맥을 더 깊이 이해할 수 있다. 아는 만큼 보인다. 왜 킹 목사가 이 연설에서 주인의 후손(백인)과 노예의 후손(흑인)이 한자리에

형제로 앉아 대화할 수 있기를 꿈꿨는지 말이다. "나에겐 꿈이 있습니다"라는 이 한 구절은 시적 표현이자 시대적 현실의 반영이다.

비폭력주의를 주장했던 마틴 루터 킹 목사, 보다 강경한 노선을 택한 맬컴 엑스 같은 다양한 사회지도자들이 이끈 1960년대의 민권운동Civil Rights Movement은 미국 사회를 바꾼 역사적 사건이다. 이 민권운동의 이상이 바로 인종, 국적, 종교, 성별 등의 구분을 넘어 정부는 '모든 집단'에게 '공평'해야 한다는 것이었다. 이것이 한국 사람에게는 생소하지만 미국 사회에서는 중요한 상식인 민권의 사전적 정의다.

이 거센 사회운동의 결과로 이제 흑인과 백인은 미국 어느 곳에서든 같은 학교를 다닌다. 같은 레스토랑에서 밥을 먹고, 같은 화장실에서 손을 씻을 수 있다. 1960년대에는 민권운동을 통해 차별금지에 관한 각종 법안도 제정됐다. 1965년 연방 투표권법Voting Rights Act of 1965을 통해 흑인은 투표권을 쟁취했다. 민권법Civil Rights Act of 1964이 통과되어 이제 미국 사회에서 인종차별은 불법이다. 차별은 제도적으로 처벌받는 대상이다. 회사 채용 과정에서 면접관이 결혼은 했는지, 아이는 있는지, 어느 지역에 사는지 묻는 것도 소송감이다.

그럼에도 미국의 주거지에서 인종 간 분리는 여전하다. 이 현상은 노예제도가 뿌리 깊은 남부보다 여타의 뉴욕, 매사추세츠 같은 북동부, 미시간, 오하이오 같은 중서부, 캘리포니아 같은 서부 지역에서 흔히 나타난다. 흑인은 흑인들이 좋아서 자신들끼리 모여 살고, 백인은 백인들이 좋아서 같은 지역에 모여 살까? 이 설명은 불충분하다. 주거지 분리 현상이 그렇게 자연적인 사회 현상ho-mophily이라면 왜 20세기 초반이라는 특정한 시기, 특정한 지역에 주거지 인종 분리라는 패턴이 등장했는지 설명하지 못한다.

여기에는 역사적 이유가 있다. 남부에서 해방된 흑인 노예들이 타 지역으로 집단 이동하자 그곳에서 살던 백인들이 의도적, 정책적으로 흑인 이주자들이 살 수 있는 지역을 도시의 빈민가로 제한했기 때문이다.

미국 역사에서 흑인들은 두 번 이주한다. 첫 번째는 강제 이주다. 노예 신분으로 아프리카에서 미국까지 끌려왔다. 이들은 아프리카에서 가지고 있었던 자신들의 부족적 정체성을 잃은 채, 미국의 인종에 기반한 수직적 사회 질서에 따라 하층민, 흑인이 되었다. 흑인은 까만 피부색을 지칭하는 말이지만 사회적 신분에 대한 낙인이기도 하다.

그다음은 국내 이주다. 그림 5에서 보듯이, 1910년대부터 1970년대까지 소위 흑인 대이동The Great Migration이 일어났다. 남북전쟁 이후 남부의 플랜테이션에서 해방된 흑인 노예들이 더 좋은 직업, 더 나은 삶의 기회를 찾아 남부가 아닌 타 지역 대도시로 이동한다. 버클리가 있는 캘리포니아의 오클랜드로 흑인들이 많이 이동해온 것은 고용 기회 때문이다. 이 도시에는 군수산업, 항만 산업, 자동차 산업 등이 활발했고 돈을 벌 기회가 많았다. 그 당시 오클랜드의 별명은 '서부의 디트로이트'였다. 자동차 산업은 그 시절의 최첨단 산업이었다.

백인 도시에 흑인들이 오자 백인들은 도시 외곽에 자신들만의 동네를 만들었고, 백인이 떠나간 자리에 흑인만 남게 됐다. 한국에

그림 5. 왼쪽은 1차 흑인대이동(1910~1940), 오른쪽은 2차 흑인대이동(1940~1970). 빨간색은 흑인 인구의 증가, 파란색은 흑인 인구의 감소를 뜻하며 동그라미 크기는 인구 규모를 의미한다

출처: 미국 인구통계국 https://en.wikipedia.org/wiki/Great_Migration_%28African_American%29#/media/File:GreatMigration1910to1970-UrbanPopulation.png

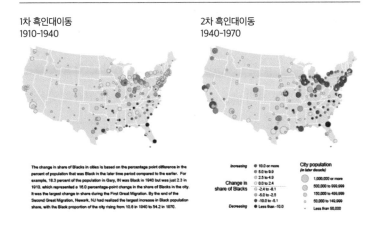

서는 수도권과 비수도권, 강남과 강북 같은 이분법으로 주거지의 계층 구조를 구분한다. 비슷한 맥락에서, 미국의 주거지 계층 구조를 설명하는 이분법이 있다면 그것은 도심과 교외 지역이다. 미국 영화나 드라마에서 흔히 보는, 단독주택이 줄지어 늘어선 도시 외곽의 주택가가 바로 교외 지역이다. 사우스 버클리와 노스 버클리의 차이, 이스트 팔로알토와 팔로알토의 차이다.

브라운대 역사학자 로버트 셀프는 미국의 지역 간 불평등 발전 과정을 도심의 과소 투자와 교외의 과다 투자로 정리한다. 그 이유는 인종이다. 흑인대이동 당시 도시에는 흑인이 몰려들고 백인들은 교외로 이주했다. 그러자 도심에는 정부 투자가 줄어들면서 가난한 흑인이 살게 되었고 교외에는 정부 투자가 늘었다. 이 악순환이 반복되면서 노예해방 이후 남부 밖의 인종차별은 주거지 분리라는 형태로 실체화됐다(2005).

그래서 미국에서 '도시의urban'라는 말에는 인종적 함의가 있다. 미국에서 소울, 블루스, R&B, 힙합 등의 흑인 음악을 부르는 다른 이름은 도시 음악urban music이다. 미국 음악의 원류인 소울과 블루스를 탄생시킨 것이 남부의 흑인 노예, 그들의 후손이다. 이들이 타 지역으로 옮겨가 만들어낸 또 다른 음악 장르가 R&B와 힙합이다.

인종에 따라 나눠진 거주지가 차별을 넘어 빈부격차로 이어지게 된 것은 데이터 과학의 결과다. 1930년대 대공황을 극복하는 과정에서 프랭클린 루즈벨트 대통령은 미국 역사에서 유일하게 세 번 연이어 대통령 자리를 맡았다. 당시 루즈벨트의 정치적 목표는 대공황으로 인한 경제 위기가 사회 붕괴로 이어지는 결과를 막는 것이었다. 그러기 위해서 한편으로는 공공 근로로 일자리를 창출해 경기를 부양하고자 했다. 일명 뉴딜 정책이다. 다른 한편으로는 경제 위기로 주택시장이 붕괴되는 것을 막고자 1934년 국가주택법을 제정하고 연방주택관리청을 신설했다. 연방주택관리청의 관할 하에 주택소유자대출공사를 만들어 주택 소유자에게 주택 대출 관련 상환 부담을 덜어주었다(Rothstein 2017).

주택소유자대출공사의 빨간줄긋기

주택소유자대출공사가 은행과 이자 관련 딜을 할 수 있었던 이유는 두 가지다. 하나는 뉴딜 시대에 풀어놓은 막대한 긴급구제 자금이다. 다른 하나는 통계 시스템이다. 주택소유자대출공사는 모든 주택 소유자에게 대출 상환 부담을 덜어주진 않았다. 이 기관은 사회경제, 인구, 주택 관련 변수를 종합적으로 반영하는 인덱스를 만들고, 이 지표를 바탕으로 은행이 대출을 할 지역과 하지 말아야 할 지역을 4등급으로 구분했다.

이 과정에서 대출을 해주면 안 되는 최악의 위험 지역을 지도에 빨간 줄로 표시했다. 이러한 배경의 영향을 받아 미국에서는 거주지 차별을 빨간줄긋기redlining라 부른다. 그림 6은 주택소유자 대출공사가 작성한 피츠버그의 주거 안전 지도다. 피츠버그는 철강의 도시란 별명을 가진, 필라델피아와 함께 펜실베이니아주를 대표하는 도시다. 영화 배트맨의 배경인 고담시티의 실제 촬영지이기도 하다.

그림 6. 주택소유자대출공사가 작성한 피츠버그의 주거 안전 지도(1937)

출처: 펜실베이니아대 https://en.wikipedia.org/wiki/Redlining#/media/File:Home_ Owners%27_Loan_Corporation_Philadelphia_redlining_map.jpg(2023년 5월 8일 접속)

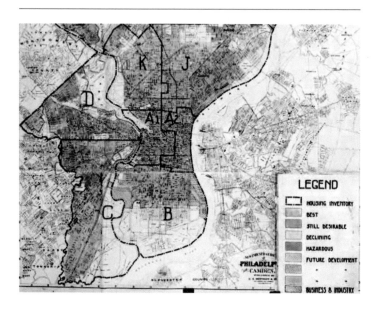

주택소유자대출공사는 데이터를 기반으로 의사결정을 내렸다. 1930년대에 이 기관이 데이터를 정책 결정에 도입한 방식은 교과서적이다. 데이터 과학은 21세기 용어다. 그러나 데이터 과학의 뼈대, 데이터를 통한 문제 해결 방식은 과거에도 있었다. 주택소유자대출공사는 공공 빅데이터를 활용해 지표를 개발했고 이 지표를 지도로 시각화했다. 이 지도를 통해서 내 집 마련을 위한 대출금이라는 자원을 배분했다.

그러나 이러한 데이터 과학의 결과는 차별의 합리화, 제도화, 극단화였다. 주택소유자대출공사가 1937년에 만든 왼쪽의 오클랜드 지도를 보면, 백인들이 몰려 사는 도시의 북동쪽(양지바르고 풍광 좋은 언덕)은 초록색이고 흑인들이 모여 사는 남서쪽(오염이 심한 항만)은 붉은색이다. 그러다 보니 붉은 선 안에 사는 흑인들은 당연히 경제적 위기에 노출되고 경제적 기회에서는 배제됐다 (Cashin 2021).

샌프란시스코 항만 지역 혹은 미국인들이 흔히 부르는 '베이 에어리어'는 미국 서부에서 가장 번화한 대도시 지역 중 하나이자, 캘리포니아 북부를 대표하는 경제권이다. 19세기 골드러시를 가능케 한 광업부터 실리콘밸리로 상징되는 20세기 첨단기술산업까지, 캘리포니아주 경제를 대표하고 미국 경제를 견인한다. 그런 만큼, 베이 에어리어는 미국 전체에서도 뉴욕과 함께 집값이 가장 비싼 지역으로 손꼽힌다.

미국에는 전세 제도가 없다. 집을 사거나 월세로 살아야 한다. 집을 사는 것은 쉬운 결정이 아니기 때문에 주택 매매보다 월세 거래가 더 빈번하다. 그래서 월세 트렌드를 보면 해당 지역의 부동산 트렌드가 보인다. 미국의 부동산 전문 사이트인 질로우에 따르면 2023년 4월 기준, 샌프란시스코 베이 에어리어의 월세 중간값은 4,000달러, 한화로 500만 원이 넘는다. 이 지역에서 월세로 나온 집 100곳이 있다면 이들을 한 줄로 세웠을 때 50번째에 있는 집의 월세가 500만 원에 가깝다는 뜻이다. 이 중간값을 기준으로 했을 때, 샌프란시스코 항만 지역 지가는 미국 전역의 지가 대비 85퍼센트 비싸다. 샌프란시스코 베이 에어리어에 살면서 연봉이 세전으로 1억 2,000만 원이라면 이중 거의 절반이 월세로 나간다.

기회의 불평등이 차별의 시작

집값이 가파르게 오르는 지역에서 한 인종에게는 집을 살 기회를 허용해주고 다른 인종에게는 같은 기회를 불허한다면, 두 집단 간의 자산 격차가 발생한다. 이 격차가 장기간 지속되면 거주지의 경계는 집단 간 불평등의 근원이 된다. 서울 강남, 경기도 분당처럼 지난 수십 년간 가파르게 지가가 상승한 지역에 특정 지역에서 이주해온 사람들에게만 정부가 싸게, 장기로 주택 자금 대출을 해줬다고 감안해보자. 지역에 근거한 특혜는 문자 그대로 지역 차별이다. 대부분의 사람들에게 집은 가장 큰 자산이다. 게다가 거주지는 직장, 자녀교육 등의 이유로 쉽게 바꿀 수도 없다. 그래서 주거를 기초로 한 차별은 깊고, 그 상처는 오래 간다.

집값이 공립학교의 수준을 가른다

인종에 따른 거주지 분리는 주거지역만의 문제가 아니다. 주민들이 제공받는 공공서비스의 수준, 공교육의 질과도 연결된다. 한국처럼 정부 재정 시스템이 중앙집권화된 나라의 초, 중, 고등학교 재정은 대부분 중앙정부에 의존한다. 극단적 연방국가인 미국은 재원 대부분이 자기 동네의 재산세에서 나온다. 따라서 집값이 높은 동네의 공립학교는 교육 재정이 넉넉하다. 우수한 교사를 고용해 각종 예체능 수업을 여유롭게 제공한다. 집값이 낮은 동네에서는 아이들을 안전하게 통학시키고 졸업시키는 데만도 전전긍긍해야 한다. 2018~2019년 미국 교육 데이터를 기준으로, 흑인 학생들의 고등학교 졸업률은 백인 학생들에 비해서 10퍼센트 낮다. 흑인 학생 10명 중 2명이 고등학교를 졸업하지 못한다.

2014년 OECD가 발표한 자료에 따르면 미국은 전 세계에서 초, 중, 고등학생 한 명에게 지출하는 교육비가 가장 높은 나라다. 미국 정부가 교육 목적으로 책정한 예산이 부족한 것이 아니다.

문제는 교육 재정의 분배, 불평등이다. 극단적으로 불평등한 나라에서 극단적인 지방자치제가 운영되니 부자 동네와 가난한 동네의 교육 재정도 편차가 클 수밖에 없다. 교육비의 총액이라는 측정치는 이런 불평등을 드러내지 않는다. 최저임금으로 사는 99명과 빌 게이츠 혹은 일론 머스크 같은 거부 한 명이 한 자리에 모여 있으면, 이들을 합친 100명의 평균 임금은 고소득에 가깝다.

2016년, 미국의 공영 라디오 방송국인 NPR은 미국의 학군 간 불평등에 관한 기획 취재를 했다. 시카고는 역사적으로 남쪽은 흑인, 북쪽은 백인 지역이다. NPR 기사에 따르면 2013년 기준, 시카고 남쪽 학군은 학생 한 명에게 한화로 연간 약 1,300만 원, 월간 약 100만 원 정도를 썼다. 학교 재정이 부족하니 문을 닫는 학교도 많고 교사도 부족해서 세 학교가 보건교사를, 두 초등학교가 예체능 교사를 공유한다.

이 동네에서 북쪽으로 한 시간 정도 운전해서 가면 백인들이 많이 사는 교외지역이 나온다. 이 학군에서는 학생 한 명에게 한화로 연간 약 4,000만 원, 월간 약 320만 원을 쓴다. 학교 재정이 넉넉하니 이곳은 교사 한 명이 평균 7명을 가르친다. 이 학생들에게 각종 예체능 수업이 다채롭게 주어지는 것은 당연한 결과다.

최근 발표된 논문에 따르면, 주택소유자대출공사가 빨간 줄을 그어 특정 동네를 분리한 도시와 그렇게 하지 않은 도시 사이에는 오늘날에도 인종 간 불평등 문제가 큰 차이를 보인다(Faber 2020). 과거의 잘못된 정책은 과거만의 문제가 아니다. 헤어진 연인은 빨리 잊어야 한다. 미련은 집착이다. 반면 잘못된 정책은 반드시 기억하고 바로잡아야 한다. 잊는 것이 답이 아니다. 과거의 문제가 과거에만 머물지 않기 때문이다. 주택소유자대출공사가 통계기법에 따라 지역별 신용등급을 매긴 방식은, 결과적으로 은행과 주택 소유자의 편의를 도왔다. 미국 백인의 자산 형성에 도움을 주었다. 그러나 동시에 주거지별 인종 분리라는, 21세기에도 지속되는 역사적 부채를 남겼다(Rothstein 2017; Trounstine 2018).

이 장에서는 정책과 데이터가 어떻게 연결되는지 살펴보았다. 현대 정부의 역사가 곧 데이터의 역사이고, 민주주의와 복지국가의 발전사가 곧 데이터의 발전사다. 여기서 우리는 2장에서 배웠던 교훈을 되새길 수 있다. 데이터는 양뿐만 아니라 질이 중요하다. 더 많은 데이터가 더 좋은 데이터는 아니다. 편향된 데이터를 더 많이 모을수록 편향 정도가 더 선명해질 뿐이다. 그리고 편향된 데이터는 편향된 결과를 낳는다. 그래서 '데이터의 질'에 대한 문제의식, '데이터가 의사결정에 미치는 영향력에 대한 책임감'을 되새기는 것은 공공 영역에서 선택이 아니라 필수다.

공공 정책은 많은 사람들에게 영향을 미친다. 그리고 그 영향이 오래 남는다. 일단 도입된 정책은 쉽게 사라지지 않는다. 정책에서 무언가를 더하는 것은 쉽지만, 빼는 것은 어렵다. 그래서 공공 영역의 문제를 풀기 위해서는 적합한 데이터를 써야 하고, 그 데이터를 사용해 책임 있는 의사결정을 내려야 한다. 이 두 가지 조건이 모두 충족되어야 한다. 데이터가 권력인 만큼, 시민의 데이터로 만들어진 공권력인 만큼 정부는 그 권력을 책임 있게, 시민을 위해 써야 한다.

다음 장에서는 시민이 데이터를 통해 경험하는 정부를 어떻게 더 좋은 정부로 만들 수 있을지, 구체적 이론과 실행 방법을 나누고자 한다.

4장

변화

접근하기 쉬운 정부란,
덜 차별하고 기회는 더 주는 정부

Change

이 장에서는 어떻게 데이터로 더 좋은 정부를 만들 것인지를 먼저 이론으로 살펴보고자 한다. 왜 이론을 알아야 할까? 이론과 현장을 모두 알아야 같은 노력을 했을 때 더 잘 이해하고 더 많이 성장할 수 있기 때문이다. 그러니 이 장에서는 먼저 이론의 기초를 닦고, 이어지는 5~7장에서 실행의 원리와 사례를 살펴보겠다.

나는 코드 포 아메리카의 데이터 과학자이자 존스홉킨스의 SNF 아고라 연구소에 소속된 연구원으로서 학계와 현장을 모두 경험했다. 지금까지 그 교집합에서 살면서 느끼는 것은, 학계는 실행의 어려움을 쉽게 간과한다는 점이다. 논문을 쓰면서 실행의 어려움을 논하는 경우는 많지 않다. 논문의 결론에서 정책에 대해 조금 제언할 뿐이다. 현장에서는 이론의 중요성을 무시한다. 일만 하기에도 충분히 바쁘다 보니, 일을 하면서 학술 연구를 참고하는 일은 드물다.

다음 페이지의 표는 이론과 실행의 관계를 정리한 것이다. 이론에는 두 종류가 있다. 학술적으로 잘 정리되고 검증된 튼튼한 이론과, 그렇지 않은 이론이다. 많은 학자들이 다양한 데이터로 검증한 이론은 공신력이 있는 이론이고, 누군가의 머릿속에서 나온 이론은 엄밀한 검증 과정을 거치기 전까지는 시쳇말로 뇌피셜이다. 이 누군가가 아무리 사회적 지위와 명성이 높은 분이어도 이 사실은 달라지지 않는다.

이론과 실행의 관계	탄탄한 이론	부실한 이론
능숙한 실행	상	중
미흡한 실행	중	하

실행은 디테일에서 나온다. 같은 이론을 적용하더라도 담당자의 숙련도에 따라서 현장에 적용할 때는 질적 차이가 발생할 수밖에 없다. 같은 일을 많이 해본 사람은 주어진 과제를 능숙하게 해낸다. 그렇지 않은 사람은 어딘가에서 자꾸 실수를 하고 사고도 빈번하다.

이론이 탄탄하고 실행이 능숙하면 필요한 일을 제대로 한다. 이론이 부실하고 실행이 능숙하면 필요하지 않은 일을 제대로 한다. 이론이 탄탄한데 실행이 어설프면 필요한 일을 제대로 못한다. 이론도 부실하고 실행도 미숙한 사람에겐 애초에 일을 맡기면 안 된다.

위의 네 가지 경우의 수에서 이상적인 결과가 나오는 조합은 오직 하나, 이론을 잘 알고 실행도 잘하는 경우뿐이다. 어떤 빅데이터도 이 상호 불가결한 관계를 바꾸지 못한다.

대형마트가 연령대별 고객 데이터를 바탕으로 다양한 고객의 소비 패턴을 분석한다고 가정해보자. 해당 빅데이터를 들여다보니 20~30대 젊은 부부는 커피를 살 때 기저귀도 같이 구입하는 것으로 나타났다. 이 빈도가 다른 집단보다 높은 것을 확인하고, 이 집단을 통한 커피와 기저귀 소비를 모두 늘리기 위해 두 상품을 가까운 곳에 진열했다. 데이터를 많이 모아서 분석을 잘하는 것만으로 이 정도 의사결정은 내릴 수 있다.

그런데 여기서 한 단계 더 깊이 들어가려면 이론적 고찰이 필요하다. 가격 결정의 문제를 생각해보자. 기저귀 값을 올리면 커피 소비량은 줄어들까 아니면 늘어날까? 이 질문을 풀기 위해 적합한 가설을 세우려면 빅데이터가 아니라 경제학 지식이 필요하다. 커피와 기저귀는 꿩 대신 닭 같은 대체제substitude good 관계일 수도 있고, 바늘 가는 데 실도 가는 보완재complement good 관계일 수도 있다. 만약 이 둘이 대체제라면 기저귀 값이 올라 기저귀 소비가 줄어드는 대신 커피 소비가 늘어난다. 반대로 커피와 기저귀가 보완재라면 기저귀 소비가 줄어들 때 커피 소비도 줄어든다.

이렇게 어떤 사안을 이론상으로 이해하면 같은 문제를 보고도 좀 더 깊게 고민할 수 있다. 데이터를 통해 좀 더 유연하게 의사결정을 내릴 수 있다. 분석한다는 것은 문제를 뜯어볼 줄 안다는 것인데, 뭔가를 뜯어보려면 전체가 정교한 부분의 합이라는 점을 알아야 한다.

달리 표현하면, 이론을 잘 안다는 것은 어떤 원인을 바꿨을 때 어떤 결과가 나올지 어느 정도 예측이 가능하다는 뜻이다. 화살을 쏘기 전에 과녁이 어디 있는지, 중심이 어디인지 알고 정확하게 겨눌 줄 안다는 뜻이다. 또한 실행을 잘한다는 것은 그 과녁에 화살을 명중시키기 위해 어떤 자세를 취하고 언제 호흡을 멈출지, 활을 어떤 강도로 잡을지 등 필요한 모든 절차를 숙지하고 그대로 실행하는 것이다.

결국, 이 장에서 소개할 이론의 핵심은 접근성accessibility이다. 접근성이야말로 차별과 기회의 문제를 해결하는 열쇠다. 구체적으로, 이 장에서는 다음의 네 가지를 설명할 것이다.

- 차별은 도덕적 기준뿐 아니라 경제적 기준에서도 문제를 발생시킨다
- 접근성은 차별은 줄이고 기회는 늘리기 위한 실마리다
- 접근하기 쉬운 정부는 차별을 줄이고 기회는 늘린다
- 데이터로 좋은 정부를 만들기 위한 세 가지 핵심은 인터페이스, 인프라, 피드백이다

01

차별이 적을수록
경쟁력이 높다

공익과 정부 이익은 다르다

한국에는 아직 '공익公益'에 대한 개념이 잘 잡혀 있지 않다. 많은 한국인이 공익과 정부 이익을 같은 것으로 생각하는 경향이 있다. 그러나 이 둘의 정의는 완전히 다르다.

사전을 찾아보면 정부 이익government interest은 정부를 움직이는 정치인, 관료의 이익이다. 공익public interest은 특정 개인, 집단에 국한되지 않는 이익, 즉 모든 사람의 이익이다. 그래서 영어로 공익의 반대어는 기업 이익이 아니라 특수 이익special interest이다. 특수 이익이란 특정 개인이나 집단의 이익을 가리킨다. 특정 개인

혹은 집단에는 기업뿐 아니라 노조, 정당도 포함된다. 그래서 공익은 정부 이익보다 규모가 큰 개념이다.

공익과 정부 이익의 차이를 이해하면 성숙한 민주주의가 무엇인지도 이해할 수 있다. 성숙한 민주주의란 정부 이익과 공익의 차이가 크지 않은 나라다. 정부가 특정 개인과 집단이 아니라 모두의 이익을 대변하는 나라다. 이런 공동체에서는 편견과 차별이 적다. 덕분에 모두가 공평한 기회를 누린다. 기업에 좋은 것이 반드시 시장에 좋은 것이 아니듯이, 정부의 높으신 분들께 좋은 것이 나라에 좋은 것이 아니다. 모든 시민에게 좋은 것이 나라에 좋은 것이다. 모든 시민에게 좋은 방향으로 돌아가는 나라가 성숙한 민주주의가 정착된 나라다.

공익을 추구하는 사회는 차별을 줄이고 기회는 늘린다

공익을 추구하는 사회는 차별은 줄이고 기회는 늘리는 사회다. 우리가 이런 사회를 추구해야 하는 이유는 꼭 도덕적 당위성 때문만은 아니다. 이것이 사회의 경쟁력을 높이고, 파이를 더 늘리는 방법이기 때문이다.

자연은 재능을 특정 성별, 인종, 종교, 국적에 따라 차별해서 나눠주지 않는다. 재능은 우리에게 햇빛처럼 주어진다. 덕분에 어느 집단에든 재능 있는 사람이 나타나기 마련이다. 사회 곳곳에 숨어 있는 이들을 잘 찾아내어 널리 쓰는 사회가 번영한다. 제아무리 대단한 왕조가 세운 부국도 영원히 지속되지 않고, 폭군이나 몇몇 위정자 때문에 망하기도 한다.

취향에 따른 차별 vs 경제적 동기에 따른 차별

차별은 동기에 따라 크게 두 종류로 나뉜다. 먼저, 편견과 고정관념 때문에 다른 집단을 배척하는 사람들이 있다. 다음으로, 경제적 동기로 다른 집단을 포용하기를 거부하는 사람들이 있다. 예를 들면, 나와 다른 배경을 가진 사람이 싫어서 이민자를 배척하는 사람이 있는가 하면 이민자가 내 밥그릇을 위협하기 때문에 싫어하는 사람이 있다.

1992년 노벨경제학을 수상한 게리 베커 교수는 경제학의 저변을 넓힌 저명한 학자다. 그는 전통 경제학의 영역을 벗어난 각종 사회 현상을 경제적 이론으로 포섭했는데 여기엔 차별도 포함된다. 베커는 전자를 취향에 따른 차별taste-based discrimination, 후자를 경제적 차별economic discrimination로 구분한다(1957).

차별이 성장과 혁신을 가로막는다

경제적 동기로 인한 차별에는 논리적 모순이 있다. 자연이 재능을 집단별로 차별해서 주는 게 아니라면, 차별을 멈추는 순간 전체 파이의 양은 줄어드는 것이 아니라 오히려 늘어난다. 그래서 차별은 받는 사람뿐 아니라 하는 사람에게도 피해를 준다. 아마 대다수가 배가 고픈 것은 참아도 배가 아픈 것은 못 참을 것이다. 덕분에 우리는 다같이 좀 더 배부를 수 있는 기회를 번번이 놓친다(McGhee 2021).

1990년대 시카고 불스는 NBA 최고의 구단으로서 같은 기간 NBA 결승전에서 6회 우승했다. 이 팀에는 필 잭슨 감독의 지휘 하에 마이클 조던, 스카티 피펜, 데니스 로드먼 같은 당대 최고의 선수들이 모여 있었다. 잭슨 감독이 인종을 차별해 흑인 선수는 배제하고 백인만 선수로 기용했다면, 과연 불스가 당대 최고의 농구팀으로 남을 수 있었을까?

차별은 공동체의 가치를 훼손할 뿐 아니라 집단의 경쟁력을 좀먹는다. 차별을 없애면 기득권과 특권이 사라진다. 혁신과 성장이 줄어드는 것이 아니다. 이민자 수용 없이 오늘날의 실리콘밸리는 없다. 미국에서 10억 달러, 한화로 약 1조 4,000억 원의 시장 가치를 인정받는 기업의 창업가 중 52퍼센트가 이민자 출신이다. 전 세계에서 가장 가치 있는 기업으로 손꼽히는 애플의 창업가 스티브 잡스도 시리아 출신 이민자의 아들이다. 인터넷 산업의 대표 주자 구글의 공동 창업자 세르게이 브린은 러시아계 이민자다.

미국에서 이민자의 저력을 가장 명확하게 볼 수 있는 곳 중 하나가 바로 실리콘밸리다. 동부의 월스트리트와 비교하면 서부의 실리콘밸리는 화려함과는 거리가 멀다. 나는 실리콘밸리에서 사는데 실제 이 지역에는 사무실, 가정집, 그리고 쇼핑몰밖에 없다. 이곳을 특별하게 만드는 것은 외양이 화려한 건물이 아니다. 기회를 찾아 전 세계에서 몰려든 이민자들이다. 그들의 꿈, 열정, 재능과 노력이 이 지루한 곳을 특별하게 만든다.

지금까지 왜 공익을 추구하는 사회가 차별을 줄이고 기회는 늘려야 하는지, 도덕적 당위성과 경제적 실리 측면에서 살펴보았다. 도덕적 당위성에 동감하지 않아도 좋다. 좀 더 번영한 사회를 원한다면, 사회 전체의 파이를 키우고 싶다면 차별은 적고 기회는 많은 사회를 꿈꾸자.

이제는 차별을 줄이고 기회를 늘리기 위해 어떻게 실제 문제를 해결할지 설명하고자 한다. 먼저 킹핀을 생각해보자. 킹핀은 볼링에서 쓰는 10개의 핀 중 가장 가운데에 있는 핀이다. 이 핀을 맞히면 스트라이크가 나올 가능성이 높다. 차별은 구조의 문제이자 많은 이슈가 얽히고설켜서 생긴 문제다. 이 문제를 풀기 위해서는 해결책이 될 킹핀을 찾아야 한다. 결정적 단서는 바로 접근성이다.

02

접근성이 부족할수록
차별이 생긴다

누가, 무엇을, 얼마나, 어떻게 쓸 수 있는가의 이슈를 다루는 데 있어 접근성 문제는 우연이 아닌, 의도적 설계의 산물이다(Winner 1986; Lessig 1999, Norman 1999).

돌려서 여는 문을 예로 들어보자. 대개는 오른쪽으로 돌리도록 만들어져 있다. 이런 문고리 설계방식은 당연히 오른손잡이에게는 유리하고 왼손잡이에게는 불리하다. 대부분 공중화장실 롤러도 너무 당연하게 오른쪽에 배치되어 있다. 그래서 왼손잡이는 오른손잡이에 비해 용변을 본 후 손을 더 멀리 뻗어야 휴지를 잡을 수 있다. 이 외에도 왼손잡이들은 일상의 다양한 영역에서 매일 크고 작은 불편함을 겪는다.

이것은 자연의 법칙이 아니다. 이들이 불편을 감수해야 하는 이유는 권력 때문이다. 많은 사회에서 오른손잡이들이 주류이기 때문이다.

접근성을 보면 편견이 보인다. 사회적 역할에 대한 고정관념이 보인다. 나는 키가 큰 편인데 한국에서 살 때는 주방을 쓰기가 쉽지 않았다. 싱크대가 너무 낮아 매번 허리를 굽혀야 했다. 한국의 주방은 과거 여성의 평균 키를 전제로 만들어졌다. 한국가구시험연구원이 정한 가정용 싱크대의 표준 높이는 85센티미터다. 주방의 주요 사용자는 여성이며, 이들의 평균 키가 155~160센티미터라고 전제한 수치다.

자동차에서도 비슷한 예시를 찾을 수 있다. 2019년 미국 버지니아대 연구팀이 발표한 바에 따르면 여성 운전자는 남성 운전자에 비해 자동차 사고가 났을 때 중상을 입거나 사망할 확률이 더 높다. 자동차 에어백 충돌 테스트에 사용되는 더미가 평균 남성의 신체를 기준으로 설계되어 있기 때문이다.

03

접근하기 쉬운 정부가
좋은 정부다

이러한 관점은 정부 정책에도 적용할 수 있다. 선거에 참여해 투표를 행사하는 선거권은 시민이 민주주의 사회에서 행사할 수 있는 가장 기본적 권리다. 선거는 민주주의의 필요조건이다. 민주주의란 제도 자체가 구성원 스스로 자신의 대표를 선출할 수 있는 제도이며, 그 수단이 선거이기 때문이다. 그래서 선거 없이는 민주주의도 없다no election. no democracy. 한국 민주주의의 기원을 1987년으로 삼는 이유도 이때 개헌이 이루어져 대통령 직선제가 도입되었기 때문이다.

선거는 모든 유권자의 권리이지만, 모든 유권자가 이 권리를 행사하는 것은 아니다. 투표를 하기 싫어서 안 하는 사람도 많지만, 하고 싶어도 힘들어서 못하는 사람도 많다. 후자의 경우 의지가 문제가 아니다. 투표를 하려면 발품을 팔아야 한다. 선거일에 투표 장소까지 가서 줄을 서서 기다렸다가 투표권을 행사해야 하는데 이 비용, 시간, 노력이 누군가에게는 작지만 누군가에게는 크다. 그래서 선거 제도의 접근성은 '투표하기 어려운 사람의 비율'에 영향을 미친다.

지금은 책을 사려고 굳이 서점까지 갈 필요가 없다. 온라인으로 책을 구입하는 것은 이제 상식이다. 그런데 왜 투표는 꼭 정해진 날짜에 내가 직접 현장에 가서 해야 할까?

미국 콜로라도주에서 2014년 시험적으로 전면 우편투표all-mail voting을 도입했다. 굳이 투표소까지 올 필요 없이 우편으로 자신이 편한 시간에 편한 곳에서 투표를 하고 그 결과를 선거관리위원회로 보낼 수 있게 했다. 스탠퍼드대, 워싱턴대, UC버클리 연구자들이 연구한 바에 따르면, 이 정책 도입으로 투표율이 8퍼센트 증가했다. 표수로는 90만 표에 가까웠고 투표율 증가는 청년, 노동자, 저학력자, 그리고 유색인종 집단에서 더 높게 나타났다 (Bonica et al. 2021). 투표의 불편함이 사라지자 그동안 투표소를 직접 찾기 힘들었던 집단이 투표를 할 수 있게 된 것이다.

정책이 설계된 방식에 따라서 그 정책을 이용할 수 있는 개인과 집단이 달라진다. 문고리, 주방 싱크대, 자동차 에어백 같은 생활용품만 설계 방식에 따라 접근성이 달라지는 것이 아니다. 정책도 마찬가지다. 콜로라도주의 사례에서는 선거 정책의 혜택을 누리기 위해 준수해야 하는 규정이 달라지자 투표권을 행사할 수 있는 접근성이 달라졌다. 문고리, 싱크대, 에어백의 접근성에 비해서 공공 정책의 접근성이 달라지면 그 영향을 받는 사람은 더 많아지고, 효과 또한 더 크다.

조지타운대 파멜라 허드와 도널드 모이나한 교수의 '행정부담이론administrative burden theory'은 정책 설계의 접근성 문제를 학술적으로 잘 정리했다. 2019년에 출판된 《행정부담Administrative Burden》은 정치학과 행정학 부문의 각종 학술상을 휩쓸었으며(Herd and Moynihan 2018) 이 이론은 미국 바이든 행정부의 정책 기조에도 영향을 미쳤다.

행정부담 이론의 핵심은 "정책에서는 집행 방식의 디테일을 정의한 '규정'이 중요하다"는 것이다. 디테일이 어떤 방식으로 설계되었는지에 따라서 개인이 감당해야 할 행정부담이 커지면, 정책 혜택을 누리는 개인과 집단이 줄어든다. 한마디로 접근성이 떨어진다. 반대로 이 부담이 줄어들면 정책 혜택을 누리는 개인과 집단이 늘어난다. 즉, 접근성이 증가한다.

허드와 모이나한 교수는 해당 이론에서 행정부담을 다음과 같이 세 가지로 구분한다.

- 학습 비용learning cost: 규정에 맞는 문서를 준비하기 위해 관련 절차를 이해하는 데 드는 비용
- 준수 비용compliance cost: 관련 문서를 실수 없이 준비하는 비용
- 심리 비용psychological cost: 이 과정을 겪는 동안 발생하는 좌절 등의 정신적 스트레스

콜로라도주의 전면 우편투표 정책 도입은 행정부담 중 준수 비용을 줄인 셈이다. 우편투표와 같은 대안이 없다면 선거권을 행사하기 위해서는 무조건 선거 당일에 지정된 투표소까지 가야 한다. 이 규정을 준수하지 않으면 권한을 행사할 수 없다.

많은 나라에서, 선거 당일에 아무 투표소에 간다고 선거권을 행사할 수 없게 했다. 반드시 지정된 장소에 가야 한다. 이때 자신에게 지정된 투표소를 알아보는 과정에서 겪는 행정부담은 학습 비용이다.

내가 세종특별시에 위치한 KDI 대학원 교수로 재직하던 당시, 제20대 대통령 선거가 있었다. 나는 당시 대학원 맞은편에 있는 게스트하우스에 거주했고, 당연히 이곳에서 도보로 15분이면 갈 수 있는 투표소가 지정 투표소일 것이라 예상했다. 그런데 줄을 서서 투표소에 들어가니 명단에 내 이름이 없었고, 내가 가야 할 투표소는 걸어서 40분 거리에 있는 다른 곳이란 사실을 알게 됐다. 여기서 내가 경험했던 불편함이 바로 학습 비용이다.

스마트폰을 능숙하게 사용하는 사람은 다른 사람에게 물어보지 않고도 선거 정보를 쉽게 찾아볼 수 있다. 스마트폰이 있어도 피처폰처럼 쓰는 고령층은 같은 정보를 얻기 어렵다. 이들이 주변 사람들에게 관련 정보를 물어보는 과정에서 겪는 피로함과 좌절감이 심리적 비용이다.

행정부담은 시민의 경험에 기초한다. 이 경험은 굳이 관심을 가지지 않으면 눈에 잘 띄지 않는 비용, 따라서 측정이 어려운 비용이다. 공공 정책에서 흔히 실시하는 비용과 편익을 따지는 타당성 평가에는 이런 비용이 잘 포함되지 않는다. 눈에 쉽게 띄는 기준만 가지고 공공서비스 질을 평가하면 행정부담이 느는지 줄어드는지 알 수 없다.

그러나 이 행정부담이야말로 시민들이 정부를 상대할 때 느끼는 고단함의 근원이다. 눈에 보이지 않는 비용을 무시할수록 더 고통받는 이들은 이 고통을 일일이 말하고 따지기 어려운 사회적 약자다. 이것이 정부 정책에서 접근성이 중요한 이유이자, 행정부담에 관심을 가져야 하는 이유다.

04

좋은 정부를 만들기 위한
3가지 공략 포인트

앞에서 살펴보았듯 접근성 높은 정부, 행정부담이 낮은 정부가 시민에게 좋은 정부다. 이런 정부는 어떻게 만들 수 있을까?

정책은 정부가 결과를 만들어내는 수단이다. 정부가 만드는 상품이자 서비스다. 좀 더 이해하기 쉽고 따르기 쉬운 정책, 스트레스를 덜 주는 정책이 좋은 정책이다. 정부는 어떻게 이런 상품과 서비스를 만들 수 있을까?

이 목표를 달성하는 것은 쉽지 않다. 발상의 전환이 필요하고, 새로운 투자도 필요하다. 이 게임은 난이도가 소위 SSS급이다. 그렇다고 해서 공략이 불가능하지는 않다.

나는 유년 시절 비디오 게임을 즐겨 했다. 그중에서도 다양한 캐릭터와 복잡한 스토리가 매력적인 롤플레잉 게임을 좋아했다. 게임을 잘하기 위해서 게임 잡지도 열심히 봤다. 당시 게임 잡지에서 인기 있었던 코너 중 하나가, 유행하는 각 게임별 공략 포인트를 소개하는 기사였다. 어려운 게임을 할 때 자칫 잘못 헤매기 시작하면, 게임다운 게임은 제대로 해보지도 못하고 시간만 낭비할 수 있기 때문이다. 잡지에 실린 게임별 공략 포인트는 이 난제들을 풀 수 있는 결정적 단서를 제공했다.

정부 서비스의 행정부담을 줄인다는 목표도 마찬가지다. 여기에도 세 가지 공략 포인트가 있다. 정부 서비스를 데이터로 개선함에 있어, 이 공략 포인트는 노력 대비 더 많은 결과를 얻을 수 있도록 돕는다.

첫 번째는 인터페이스다. 인터페이스는 정부와 시민의 접점이다. 이 접점의 가장 핵심은 공문서다. 공문서를 통해 민원을 신청하고 해결하기 때문이다. 정부 웹사이트와 모바일 앱을 통해 많은 공문서가 디지털로 옮겨왔다. 그러나 신청만 인터넷으로 할 수 있을 뿐, 온라인에서 쓰는 공문서 양식과 신청 절차는 크게 바뀌지 않았다. 접근성에 대한 문제의식이 부족하다. 공문서의 눈높이가 시민의 눈높이로 내려와야 모두의 불편함이 줄어든다. 쉽게 이용할 수 있는 정부가 좋은 정부다.

두 번째는 인프라다. 공문서의 양식과 절차는 정부가 시민에 대해 어떤 데이터를 얼마나 가지고 있느냐에 따라서 결정된다. 개인이 복지 정책을 신청할 때 자격 조건을 심사하기 위해 요구받는 개인정보는 대개 이름, 주소, 가족관계, 소득, 보유 재산 등이다. 왜 이런 정보를 기준으로 자격 기준을 심사할까? 이 기준이 개인을 사회적 위험으로부터 보호하는 가장 적합한 기준이어서가 아니다.

한국에서 대중교통 무료 이용과 같은 노인복지 혜택을 누리려면 만 65세가 넘어야 한다. 왜 65세는 되고 64세는 안 되는가? 이런 조건은 임의적이다. 그럼에도 이런 자격 기준이 여전히 적용되는 이유는 빅데이터 시대와 상관없이 정부가 시민 개개인에 대해 아는 것이 부족하기 때문이다. 그러니 도입할 수 있는 조건도 한정될 수밖에 없다. 그래서 인터페이스를 바꾸는 것으로는 부족하다. 인터페이스의 근간이 되는 인프라도 바뀌어야 한다. 정부가 개인에 대해 아는 것이 많아야 할 뿐 아니라 정확하게 알아야 사회 안전망이 촘촘해진다. 복지의 사각지대가 줄어든다. 먼저 찾아가는 정부가 좋은 정부다.

마지막은 피드백이다. 디자인 사고의 관점에서 보면, 경청하는 정부가 좋은 정부다. 주의 깊게 듣는 것이 모든 일의 출발점이다. 제대로 듣는다는 것은 먼저 듣고, 자주 듣고, 많이 듣는 것이다. 모두에게서 듣는 것이다. 무엇보다 중요한 것은 들은 내용을 바탕으로 실제로 행동하는 것이다. 시민의 불편함을 들어야 인터페이스의 어느 부분을 개선해야 할지 알 수 있다. 시민의 불편함을 들어야 인프라의 어느 부분이 부족한지 알 수 있다. 자주, 깊게 들으려면 어쩌다 한 번씩 하는 설문조사, 아는 사람만 참여하는 공청회로는 부족하다. 더 많은 시민들이 더 쉽게, 더 빠르게 정책을 만드는 과정에 참여할 수 있어야 한다. 참여하기 쉬운 정부가 좋은 정부다.

이 세 가지를 공략해 시민의 불편함을 줄이고 행정부담을 낮출 수 있어야 먼저 찾아가서 쉽게 이용할 수 있는, 그래서 참여하기 쉬운 정부가 만들어진다.

지금까지 정부가 학습하고 성장하기 위해서는 이론과 실행이 모두 중요하다는 점, 차별은 줄이고 기회는 늘리는 정부를 만들기 위해서는 접근성에 초점을 맞춰야 한다는 점을 알아보았다.

행정부담 이론은 정책 차원의 접근성 문제를 학습 비용, 준수 비용, 심리 비용으로 정리한다. 이 비용을 인터페이스, 인프라, 피드백 개선을 통해 낮출 수 있을 때 시민에게 더 좋은 정부, 공익을 넓히는 정부를 만들 수 있다.

5장

인터페이스

쉽게 이용할 수 있어야
좋은 정부다

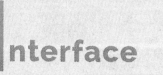

Interface

컴퓨터는 디지털 기계다. 디지털은 0과 1의 세계다. 사람은 이 세계에 살지 않기 때문에 컴퓨터에게 일을 시키기 위해서는 중간에 통역이 필요하다. 그 역할을 하는 것이 인터페이스다.

오늘날 가장 많이 사용되는 컴퓨터 인터페이스는 그래픽 유저 인터페이스graphic user interface. GUI다. 마우스와 아이콘(그래픽)으로 컴퓨터의 특정 기능을 조작한다. 스마트폰을 쓰기 쉬운 이유는 스마트폰 인터페이스가 컴퓨터의 그래픽 유저 인터페이스에서 마우스를 빼고 터치스크린을 집어넣고, 아이콘은 키웠기 때문이다. 덕분에 컴퓨터를 다루기 어려워하는 노인과 어린아이도 스마트폰은 쉽게 사용한다.

정부와 시민 사이에도 이러한 인터페이스와 비슷한 역할을 하는 것이 있으니 바로 공문서다. 공문서公文書란 말 그대로 공공 기관이 만든 문서란 뜻이다. 정부는 이 문서를 통해 시민과 소통한다. 따라서 이 장에서는 공문서 작성이 어려울 때, 시민이 정부 혜택을 누리기 어렵다는 점을 살펴보고자 한다.

공문서는 시민의 입장에서 정부 서비스를 이해하는 첫걸음이다. 따라서 공문서 작성이 쉬워질수록, 시민이 정부를 이용하기가 쉬워진다. 더 많은 사람들이 더 쉽고 빠르게 정부 서비스를 이용하고 혜택을 누릴 수 있다. 따라서 정부의 문턱을 낮추기 위한 첫 과제로 공문서 작성을 쉽게 만드는 것은 기술적 문제만이 아니다. 민원 처리 창구를 주민센터, 웹사이트, 모바일 앱 중 어느 통로로 설정할 것인가는 부차적 문제다.

껍데기가 아니라 알맹이를 바꿔야 한다. 시민이 이해하기 쉽도록 공문서를 바꿀 때 공문서 작성도, 정책 이용도 쉬워진다.

먼저, 인터페이스 차원에서 공문서가 왜, 어떻게 문제인지, 어느 방향으로 바꿀 것인지, 그리고 이 과정에서 데이터가 어떤 역할을 할 수 있을지 구체적으로 살펴보겠다.

01

공문서는 더
쉬워져야 한다

정부와 시민은 공문서를 통해 관계를 맺는다. 정부는 시민에게 관심이 많다. 정부가 시민을 아는 만큼 정부의 자원인 세금을 더 잘 모으고 쓸 수 있기 때문이다.

관청에서 하는 일에 '신고申告'라는 말이 들어가면 정부가 강제로 개인의 정보를 모은다는 뜻이다. 개인은 정부가 요구하는 데이터를, 정부가 요청하는 양식으로 제공하지 않으면 처벌 대상이 된다. 공권력의 힘이다. 그래서 사람이 태어나면 출생신고를 하고, 돈을 벌면 소득신고를 하고, 이사를 가면 전입신고를 한다. 해외에 나갔다가 귀국하면 세관신고를 한다. 결혼하면 혼인신고를, 아이를 낳으면 출생신고를, 부모가 돌아가시면 사망신고를 한다. 인생의 모든 중대사가 공문서를 통해 행정 데이터로 그 자취를 남긴다. 정부 각 기관이 수행하는 업무의 태반이 이런 민원 처리이고 시민의 데이터 수집이다.

공직자는 박봉에 시달린다. 대신 이들은 힘이 있다. 이들이 인허가 과정에서 중요한 역할을 하기 때문이다. 미국뿐 아니라 세계 어디서든 이민자로 살아본 사람은 이 말이 무슨 의미인지 안다. 외국인으로 살려면 끊임없이 법적 신분에 신경을 써야 한다. 예를 들어 미국에서 이민자로 산다면 학교에서 공부하는 것, 직장을 구하고 일을 하는 것, 장기간 미국에 거주하는 것 모두 미국 이민국의 허가를 받아야 한다. 영주권 없이 비자만으로 미국에 장기간 체류하는 것은 불가능하다.

관청의 허가 과정은 관련 법에 따라 절차가 정해져 있다. 그러나 개별 민원에 최종 판단을 내리는 것은 담당 공무원이다. 미국 대학에 합격해 유학을 가게 됐다면 그것으로 끝이 아니다. 미국의 외교부격인 국무부 홈페이지에서 인터뷰 일정을 잡고, 관련 서류를 준비해 주한 미국 대사관에 가서 영사와 인터뷰를 해 비자 발급 승인을 받아야 한다.

경제적으로 어려운 사람들이 정부 혜택을 받는 과정도 비슷하다. 복지를 '정책'이라 부른다는 것은 누가, 어떤 혜택을 받을지 이미 정부가 정해둔 기준이 있다는 사실을 의미한다. 지원자는 자신이 해당 기준을 충족한다는 사실을 입증해야 한다. 보통 이 기준은 성별, 나이 같은 범주형 자격 조건과 거주지, 경제적 조건을 포함한다. 이 입증은 모두 서류로 한다. 행정 조직은 문서로 움직이기 때문이다. 참고로 영어 단어 관료bureaucrat의 어원은 프랑스어 책상bureau이다. 각 서류를 담당 부서에 제출하고 담당자가 심사를 하고 하자가 없음을 확인한 후 승인을 해야 비로소 혜택을 받을 수 있다.

02

행정용어는
공무원만의 코드다

정부 행정, 정부 서비스의 가장 근본적인 문제는 시민이 아닌 공무원 중심으로 운영되는 인터페이스다. 한마디로, 공문서가 너무 어렵다는 점이다.

한국에서 많이 쓰는 행정용어로 '처분處分'이 있다. 행정절차법 2조 2항에 따르면 처분이란 "행정청이 행하는 구체적 사실에 관한 법 집행으로서의 공권력 행사 또는 그 거부와 그 밖에도 이에 준하는 행정작용"을 말한다. 이 글을 읽고 곧바로 이해할 수 있는 사람이 얼마나 될까? 박사학위까지 받았으니 나의 가방끈이 결코 짧지는 않지만, 솔직히 이 말이 무슨 뜻인지 잘 이해되지 않는다.

이해하기 어려운 행정용어는 이 단어 하나에 그치지 않는다.

세상은 하루가 멀다고 격하게 돌아가는데 관청은 세상과 무관하게 존재한다. 그 안에서만 쓰는 단어는 하나같이 어렵고 모호하다. 행정용어는 그들만의 코드다.

전자정부가 잘 발달된 한국은 행정사무의 기계화, 자동화도 잘되어 있다. 많은 행정 서비스를 인터넷과 스마트폰으로 이용할 수 있다. 미국과 유럽에는 아직도 직접 방문, 우편, 전화가 아니면 해결할 수 없는 행정 서비스가 많이 있다. 이 점에서 분명 우리 정부는 앞선다. 그러나 기계를 많이 쓰는 것과 잘 쓰는 것은 같지 않다.

행정의 기계화, 자동화는 대부분 관리자가 편하기 위해, 더 많은 민원 업무를 더 적은 비용으로 처리하기 위해 존재한다. 웹사이트, 모바일 앱 등으로 민원을 처리하게 되면 창구에서 담당자가 처리해야 할 업무는 줄어든다. 그러나 이런 식으로 관리자의 비용을 낮추는 것이 반드시 이용자의 복지 증대로 이어지지는 않는다. 오히려 불평등의 자동화를 초래할 수 있다(Eubanks 2018). 민원 업무 처리의 핵심이자 알맹이인 공문서 작성 방식은 그대로 남겨놓고 껍데기인 기술 체계만 바꾸니 디지털 활용 능력이 부족한 계층에게는 오히려 정부 문턱이 높아질 뿐이다.

UC버클리 로스쿨의 카테리나 라이노스 교수 연구팀은 그리스에서 공공서비스 이용방식을 우편에서 핸드폰 혹은 인터넷으로 바꾸었을 때, 소외계층의 정책 접근성이 어떻게 변화하는지 조사했다. 연구 주제는 무료 치과진료 서비스였다. 이 연구는 때로는 시대에 뒤떨어진 것처럼 보이는 방법이 더 많은 사람들에게 정책의 혜택을 가져다줄 수 있음을 보여준다. 소외계층이 사전 지급된 우편으로 정부에게 관련 정보를 문의하는 빈도는 같은 문의를 전화나 이메일로 하는 빈도보다 무려 18배 높다.

왜 더 낙후한 방식이 형평성 차원에서는 더 우수할까? 연구팀은 질적 연구, 포커스 그룹 조사와 인터뷰를 통해 학습 비용이 원인임을 찾아냈다. 새로운 기술을 쓰려면 학습을 해야 한다. 문제는 내가 이것을 해낼 수 있을지에 대한 자기확신이 사회경제적 지위에 따라 큰 차이를 보인다는 것이다(Linos et al. 2021). 더 잘 배우고 여유가 있는 사람일수록 새로운 기술을 더 쉽게 배운다.

기술 학습 비용을 줄이려는 노력이 필요하다

새로운 기술을 학습하는 비용은 모든 집단에게 같지 않다. 그래서 기계화, 자동화는 효율성이라는 이름으로 불평등을 야기할 수 있다.

예전에는 기차표나 고속버스 표를 구입하려면 역 안에 있는 창구에서 줄을 서면 됐다. 스마트폰이 대중화된 지금은 표를 구입하려면 역 내에 비치된 무인 키오스크나 모바일 앱을 이용해야 한다. 창구가 있긴 하지만 직원이 있는 창구의 수는 줄어들었다. 현장 판매용 표는 수시로 매진되기 일쑤여서 창구만 믿고 갔다가는 낭패를 보기 쉽다.

　새로운 기술에 능숙한 사람들은 무인 키오스크나 모바일 앱 같은 디지털 기술의 혜택을 쉽게 누린다. 그런데 스마트폰을 피처폰처럼 쓰는 노인들은 어떨까. 이 책을 쓰면서 고령의 어머니께 여쭤보니 단 한 번도 본인의 스마트폰으로 기차표나 고속버스 표를 구매하신 적이 없다고 하셨다. 실제로 서울역에 가보면 창구에서 KTX 표를 사기 위해 기다리는 고객 대부분이 노인이다.

　비슷한 예를 하나만 더 살펴보자. 미국에서는 팬데믹 기간 동안 백신 접종 확인을 위해 종이로 만든 백신 패스를 이용했다. 한국에서는 접종자 파악을 위해 스마트폰에 백신 패스를 설치하게 했다. 정부가 사람을 추적하고 관리하기에는 모바일 앱을 활용하는 게 당연히 쉽다. 그러나 모바일 백신 패스를 사용하기 위해 지불해야 할 학습 비용은 어떨까. 어떤 연령과 계층에 속한 사람이 그 부담을 더 크게 느낄까. 가까스로 카카오톡 메신저를 이용하는 사람들이 QR코드를 쉽게 쓸 수 있을까? 관리자 입장에서 효율적인 방법과 이용자 입장에서 접근하기 쉬운 방법이 항상 일치하지는 않는다.

03

시민의 눈높이에서
정부 서비스를
디자인하기

내가 일하는 코드 포 아메리카의 사명은 "모든 시민을 위한, 시민에 의한 디지털 시대의 정부를 만드는 것Government can work for the people. by the people. in the digital age"이다.

이 사명의 배경에는 문제를 겪는 사람의 입장에서 해결 방안을 생각하는 디자인 사고가 있다. 우리는 기술을 만드는 조직이지만, 아무 기술을 만드는 조직이 아니다. 인간 중심의 기술을 통해서 보다 나은 정부를 만들고자 한다.

정부는 규정에 살고 규정에 죽는 공무원이 움직이는 조직이다. 절차상 정의procedural justice는 부패를 줄이고 공정한 사회를 만들기 위해 정부가 지켜야 하는 기본 가치다. 한국에서 주민센터에 가면 규정에 맞춰 서류를 준비하지 않고, 내가 발품을 팔아 여기까지 왔으니 당신들이 알아서 내 민원을 처리해줘야 한다고 목소리를 높이는 사람들이 있다. 이른바 악성 민원인이다. 이런 상황에서 공무원은 "죄송합니다. 규정에 따라 업무를 처리해야 합니다"라고 답할 수밖에 없다. 규정을 어기고 특정 민원인의 업무를 더 빨리 혹은 대신 처리해주면 그 행위는 감사 대상이자 처벌 대상이 된다. 이런 현실이 답답해 보이지만, 규범적으로 반드시 나쁜 행동은 아니다. 담당자가 임의로 업무를 처리한다면, 돈 있고 힘 있는 사람의 민원을 다른 사람들의 민원보다 먼저 처리할 수 있다. 아니면 목소리 큰 사람의 민원을 하는 수 없이 받아들일 수도 있다. 이런 부정부패를 막기 위해 어느 정도의 규정은 불가피하다.

그러나 정부는 모든 사람을 위한 조직이기도 하다. 공익을 위한 조직이다. 잘못된 규정, 불필요한 규정이 정부가 해야 할 일을 제대로 못하게 막는다면 그 규정은 애초에 왜 존재해야 할까?

미국에서 정부의 복지 혜택을 받으려면 심사 과정에서 전화 혹은 대면 인터뷰를 반드시 거쳐야 하는 경우가 많다. 이 인터뷰를 통해서 담당자가 관련 서류를 직접 심사한다. 미국의 저소득층을 위한 대표적 식품 복지 정책인 식품 할인권을 제공할 때도, 심사 과정에서 인터뷰가 필수다. 만약 신청인이 심사 과정에서 인터뷰가 있다는 사실을 몰랐거나 알았더라도 정부가 정한 장소, 시간,

방법에 따라 인터뷰를 하지 못하면 자동으로 거절 사유가 된다.

이런 거절 사유를 절차적 거절procedural denial이라 부른다. 절차적 거절은 복지 정책의 혜택을 누릴 자격이 있는 사람들이 실제그 혜택을 누리지 못하는 큰 이유 중 하나다. 코드 포 아메리카가 내부적으로 분석한 데이터에 따르면 2019년 기준 인구 1,000만에 가까운 로스앤젤레스 카운티의 식품 할인권 지원자 3명 중1명이 제때에 인터뷰를 하지 못해 거절당했다. 내가 프로젝트를진행한 다른 주의 상황도 크게 다르지 않다.

정부 행정의 현실과 민주주의의 이상 사이에서 발생하는 이간극이, 바로 정부가 가진 기본 딜레마다. 시민을 위한 규정이지만규정을 너무 강조하다 보면 시민보다 규정을 우선하게 된다. 이딜레마를 해결하는 것이 정부의 역량 강화다. 코드 포 아메리카의 목표는 디지털 기술을 통해 정부가 정부 본연의 목표를 더 잘달성할 수 있도록 돕는 것이다. 규정을 어기면서까지 민원 업무를처리하는 것은 하수다. 규정을 지키면서 일하는 것은 중수다. 애초에 규정을 어길 상황이 발생하지 않도록, 민원 신청부터 행정 처리까지의 과정을 더 효율적으로 만드는 것이 상수다.

정부의 효율성이 곧 사회 정의

그림 7은 코드 포 아메리카의 사무실 입구에 붙어 있는 구절이

다. 직원들은 엘리베이터에서 내리면 사무실에 들어가기 전에 이 구절을 한 번씩 보게 된다.

"정부의 효율성은 사회 정의다." 이 주장은 위스콘신주에서 밀워키 시장을 역임했던 존 노퀴스트가 한 말이다. 여기서 말하는 효율성이란 공무원 입장에서 관리하기 쉬운 효율성이 아니라 시민 입장에서 이용하기 편리한 효율성을 뜻한다.

시민이 쓰기 좋은 정부가 좋은 정부다. 시민이 불편하다면, 그 불편함을 해결하는 것이 정부의 책임이다. 코드 포 아메리카의 역

그림 7. 코드 포 아메리카의 모토 "정부의 효율성은 사회 정의다."

할은 정부가 그 책임을 달성할 수 있도록 정부와 함께 시민의 문제를 해결하는 것이다.

2023년 기준으로, 코드 포 아메리카에는 200명이 넘는 직원이 일한다. 2009년 자원봉사자 위주로 시작한 조직이 지난 10년 동안 부쩍 성장했다. 우리 조직에는 정부, 비영리단체, 대학, 기업에서 일했던 인재들이 있다. 나의 데이터과학팀 입사 동기 중 한 명은 트위터에서 일했고, 한 명은 필라델피아 시정부에서 일했다. 나에게 담당 업무를 인수인계해준 사수는 오랫동안 구글에서 일했다. 회사는 샌프란시스코의 번화가에 있고 근처에 트위터, 우버, 에어비앤비 같은 테크 기업들의 본사가 있다. 코드 포 아메리카도 여느 테크 회사처럼 기술, 디자인, 데이터를 강조한다. 프로젝트 매니저, 소프트웨어 엔지니어, UX(user experience, 이용자 경험) 디자이너, 연구자, 데이터 과학자가 어깨를 맞대고 일한다.

그러나 코드 포 아메리카는 기술 중심 기업이 아니다. 사람 중심 기업이다. 디자인, 데이터란 새로운 도구를 지렛대 삼아 사람 중심 정부human-centered government를 만드는 것이 목표다. 어떤 시민들이 일련의 행정 절차 과정에서 왜 어떤 부분을 불편해하는지, 그들의 입장에서 이해하려는 것이 코드 포 아메리카가 추구하는 문제 접근 방식이다.

복지 급여 신청자가 자신이 해당 정책의 혜택을 받을 조건이 된다는 사실을 증명하기 위해 해야 하는 일 중 하나는 소득 수준 입증이다. 이것이 중요한 기준이기에 소득 입증 결과에 따라 급여 신청이 승인되거나 거부된다. 승인되었을 때 받을 수 있는 지원금의 금액도 달라진다.

여기서도 접근성이 문제가 된다. 정해진 월급을 매달 주기적으로 받는 공무원이나 회사원은 자신의 소득을 입증하기 쉽다. 반면 일용직인 사람들, 건당으로 비용을 받고 일하는 사람들은 소득을 신고하기가 어렵다. 이들의 소득 수준은 일반적으로 낮다. 게다가 직업 특성상 특별히 더 낮은 시기가 있고, 그렇지 않은 시기가 있다. 이번 달은 10만 원을 벌고 다음 달엔 100만 원을 벌기도 한다. 이런 경우에는 자기 소득을 정확하게 계산하기가 쉽지 않다. 가난한 사람들 중에는 월급이 고정되어 있는 직장인보다 이런 형태로 일하는 사람들이 더 많다.

2018년, 코드 포 아메리카는 담당 공무원과 정책 신청인 모두에게서 수집한 데이터를 분석한 결과, 미국의 가난한 사람들이 복지 혜택을 누리는 데 있어 소득 신고가 큰 이슈라는 점을 파악했다. 캘리포니아주의 식품 할인권 정책인 캘프레쉬의 신청 탈락자 20퍼센트가 소득 신고가 어려워서 해당 혜택을 누리지 못했다. 이런 애로사항은 코드 포 아메리카가 복지 프로그램을 편하게 신청할 수 있도록 돕는 디지털 도구를 만드는 데 중요한 참고자료가 된다.

이렇게 해결책을 제시하기 전에 당사자 입장에서 문제를 정의하고 파악하는 것, 디자인 사고에 따라 문제에 접근하는 것이 코드 포 아메리카가 기본적으로 일하는 방식이다. 코드 포 아메리카는 프로젝트를 크게 발견discovery과 전달delivery이라는 두 단계로 나누어 진행한다. 발견 단계에서 중요한 것은 문제 정의이고, 전달 단계에서 중요한 것은 실제 그 문제를 해결하는 것이다.

발견 단계에서는 탐사 작업을 한다. 복지 정책을 신청하는 시민의 입장에서, 또한 그 업무를 담당하는 공무원의 입장에서 정부 서비스가 어떻게 운영되는지 직접 확인한다. 이 과정에서 나 같은 데이터 과학자는 행정 데이터를 바탕으로 통계 분석을 한다. 상황을 멀리서 보고, 복잡한 변수를 종합적으로 고려해야 보이는 통계적 패턴이 있다. 직접 현장도 가봐야 한다. 시민이 민원을 신청하고 담당자가 이를 처리하는 과정을 직접 지켜보고shadowing 관찰한 내용을 바탕으로 어떤 과정에서 어떤 애로사항이 있는지 확인해야process mapping, 시민들이 어디에서 무엇을 얼마나 불편하게 느끼는지 파악할 수 있다.

우리 회사에는 데이터 과학자 외에 인터뷰, 포커스 그룹 같은 질적 연구를 주로 하는 전문가들도 있다. 이들을 UX 연구자라 부른다. 듣고 공감하는 데 전문가인 이들은 이 탐사 과정에서 큰 역할을 한다. 불편함이란 누군가가 삶에서 경험하는 산물이다. 이건 머릿속으로 상상할 수 있는 개념도 아니고, 통계 분석을 통해서 명확히 확인할 수 있는 사안도 아니다. 겉으로 드러나진 않지만 삶을 불편하게 만드는 숨은 맥락을 체감하기 위해서는 문제가 있는 곳으로 가야 한다. 직접 보지 않고는 느낄 수 없는 상황들이 있다. 숫자로 표현되는 것은 그 경험의 일부이자 근사치일 뿐이다.

인공지능 영역의 세계적 대가들도 이런 현장 지식의 중요성을 강조한다. 문제를 직접 겪는 사람들의 입장에서 바라보아야 알 수 있는 것이 있기 때문이다. 데이터를 분석만 하지 말고, 느껴봐야 한다. 이 과정이 전달 단계이자 문제 정의의 핵심이다.

2021년 컴퓨터 비전* 분야에서 유명한 스탠퍼드대의 페이페이 리 컴퓨터과학 교수와, 대규모 온라인 공개강좌 서비스인 코세라를 공동 창업한 앤드류 응 교수가 헬스케어 데이터 과학에 관한 좌담을 나눈 적이 있다. 페이페이 리는 2019년 스탠퍼드대의 7개 단과대학이 모여 만든 인간중심적 인공지능 센터Stanford HAI의 공동 설립자이기도 하다. 좌담에서 페이페이 리 교수는 헬스케어 데이터 과학을 하려면 어떤 데이터 분석 방법론을 써야 할까 고민하기 전에 어떤 문제를 풀어야 할지 먼저 생각해보라고 조언한다. 컴퓨터만 들여다보지 말고 의사, 간호사, 환자 가족들을 직접 따라

---

*   컴퓨터과학의 한 분야이자 인공지능이 가장 발달한 분야 중 하나. 컴퓨터로 시각 데이터를 처리하는 것을 말한다

다니며 그들의 처지와 마음을 헤아려보고 어떤 문제를 어떻게 풀어야 할지 모색하라고 강조한다(Waikar 2021).

코드 포 아메리카가 미국에서 10년 넘게 활동하면서 수많은 공공 문제 중에서도 특별히 관심 갖는 분야가 있다. 그것은 빈곤 문제다.

전 세계에서 가장 부자 나라인 미국에는 극단적 불평등이 존재한다. 미국의 상위 0.1퍼센트 가구는 하위 90퍼센트 가구를 합친 것과 동일한 부를 소유한다(Saez and Zucman 2016).

식품사막food deserts이라는 말을 들어본 적이 있는지? 미국은 어느 동네에서 사느냐에 따라 구할 수 있는 음식이 천양지차다. 부자 동네에 가면 유기농 식품을 동네 마트에서 쉽게 구할 수 있다. 반대로 가난한 동네에 가면 딱 봐도 느낌이 싸한 동네 구석에, 딱 봐도 건강에 좋지 않은 정크푸드를 파는 패스트푸드 지점만 있다. 이렇게 지역 주민의 낮은 소득 수준이 식품 선택의 제한과 연결되는 지역을 이른바 식품사막이라 부른다. 식품사막에 사는 아이들은 신선한 과일과 채소를 본 적이 없다. 이 학생들은 냉동식품으로만 과일과 채소를 접한다. 2020년 미국 농무부가 발표한 연구 조사에 따르면 미국에서 2,400만 명이 식품사막에 살고, 미국인 6명 중 1명이 식사를 제대로 하지 못한다.

04

복지 제도를 제대로
쓰지 못하는 이유

사회복지 제도를 포괄하는 개념인 사회안전망social safety net은 사람들이 식품사막과 같은 극단적 위험에 처하지 않도록 방지하기 위한 제도적 장치다. 미국에서는 1930년대, 1960년대에 이런 안전망의 중심이 되는 복지 제도를 많이 도입해 일종의 방파제 역할을 하고 있다.

이 중 하나가 앞서 소개한 식품 할인권이다. 이 정책의 공식 명칭은 보충 영양 지원 프로그램Supplemental Nutrition Assistance Program. SNAP이다. SNAP는 소득이 낮으면 누구나 신청해서 거의 자동으로 혜택을 받을 수 있는 복지 서비스다. SNAP에 가입을 완료하면 정부가 개인에게 쿠폰을 발행하고, 이 쿠폰을 들고 가면 상점에서 지정된 식료품을 구매할 수 있다. 코로나 이후에는 쿠폰 대신 선불카드와 비슷한 카드Electronic Benefit Card. EBT를 발급해준다. 미국에서는 SNAP를 정식 명칭보다 '푸드 스탬프'라 부르는 사람들이 더 많다. 푸드 스탬프를 한국식으로 표현하면 식품 할인권이다. 연방국가인 미국은 같은 정책도 주마다 다르게 부른다. 캘리포니아 주에서 부르는 식품 할인권의 브랜드명이 캘프레쉬다.

정책의 입안과 실행은 다르다. 법안이 의회를 통과해 정책이 마련되었다고 해서 그 정책의 혜택을 누릴 자격이 있는 사람이 모두 혜택을 받는 것은 아니다. 자격과 혜택 사이에는 여전히 많은 허들이 놓여 있다. '악마는 디테일에 있다'라는 유명한 말이 있듯, 진짜 문제는 보통 세부 사항에 숨어 있다.

사람들은 흔히 복지 혜택이라는 말을 들으면 어려운 이웃에게 쌀을 나눠주는 이미지를 떠올리는 경우가 많다. 하지만 현실은 다르다. 곳간은 굳게 닫혀 있고 혜택을 받기 위해서는 줄을 서서 기다려야 하며, 배고픈 사람이 쌀을 지원받기 위해서는 정부가 요구하는 온갖 문서를 준비하는 것은 물론, 필요한 모든 조건을 빠짐없이 갖춰야 한다. 그래서 미국 저소득층 상당수가 여전히 식품 할인권의 혜택을 누리지 못한다. 가난해서 바쁜 이들이 감당하기에는 신청 절차가 너무 복잡하고, 어렵고, 삶이 고단하기 때문이다. 행정 절차의 벽은 한없이 높기만 하다.

캘리포니아에서 정부 웹사이트로 이 프로그램을 신청하려면 한 시간 가까이 걸린다. 중간에 실수라도 하면 다시 시작해야 하는 것은 기본이다. 이 정책의 혜택을 누려야 할 사람들은 하루하루 먹고살기가 힘든 사람들이다. 이들이 이렇게 오랜 시간과 노력을 들이기는 쉽지 않다. 2016년 기준, 자격 조건을 갖춘 캘리포니아 주민 중에서 실제로 이 혜택을 누리는 사람들의 비율은 72퍼센트밖에 되지 않는다. 미국 50개주 중 뒤에서 다섯 번째다.

도움이 필요한 10명 중 7명만 실제 도움을 받는 이유는 크게 두 가지 장벽 때문이다. 첫째, 자신들이 도움을 받을 수 있는 프로그램이 있다는 사실을 알지 못한다(학습 비용). 둘째, 자신들이 혜택을 누릴 자격이 있다는 점을 승인받기 위해 필요한 모든 절차를 성공적으로 완수해야 한다(준수 비용).

첫 번째 언덕을 넘었어도 두 번째 산을 넘는 일은 만만하지 않다. 미국에서는 이런 식으로 정부가 편성은 해놓았지만 정작 시민들은 누리지 못하는 복지 예산 규모가 600억 달러, 한화로 약 86조 원에 달한다. 왜 아마존이나 쿠팡에서 상품을 살 때는 원클릭이면 되는데 가난한 사람들이 정부 혜택을 받기 위해서는 많은 시간을 들이며 정신적인 피로를 느껴야 할까? 왜 사회적 약자들은 자신들의 마땅한 권리를 누리기 위해 정부에 보호와 지원을 요청할 때도 트라우마를 겪어야 할까?

가난은 사람이 아닌 상황의 문제다

지금은 나와 아내 모두 직장 생활을 하고 있지만, 취업 전에는 우리 둘 다 가난한 유학생이었다. 이때 미국 정부의 복지 혜택을 받지 못했다면 아이를 가질 엄두도 내지 못했을 것이다. 미국은 응급실에 가서 의사 얼굴만 보고 돌아와도 140만 원 가까이 내야 한다. 이곳의 의료비는 천문학적이다.

내가 UC버클리 대학원생이었을 때 학교에서 등록금과 보험료를 내주었다. 다달이 생활비도 주었다. 한국의 장학재단으로부터 재정 지원도 받았다. 그러나 이 정도 생활비로는 물가와 집값이 비싼 캘리포니아에서, 그 중에서도 가장 비싸기로 유명한 샌프란시스코 베이 에어리어에서 한 가정이 살기에 턱없이 모자랐다. 더구나 이때 아내는 자비로 대학원을 다니고 있었다.

하지만 아내가 아이를 임신했을 때 임산부, 아기, 어린이를 위한 영양 프로그램WIC의 혜택을 받아 필요한 음식을 구입하고 출산 준비를 할 수 있었다. 아이를 출산하는 과정에서는 저소득층을 위한 미국 정부의 의료보험인 메디캘(메디케이드의 캘리포니아판)의 도움을 받았다. 덕분에 저소득층 유학생 신분임에도 좋은 의료 서비스를 받으며 아이를 낳아 키울 수 있었다. 이 아이가 올해 다섯 살이 되어 가을이면 유치원에 입학한다. 미국에서는 유치원부터 공립 교육이 시작된다.

시간이 흘러, 이젠 내가 코드 포 아메리카에서 일하면서 정부의 복지 혜택을 필요로 하는 사람들을 돕는다. 내가 뉴욕 주정부와 협력해서 하는 업무가 바로 임산부, 아기, 어린이를 돕는 복지 프로그램에 관한 것이다. 내가 과거에 비슷한 경험을 해서인지, 도움을 필요로 하는 사람들을 바라볼 때 그들을 데이터 포인트가 아닌 한 사람으로 대하고자 노력한다. 나도 얼마 전까지 그들과 같은 처지였음을 기억한다. 누구나 나와 같은, 그들과 같은 처지가 될 수 있음을 기억한다. 복지가 필요한 이유는 특정한 사람이 문제가 아니라, 특정한 상황이 문제이기 때문이다.

정부 서비스의 핵심은 쉽고 간단할 것

실리콘밸리의 수많은 테크 기업이 저마다 관심을 갖는 분야는 다양하겠지만 이들의 공통된 관심은 불편함을 0으로 만드는 것이다.

인터넷 서비스의 핵심은 이동의 자유로움이다. 오프라인 쇼핑과 온라인 쇼핑의 다른 점은 온라인 쇼핑은 경쟁사로 이동하기가 쉽다는 것이다. 오프라인 쇼핑을 할 때는 이 매장에 맘에 드는 물건이 없어서 다른 매장으로 가려면 직접 발품을 팔아야 한다.

온라인 쇼핑은 그렇지 않다. 한 쇼핑몰에 원하는 물건이 없으면 바로 다른 쇼핑몰 주소를 입력하면 된다. 그래서 테크 기업들은 불편함에 민감하고 예민하다. 고객이 짜증을 느끼는 순간, 바로 경쟁사로 넘어가기 때문이다.

정부는 경쟁사가 없다. 서울시가 서울 시민을 두고 부산시와 경쟁하지 않는다. 서울 시민이 부산으로 이사를 가지 않는 이상, 서울 시민은 서울 시민이고 서울 시민은 서울시 공공서비스를 이용하기 위해 서울의 시정부를 상대해야 한다. 그래서 한국의 많은 정부 서비스가 인터넷, 모바일로 옮겨 왔지만 실제 서비스 디자인은 오프라인 창구에서 이용하던 방식 그대로 복사, 붙여 넣기를 한 것이 많다. 200년이 넘은 미국 정부의 행정 시스템은 말할 것도 없다.

코드 포 아메리카가 더 많은 캘리포니아 주민들을 위해 더 쉽고 빠르게 식품 할인권의 혜택을 누릴 수 있도록 만든 대안이 바로 겟캘프레쉬다. 한국에서 주민센터에 가면 가끔 공문서 작성을 힘들어하는 어르신들을 위해 담당 공무원이 민원인 옆에서 직접 도와주는 것을 볼 수 있다. 코드 포 아메리카가 하는 일이 이런 정책 보조 과정을 디지털 서비스를 자동화하는 것이다. 공무원이 일일이 붙어서 민원인을 도울 필요 없이 애초에 공문서를 충분히 쉽게 만드는 것이다.

겟캘프레쉬는 캘리포니아 주민이 식품 할인권을 받기 위한 공문서를 직관적으로 작성할 수 있도록 돕는다. 캘리포니아 정부 웹사이트를 통해서 식품 할인권을 신청하려면 한 시간 가까이 걸리지만 겟캘프레쉬에서는 10분이면 끝난다. 소요 시간을 기준으로 한다면, 겟캘프레쉬가 기존의 정부 서비스보다 최대 6배 더 효율적이다.

샌프란시스코에 처음 도입된 겟캘프레쉬는 이제 캘리포니아주 정부의 공식 정책 지원 보조 도구로 활용되어 매주 2만 5,000건의 식품 할인권 신청서를 처리한다. 2022년 한 해에만 미국 전역에서 코드 포 아메리카가 도움을 준 사람의 숫자가 총 466만 명, 이들에게 전달한 정부 지원금의 규모는 33억 4,000만 달러다. 한화로 약 4조 6,000억 원에 달한다.

겟캘프레쉬를 이용하기가 쉬운 이유는 덜 하기 때문이다less is more. 굳이 필요하지 않은 정보는 제공하지 않는다. 필요한 정보는 정확하고 쉽게 전달한다. 일련의 과정에는 정부의 디지털 서비스도 민간의 디지털 서비스처럼 이용자가 쉽게 이해하고 간편하게 사용할 수 있어야 한다는 코드 포 아메리카의 디자인 철학이 담겨 있다. 바로 '쉽고 간단할 것simple and easy'이다. 복잡한 설명서가 필요한 제품은 사용성이 떨어질 수밖에 없다. 이용자가 제품 사용을 어려워한다면 그것은 제작자 측의 책임이다. 정부 서비스도 마찬가지다.

코드 포 아메리카의 아이디어가 실제로 어떻게 적용됐는지 이해를 돕기 위해 겟캘프레쉬 사이트를 직접 확인해보자.

첫 번째 이미지는 겟캘프레쉬에 접속하면 가장 먼저 볼 수 있는 페이지, 업계 용어로 랜딩 페이지다. 여기서 초록색 신청 버튼이 가장 크고 두드러지게 보인다. 오른쪽 상단에는 상담 버튼Chat, 영어 이외의 다른 언어 번역본 사용 버튼Translate이 있다. 다른 정보는 보이지 않는다. 불필요한 정보는 필요한 정보에 집중하는 것을 방해한다. 따라서 덜 보여주는 것이 더 효과적이다.

두 번째 이미지는 마우스 커서를 아래쪽으로 스크롤하면 보이는 페이지다. 식품 할인권의 3단계 과정인 신청, 발급, 이용과 식품 할인권을 신청하려면 필요한 세 가지 서류가 직관적이면서도 정확하게 설명되어 있다. 신청인이 실수 없이 문서를 작성하고 제출해야 신청서가 제대로 승인될 확률이 높아질 뿐 아니라, 담당 공무원의 업무량도 줄어든다. 윈윈이다.

마지막 이미지는 실제 신청 버튼을 눌렀을 때 나오는 페이지다. 남은 절차와 소요 시간을 간결하고 명확하게 안내한다. 마라톤뿐 아니라 민원 신청도 마지막 단계가 고비다. 여기서 포기하면 신청인은 이 모든 과정을 처음부터 다시 시작해야 한다. 이 고비를 넘기 위해 약간의 독려가 필요하다. 일종의 넛지nudge다.

이런 구체적 성공 사례를 통해 코드 포 아메리카는 2022년 1,000만 달러, 한화로 약 1,400억 원에 달하는 펀딩에 성공했다. 이 금액은 코드 포 아메리카가 7년 내에 디지털 서비스를 통한 사회 안전망 현대화 프로젝트를 미국의 15개 주로 확산하는 데 쓰인다.

그림 8. 캘리포니아 주정부에서 공인한 정책 신청 보조 도구인 겟캘프레쉬. 코드 포 아 메리카가 제작했다. 위쪽의 이미지는 사이트에 접속하면 보이는 일명 랜딩 페 이지, 가운데 이미지는 이 화면을 마우스로 스크롤해서 내렸을 때 보이는 페이 지, 아래쪽 이미지는 실제 신청 버튼을 눌렀을 때 보이는 페이지다

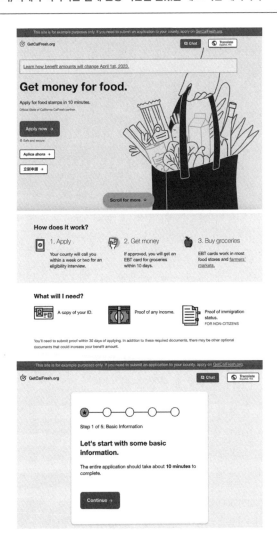

디지털 서비스의 뼈대인 컴퓨터 코드를 만드는 것은 엔지니어다. 여기에 인터페이스를 입히는 것은 UX 디자이너의 몫이다. 데이터 과학자의 역할은 이러한 제품, 서비스 개선에 관한 의사결정을 돕는 정보를 제공하는 것이다. 데이터는 내부의 합의를 이끌어낼 때뿐 아니라 외부의 동의와 지지를 얻을 때도 큰 역할을 한다.

많은 다른 회사들이 하는 것처럼, 코드 포 아메리카는 데이터 과학자를 크게 두 부류로 구분한다. 한 부류는 데이터를 통해서 대시보드, 추천 알고리듬 등 무언가를 만드는 사람들이다. 다른 부류는 데이터를 통해서 특정 질문에 답을 하는 사람들이다. 물론, 둘 사이의 경계는 칼로 그은 것처럼 명확하지 않다.

나도 두 종류의 업무를 다 하지만, 회사 내에서 역할은 두 번째 데이터 과학자, 연구원에 가깝다. 그래서 나의 공식 직함은 '시니어 데이터 사이언티스트Senior Data Scientist', 때로는 '시니어 퀀트 리서처Senior Quantitative Researcher'가 되기도 한다. 데이터과학팀 내에서 내가 하는 주요 업무가 우리 조직이 마주한 실용적 질문에 대해서 데이터를 통해 엄밀하게 분석하고 답하는 것이다. 결과의 참신함보다 과정의 효율성에 방점을 찍는다. 특별히 한정된 예산, 규제의 압박, 규정의 속박이 심한 공공 영역에서 널리 확산될 수 있는 혁신의 방법론을 찾는 것이 내 업무의 본질이다.

쉽고 직관적인 안내문이 가져온 3퍼센트의 차이

우리 팀이 하는 일은 이처럼 정부 서비스에 적용되는 기술이나 디자인 같은 요소들이 시민의 눈높이에 맞게 바뀌었을 때, 어떤 변화가 일어나는지 그 효과를 면밀하게 측정하고 분석하는 것이다. 때로는 이런 연구 결과를 외부와 공유하기도 한다.

2022년, 코드 포 아메리카는 조지타운대 파멜라 허드 교수, 도널드 모이나한 교수와 협력해 공문서에 사용하는 언어가 좀 더 쉬워지면 어떤 효과가 나타나는지 조사했다(Moynihan et al. 2022). 허드와 모이나한 교수는 3장에서 소개한 행정부담 이론을 창시한 행정학자다. 코드 포 아메리카는 이들이 이끄는 조지타운대 좋은 정부 연구소Better Government Research Lab와 협력해 정책 평가 업무를 수행했다. 정책 평가란 도입된 혹은 도입될 정책의 효과를 엄밀하게 살피는 것이다.

한국도 그렇지만, 미국에서도 코로나 기간 동안 자영업자들이 큰 경제적 어려움을 겪었다. 자영업자들 중에도 식품 할인권의 혜택을 받을 수 있는 자격 조건에 해당되는 사람들이 많다. 관련 규정상 자영업자의 경우, 소득의 40퍼센트가 지출로 자동 산정된다. 식품 할인권 지원에서는 소득이 주요한 자격 기준이다. 따라서 자영업자는 소득 기준을 상대적으로 쉽게 충족한다. 그럼에도 식품 할인권을 제공받는 자영업자들의 숫자가 적었다. 그 이유는 자기 직업이 자영업으로 분류된다는 사실을 모르는 자영업자가 너무 많기 때문이다. 자영업자는 일단 종류가 많고, 다양하고, 복잡하다. 우버를 운전하는 사람들도 자영업자다.

연구팀은 자격 조건 안내문을 사람들이 이해하기 쉬운 직관적인 형태로 바꾸었을 때, 자영업자 분류 비율이 8.8퍼센트에서 12.1퍼센트로 3퍼센트 넘게 증가했다는 사실을 밝혀냈다.

여기서 사용된 연구방법론은 현장실험field experimentation이다. 통계를 쓰는 사람들이 흔히 하는 말이지만 '상관관계'는 '인과관계'가 아니다correlation is not causation. 소방서 근처 지역에서 화재가 많이 발생하는 이유는, 방화범들이 알고 보니 이 지역에 많이 살아서가 아니다. 화재가 많이 발생할 수 있는 지역에 소방관들이 빨리 출동할 수 있도록 정부가 소방서를 전략적으로 배치했기 때문이다. 이런 문제를 전문용어로 선택 편향selection bias이라 부른다. 그래서 인과관계를 찾기 위해서는 비교 집단이 최대한 비슷해야 한다.

대학 교육이 기대 소득 등과 같은 사회경제적 결과에 미치는 영향을 분석하는 의사결정 문제를 생각해보자. 가장 이상적인 상황은 평행우주가 존재하는 것이다. 하나의 우주에서 김재연은 대학에 갔고, 다른 우주에서는 가지 않았다. 이 두 세계의 김재연을 비교하면 우리는 김재연이 대학 교육을 받았을 경우 기대 소득 등 여러 다양한 결과에 어떠한 영향을 미쳤는지 분석할 수 있다. 하지만 이런 평행 우주는 만들 수 없다. 타임머신을 만들어서 과거로 돌아가는 것은 아직은 거의 불가능하다.

이보다 더 쉬운 방법이 있다. 실험이다. 적어도 개인이 아닌 집단 차원에서는 평행 우주를 만든 것과 같은 엄밀한 비교 분석이 가능하다. 임의로 동전을 던져 연구 대상자를 실험군과 통제군으로 나누는 것이다. 실험에는 통제와 비교 집단이 필요하기 때문에 테크 업계에서는 실험 연구를 보통 A/B 테스팅이라 부른다.

이렇게 임의로 두 집단을 만들면, 두 집단의 평균 차이는 조작 조건 외에 다른 이유로는 설명이 되지 않는다. 여기서 이 연구에 사용된 실험 연구에 '현장field'이라는 단어가 들어가는 이유는 이런 실험을 연구실이 아니라 현장에서 했기 때문이다. 실험 연구는 이론을 테스트하는 데는 좋지만, 현실의 영향을 측정하는 데는 부족하다. 특정한 방법론이 실제로 적용이 되는지 안 되는지를 보려면 현장에서 실험을 해야 한다.

앞에서 소개한 연구가 보여준 3퍼센트라는 집단 간 차이는, 얼핏 작아 보이지만 사실은 크다. 모든 것은 결국 상대적이다. 테크 기업들이 온라인 서비스로 이런 현장 실험 연구를 하면 그 결과가 1퍼센트도 되지 않는 경우가 허다하다. 선거 캠페인을 활용한 현장 실험 연구도 비슷하다. 현장에서 실험에 사용하는 조작 요인은 거대한 사회 실험이 아니라 웹사이트의 폰트 종류와 크기 등 아주 작은 변화이기 때문이다. 그런 맥락에서 볼 때 3퍼센트라는 결과는 충분히 크고 유의미한 수치다.

2023년 6월에 스탠퍼드대에서 열린 '테크 영역에서의 실험과 인과추론'에 대한 워크숍에 참석했을 때 넷플릭스, 링크드인 같은 거대 플랫폼 기업에서 일하는 데이터 과학자들이 데이터 크기가 너무 작다고 불평하는 것을 들을 수 있었다. 정확히 말하면, 데이터 크기가 너무 작은 것이 아니라 디지털 플랫폼에서 조작하는 조건들이 대체로 사소해서 그 결과가 대부분 미미한 것이다.

더 나아가, 작은 변화도 지속하면서 뭉치면 커진다. 인터넷 기업이 1분기당 사이트의 방문자 대비 가입자 수(가입률=가입자/방문자)를 3퍼센트 늘릴 수 있는 방법을 찾아냈다고 가정하자. 여기서 3퍼센트는 적은 숫자다. 기존 가입률이 10퍼센트였다면, 이 개선안의 효과는 1퍼센트도 되지 않는다. 그러나 분기당 3퍼센트라는 개선 방안을 1년간 지속할 수 있다면, 그 효과는 12퍼센트 가까이 된다. 눈덩이처럼 불어날 수 있는 것이다. 이런 변화가 10년 가까이 지속된다면, 이 방법은 기존의 가입률을 세 배 넘게 향상시키는 결과를 가져올 수 있다.

05

시민이 편리한 혁신이
진정한 공공 혁신

혁신의 기준은
인공지능, 메타버스가 아니다

공문서는 정부와 시민들이 상호작용하는 가장 일반적인 소통 방식이다. 수많은 공문서 작성 업무가 종이에서 웹사이트로, 모바일 앱으로 넘어갔다. 그런데 기술은 변했지만 공문서 양식의 기본 틀은 변하지 않았다. 공문서에 사용되는 언어도 달라지지 않았다. 문서 양식도 서비스이고, 언어도 서비스다. 공문서 작성이 많은 사람들에게 불편을 준다면 데이터를 통해 모든 시민을 섬기고자 하는 민주정부의 이상은 시작부터 장애물에 부딪힐 수밖에 없다.

인터페이스 문제는 새로운 기회가 된다. 공문서 작성이 쉬워지면 공공서비스의 문턱이 시작부터 낮아진다(Harrell 2020; McGuinness and Schank 2021). 빅데이터, 인공지능, 메타버스를 도입해야 혁신이 아니다. 정부의 혁신 기준은 시민의 편리다. 시민이 쉽게 이용할 수 있는 정부가 좋은 정부다. 시민이 행복해야 진정한 공공 혁신이다.

6장

인프라

먼저 찾아가는 정부가
좋은 정부다

Infrastructure

인프라infrastructure란 한국말로 기반 시설基盤施設, 즉 기초가 되는 시설이란 뜻이다. 대표적 인프라는 전기다. 회사, 학교, 집 등 모든 곳에서 쓰는 모든 전자 기기는 전력 인프라에 의존한다. 집까지 전기를 끌어 쓸 수 없으면 당연히 집에서 TV를 볼 수 없다. 많은 이들이 하루 종일 들고 다니는 스마트폰도 못 쓴다.

인프라의 다른 예시는 도로다. 자동차는 사람보다 빠르고 편리한 교통수단이다. 문제는 대부분의 자동차는 포장되지 않은 도로를 잘 다니지 못한다는 것이다. 잘 연결된 도로 없이 자동차로 원활히 이동하기란 불가능하다. 서울에서 부산으로 갈 때 경부고속도로 없이 가야 한다면 훨씬 더 많은 시간이 걸릴 것이다.

데이터 인프라, 모든 상품과 서비스의 기본

데이터 인프라도 마찬가지다. 인공지능은 하늘에서 떨어지지 않았다. 인공지능 같은 데이터 도구들은 먼저 데이터 인프라가 갖춰져 있어야 작동한다. 현재 상용화되고 있는 인공지능은 데이터를 통해 학습과 훈련을 받았다machine learning. 인공지능이 사진을 보고 특정 인물의 얼굴을 식별해 태깅tagging할 수 있는 이유는 인공지능이 관련 사진을 많이 학습했기 때문이다. 이 학습용 데이터가 잘 생산되고 관리되어야 이를 기반으로 시키는 일을 잘 처리하는 인공지능을 만들 수 있다.

데이터 인프라가 튼튼해야 정부 서비스가 개선된다

좋은 데이터 서비스의 기반이 되는 좋은 데이터 인프라란, 크기만 한 것을 의미하지 않는다. 크기만 한 데이터 인프라는 조직에 짐이 된다. 필요한 데이터만 찾기도 어렵고 관리하고 개선하는 비용만 증가한다. 필요한 정보를 쉽고 빠르게 찾을 수 있는, 잘 정리된 통합 데이터 인프라가 좋은 데이터 인프라다. 이런 데이터 인프라를 만드는 전문가를 데이터 엔지니어data engineer라 부른다.

데이터 과학과 데이터 엔지니어링은 서로 맞닿아 있다. 나는 데이터 분석을 주로 하는 데이터 과학자이지만, 데이터 엔지니어링을 아예 모르고 이 일을 하긴 어렵다. 반대도 마찬가지다. 데이터 엔지니어가 데이터 분석을 전혀 모르면서 데이터 인프라를 만들 수는 없다.

내가 미국 정부 데이터를 수없이 들여다보며 깨달은 것이 있다. 정부 서비스의 가장 기초적인 문제가 인터페이스라면, 가장 근본적인 문제는 데이터 인프라라는 점이다.

정부의 인터페이스에 해당하는 공문서가 정부 서비스의 가장 기본적 문제인 이유는, 시민이 정부를 경험하는 가장 기본적인 통로가 바로 공문서이기 때문이다. 인프라가 가장 근본적인 이유는 인프라의 개선 없이는 정부 업무의 효율성 제고도 없기 때문이다.

일단 접수된 민원은 강물이 바다로 흘러가듯 정부의 데이터 인프라로 유입된다. 이 과정이 난해하면 민원의 집계 속도가 느려지고 결과도 부정확할 수밖에 없다. 이런 상황에서는 인공지능은 물론이고, 현황 대시보드를 만들거나 통계 분석 보고서를 작성하기도 쉽지 않다. 대신 데이터 인프라가 튼튼하면 이 기초를 살려서 할 수 있는 일들이 무궁무진하다.

대부분의 사람들은 공문서를 작성하거나 정부 웹사이트에 접속해본 적은 있어도 그 이면에 있는 정부 데이터의 실체를 들여다본 적은 없다. 이 문은 일반인에게 열려 있지 않기 때문이다. 전문용어로 이를 백엔드back-end라 부른다. 웹브라우저로 들어가 볼 수 있는 웹사이트는 프론트엔드front-end, 웹사이트의 뒤쪽에 있는 데이터 영역이 백엔드다. 프론트엔드가 식당의 홀이라면, 백엔드는 주방이다. 여기는 관계자 외 출입금지다. 공무원들도 다를 바 없다. 담당 부서의 해당 업무 담당자가 아니면 정부가 수집한 데이터를 어떻게 관리하는지 알기 어렵다.

정부 데이터 인프라에 대한 이해를 돕기 위해, 내가 실제 경험한 미국 정부의 한 가지 사례를 소개하겠다.

가난에 시달리는 개인이 정부의 도움을 얻기 위해 복지 정책을 신청했다. 신청 방식은 다양하다. 직접 관청에 가서 신청할 수도 있고, 웹사이트나 모바일 앱을 통해 신청할 수도 있다. 개인이 신청한 정보는 정부가 관리하는 데이터베이스에 보관된다.

데이터베이스는 데이터의 집합이다. 식당으로 치면 요리에 쓸 재료가 차곡차곡 정리된 창고다. 데이터베이스의 가장 기본적이고 전통적인 형태는 테이블의 집합이다. 엑셀의 스프레드시트가 테이블 데이터의 대표적인 예다. 엑셀을 써봤다면 데이터 과학을 경험한 것이다. 이 사각형 형태의 테이블 안에서 세로(열)는 변수 (field 혹은 variable), 가로(행)는 관찰값$_{value}$으로 정의된다. 예를 들어, 김재연이 복지 정책을 신청했다면 정부 데이터베이스의 신청인 테이블의 이름 열 아래에 김재연이란 관찰값이 추가된다.

신청인을 기준으로 보면 이 테이블 중에서 어떤 테이블은 신청에 관한 테이블이고, 어떤 테이블은 서류 심사 등 과정과 관련된 테이블이다. 어떤 테이블은 승인, 탈락 등 결과에 관련된 테이블이다. 정책 담당 공무원이 사용하는 컴퓨터 모니터에 설치된 업무용 소프트웨어의 특정 창이 데이터베이스의 특정 테이블에 대응한다. 그래서 내가 일을 하다가 데이터베이스에서 어떤 테이블을 들여다봐야 할지 확신이 서지 않으면 실무 담당 공무원에게 어떤 스크린을 사용해서 데이터를 입력하느냐고 물어본다.

이렇게 다양한 테이블들이 민원인, 담당자 등 특정 대상을 기준으로 관계를 맺고 있기 때문에 이런 기본 형태의 데이터베이스를 관계형 데이터베이스relational database라 부른다. 이런 방식으로 데이터를 보관, 처리하는 일은 20세기 중반부터 존재했다. 데이터베이스를 다루는 가장 보편적인 프로그래밍 언어가 '시퀄'이라 부르는 SQL Structured Query Language이고, IBM이 이 언어를 처음으로 현장에 도입한 것이 1970년대다.

정부 데이터는 양보다 질이 중요하다

문제는 정부 데이터에 저장되어 있는 데이터의 양이다. 정부가 다루는 정책은 종류도 많고 그 절차도 복잡하다. 쉽게 생각하면, 정부 부처의 숫자만큼 다양한 정책이 있다. 정책에는 진행 절차가 있다. 정책은 전자레인지가 아니어서 버튼을 누른다고 곧장 실행되지 않는다. 법으로 정한 행정 절차에 따라서 엄격하게 일이 진행된다.

미국의 복지 정책에서는 신청인의 자격 조건을 따지는 절차가 까다롭다. 절차의 일부로 대면, 전화, 혹은 우편으로 인터뷰를 요구하는 경우가 일반적이다.

복지 혜택을 제공하기 위한 자격 심사에서 이렇게 인터뷰 절차 하나만 추가해도 데이터베이스 안의 관련 테이블에 많은 변수가 추가된다. (1)신청인 (2)일정 (3)인터뷰 방식 (4)인터뷰한 날짜

(5)인터뷰를 하지 못했다면 그 사유 (6)인터뷰 담당자를 기록해야 한다. 가로열에 해당하는 변수가 5개만 추가돼도, 세로행의 신청인이 10만 명이라면 관찰값(셀의 숫자)은 50만 개 추가된다.

관리되지 않는 4만 개의 정책 변수

문제는 데이터의 양과 질이 반비례한다는 점이다. 물론, 이 둘 사이의 관계는 반드시 성립하는 자연의 법칙은 아니다. 관건은 데이터를 다루는 조직의 역량이다. 데이터를 관리하는 전문 인력이 있으면 이것은 이슈가 아니다. 이 경우에는 모으는 변수가 많다고 데이터의 신뢰도가 크게 떨어지지 않는다.

문제는 정부의 현실이다. 빅테크 기업과 달리 정부의 데이터 인력은 한 손으로 셀 수 있을 정도로 적은 경우가 많다. 이런 열악한 환경에서 특정 정책에 관한 변수를 4만 개 정도 모으면 그 중에서 제대로 관리되는 변수는 몇 개 되지 않는다. 여기서 4만 개는 과장이 아니라 내가 실제 경험한 사례다. 결국 제대로 관리되지 않는 변수는 의사결정에 활용되지 못한다. 자원과 세금만 낭비하는 셈이다.

보통 절차가 복잡한 정책을 살펴보면 절차 하나만 복잡한 경우가 드물다. 이용만 어려운 것도 아니다. 해당 정책에 관한 데이터의 양도 방대해서 제대로 이해하고 활용하기도 어렵다. 질이 떨어지는 데이터가 양만 많다. 이런 상황이다 보니 필요한 데이터를 찾는 데 시간도 오래 걸린다. 민원 처리도 느려진다. 행정부담 이론으로 설명하자면 실무 담당 공무원들의 학습 비용만 높아진다. 저 4만 개의 변수를 파악하기 위해 해당 주의 IT 부서 담당자에게 물어보니 이렇게 대답했다. "다들 이 큰 그림의 각 조각만 알고 있고, 전체를 파악하는 사람은 아무도 없습니다." 시스템을 이해하기 어려우니, 이 시스템을 관리하거나 개선하기도 어렵다.

빅데이터가 아닌, 신뢰할 수 있는 데이터가 필요하다

데이터 인프라는 정부가 정책을 만드는 기준을 정한다. 데이터 인프라에 따라서 만들 수 있는 정책, 공문서에 적용되는 정책 혜택의 자격 조건이 바뀐다.

데이터 인프라는 정책의 기준을 정할 뿐 아니라 정부의 행동 방식을 바꾼다. 더 나은 데이터 인프라가 있다면 문제가 커질 때까지 기다렸다가 위기가 발생하고 나서야 재발 방지를 논의하는 안타까운 상황을 피할 수 있다. 미리 찾아가는 정책을 만들 수 있다. 정부가 사회적 위험지대에 놓인 개인을 미리 파악해, 적기에 필요한 도움을 제공할 수 있다. 응급 환자를 구조할 때만 골든아워가 중요한 것이 아니다. 위기에 놓인 개인과 가구를 구하는 데도 마찬가지다. 여기서도 타이밍이 중요하다. 결국 도움이 필요한 사람들을 파악하는 것도 데이터 문제다. 그래서 정책 문제가 데이터 문제다.

의학, 교육 분야에서 맞춤화personalization가 트렌드다. 환자에 따라 약이 미치는 영향이 다르다. 누군가에게는 좋은 약이 나에게는 해로울 수 있다. 그래서 의사는 환자의 배경을 면밀히 조사해 그의 체질에 맞는 약을 처방한다. 학생마다 어려워하는 문제도 다르다. 누군가에게는 쉬운 문제가 내게는 어려울 수 있다. 학창 시절에는 자신이 잘 틀리는 문제를 각자 알아서 따로 정리해야 했다. 이제는 인공지능이 이 일을 대신한다. 나는 듀오링고Duolingo라는 모바일 앱으로 일본어, 중국어, 스페인어 같은 제2외국어를 공부한다. 듀오링고는 내가 자주 틀린 문제를 기억했다가 다시 풀게 한다. 이제 오답 노트를 따로 만들 필요 없이 컴퓨터가 알아서 대신해준다.

이렇게 일상의 많은 영역에서 맞춤화 트렌드를 가능하게 만드는 것이 데이터다. 왜 정부 서비스는 정부 데이터를 기반으로 이러한 맞춤형 서비스를 만들지 못할까? 맞춤형 서비스를 만들더라도, 왜 성능이 우수하지 못할까?

바로 데이터 인프라가 취약하기 때문이다. 맞춤형 정부 서비스의 필수조건이 데이터 인프라다. 문제의 핵심은 양만 많고 질은 떨어지는 정부 데이터 인프라다. 자동차 성능이 아무리 좋아도 도로가 낡으면 운전하기가 어렵다. 해결책은 우선순위다. 빅데이터가 아니라 좋은 데이터, 신뢰할 수 있는 데이터가 필요하다. 많이 모으는 것보다 필요한 정보만 모으는 것, 이 정보를 잘 정리하고 통합해서 모으는 것이 더 중요하다. 이런 노력 없이는 맞춤형 서비스를 만들기도 어렵고, 만들더라도 잘 만들기 어렵다.

01

정부 데이터가
정부의 수준을 말해준다

정부가 개인의 범주화에 공을 들이는 이유

정부가 하는 중요한 일 중 하나는 범주 만들기category-making
다. 일례로, 미국에서는 인종이 가장 중요한 사회적 범주 중 하나
다. 인종이 다양한 사회 갈등의 중심축으로 작용하기 때문이다. 한
국에서는 한국인을 한국 사람으로 범주화하지만, 미국에서 한국
인은 한국 사람으로 범주화되지 않는 경우가 많다. 인구통계국을
포함한 미국의 정부 기관은 인종을 크게 네 집단으로 구분한다.
흑인, 백인, 히스패닉(혹은 라티노, 라티나), 그리고 아시안이다. 여
기서 아시안의 범위는 상당히 넓어서, 미국에서는 한국 사람과 인

도 사람이 모두 아시안에 포함된다. 미국은 아시아인을 정의할 때 동아시아, 동남아시아, 남아시아를 구분하지 않는다.

정부가 이렇게 범주 만들기에 공을 들이는 이유는 무엇일까? 이 범주가 정부의 데이터 수집 기준이기 때문이다. 범주를 보면 해당 정부의 담당 업무가 보인다. 2023년, 미국 정부는 팬데믹 기간 동안 저소득층 유자녀 가정의 정부 보조금 정책Pandemic EBT 지원 대상을 홈스쿨 가정까지 확대했다. 캘리포니아 주정부가 이 프로젝트를 진행하는 것을 코드 포 아메리카가 도왔다. 이 프로젝트를 통해서 내가 알게 된 것은 캘리포니아주에서 복지, 교육을 담당하는 어느 부처도 '어떤 홈스쿨 가정'에 복지 혜택이 필요한지 조사하지 않는다는 것이다. 그래서 관련 데이터가 없다. 복지부서는 복지만 조사하기 때문에 홈스쿨 가정을 따로 조사하지 않는다. 교육부서는 교육만 조사한다. 따라서 복지 혜택의 자격 조건에 해당하는 저소득층 가정을 따로 조사하지 않는다. 각 부처가 자신들에게 필요한 범주에만 관심을 갖고, 그 범주에 따라서 정보를 수집한다. 한 가정을 정부가 어떻게 범주화하느냐에 따라서 정부가 수집하는 정보가 달라진다.

정부가 개인을 범주로 만드는 것을 가장 극단적 형태로 관찰할 수 있는 제도가 이민 정책이다. 한국 사람이 한국에서 태어나 미국 학교에서 입학 증서를 받고 유학을 가게 되면 미국 학교의 도움을 받아 미국 대사관에서 F비자를 받게 된다. 미국 정부가 정한 나의 법적 신분이 F인 것이다. 미국에서 졸업 후 취직을 하게 되면 H비자를 받는다. 대학교수나 연구원, 엔지니어 등으로 일하게 되면 H비자 중에서도 고급 기술을 가진 사람에게 부여되는 H1B 비자를 받는다. 이때는 나의 법적 신분이 H1B다.

이민 정책의 핵심은 이렇게 전 세계에서 모여든 다양한 이민자를 비자 종류, 혹은 범주에 따라 분류하는 것이다. 사람이 알파벳과 숫자의 합이 된다. F비자를 신청한 사람은 F-1비자를 받게 되어 있고, 이 사람의 배우자나 직계 가족은 F-2 비자를 받는다. 이 분류 작업이 미국 이민국의 주요 업무다. 이민국이 이민자에게 부여한 법적 신분에 따라서 이들이 미국에서 할 수 있는 일이 달라진다. 예를 들어, F비자가 있으면 미국에서 공부는 할 수 있지만 일은 할 수 없다. 일을 하려면 법적 신분을 변경해야 한다. 만약 미국에 사는 이민자인데 미국 정부가 정의한 법적 신분이 없으면 불법 이민이 되어버린다.

정부 정책이 있는 곳에 범주가 있다. 정책이 범주를 통해 작동하기 때문이다. 정책에는 기준이 필요하고, 정부는 범주를 기준으로 사용한다. 정부는 범주에 따라 개인에게 다른 권리와 책임을 부여하고, 혜택과 자원을 배분한다. 개인을 포용하거나 배제한다.

근대 국가의 시작은 국민의 범주화로부터

인류 역사를 보면 정부가 이렇게 다양한 정책 분야에서 개인을 범주로 분류하기 시작한 것은 그리 오래되지 않았다. 근대 이전에는 정부의 영향력이 개인에게 미치지 않았기 때문이다. 앞서 설명했듯, 이민국의 주요 업무는 범주 만들기다. 그러나 미국 건국 초기에는 이민국이 존재하지도 않았고, 연방 차원의 이민법도 없었다. 미국이 건국된 것이 1776년이고, 최초의 연방 이민법이 제정된 것은 그로부터 약 100년이 지난 1875년이다.

조세와 재정을 보면 정부의 통제력이 보인다

한 국가의 조세taxation와 재정public finance을 보면 그 정부가 얼마나, 어떻게 사회를 통제할 수 있는지 알 수 있다. 조세는 세금이다. 재정은 정부의 경제활동이다. 이 둘의 관계는 명확하다. 정부의 중요 수입이 세금이기 때문이다. 세금을 기쁘게 내는 사람은 많지 않다. 힘을 가진 개인과 집단은 세금을 내지 않으려고 많은 노력을 기울인다. 따라서 정부가 누구에게, 어느 정도 세금을 걷을 수 있는지를 보면 그 사회에 대한 정부의 통제력이 보인다.

중세 유럽에서 정부의 사회 통제력은 마을까지만 영향을 미쳤다. 개인은 통제 영역의 바깥에 있었다. 왕이 마을에 사는 개인을 일일이 알기에는 너무 많은 비용이 발생했다. 그래서 마을 통치는 왕이 아닌 영주가 했다. 세금은 오늘날처럼 각 개인이 아니라 마을 단위로 냈다. 그 이유 중 하나는 행정 비용이다. 개인을 파악하긴 어려워도 마을을 파악하는 건 상대적으로 쉽다. 징병도 개인별로 하지 않고 마을 단위로 차출했다.

중국의 남북조 시대부터 전해진 설화를 배경으로 한 디즈니 영화 〈뮬란〉에서 주인공 뮬란은 늙고 병든 아버지 대신 군역을 대신한다. 군대를 대신 갈 뿐만 아니라 참전해서 공도 세운다. 뮬란이 남장을 하고 입대해도 별 문제가 없었던 이유는 고대 중국 정부가 징병을 하는 방식이 '개인'이 아닌 '가문'이었기 때문이다.

성경에서도 이런 사회 통치 방식의 흔적을 찾아볼 수 있다. 앞에서 언급한 구약성서 '민수기'에서 유대 민족이 실시한 인구 조사의 목적은 징병이다. 여기서 조사 대상은 유대 민족 전원이 아니라, 전쟁에 나갈 수 있는 성인 남성에 한정되었다. 인구 조사는 비용이 많이 들기 때문이다. 또한, 성인 남성이 이 인구 조사에서 범주로 사용되었다. 가문이 기준이 되어 유대 민족의 12가문에 속한 성인 남성의 숫자를 계산했다. 이 대목에서 유대 민족은 가문에 의해 사회적 질서가 정립되고 통제되는, 가문 중심의 사회라는 것을 알 수 있다.

한국에도 비슷한 역사가 있다. 다섯 가구를 한 통으로 묶어 세금을 징수하는 오가작통五家作統이 그것이다. 다섯 가구가 모이면

면이 되고, 다섯 면이 모이면 리가 된다. 조선시대에 행정편의를 위해 만들어진 단위인 면과 리는 지금도 쓰이고 있다. 오가작통은 조세 제도이자 징병 제도이며 사회 통제 시스템인 셈이다.

다양한 정부 서비스는 국민 데이터 수집의 결과

마을에서 개인으로 사회의 기준이 바뀐 시기는 유럽에서 근대 국가가 태동하면서부터다. 근대 국가는 개인의 권리에 기초해 성립된 국가다. 개인이 중심이다. 통치의 정당성이 개인과 사회의 계약에서 나온다. 신이 왕권을 부여했다는 왕권신수설이 아니라, 국가 권력은 국민에게서 나온다는 사회계약론이 통치의 근본이다. 개인은 정부의 통제(조세)를 받고, 그 대신 정부는 개인의 인정(투표)을 받아야 한다. 이때부터 정부가 사회에 더 넓게, 그리고 더 깊이 관여하기 시작한다. 세금을 걷어도 마을 단위가 아니라 개인 단위로 걷는다.

이렇게 개인 단위로 사회를 통제하려면 개인의 인적사항과 경제활동에 대한 면밀한 조사가 필요하다. 이 과정에서 대표적 정부 데이터인 인구통계와 경제통계가 등장한다. 데이터를 통해 학습하는 통계학도 발달했다. 다양한 정부 데이터를 기반으로 학교(교육 데이터), 병원(의료보건 데이터), 교도소(형사교정 데이터) 등의 정부 서비스들이 등장했다.

의무교육을 생각해보자. 부모나 보호자가 일정 나이가 된 자녀를 학교에 보내지 않으면 처벌 대상이 된다. 대한민국 헌법 31조는 의무교육을 법으로 규정한다. 전 세계적으로 의무교육이 시작된 것도 근대부터다. 의무교육의 전제는 데이터다. 각 가정에 아이가 몇 명이 있는지, 그 아이의 나이가 몇 살인지 알 수 없으면 의무교육 정책은 시행할 수 없다.

이처럼 마을에서 개인으로 정부의 데이터 수집 기준이 바뀌면 비용이 증가한다. 국가가 개인 단위로 정보를 모으려면 많은 시간과 노력이 필요하다. 한 나라에 마을 100개가 있고 각 마을에 평균 1,000명이 산다고 가정해보자. 이 나라의 정부가 세금을 걷기 위해 마을 단위로 소득 정보를 모으면 100개의 정보가 필요하다. 그런데 마을이 아닌 개인 단위로 정보를 모으면 10만 개의 정보가 필요하다. 모아야 할 정보의 양이 1,000배나 증가한다. 인구가 증가해도 기본 행정단위는 잘 바뀌지 않는다. 100개의 마을은 여전히 100개의 마을로 남아 있다. 그러나 이 마을에 사는 거주민의 숫자는 달라진다. 이 숫자가 1,000명에서 5,000명으로 증가하면 정부가 모아야 할 정보의 양은 5배 증가한다.

이렇듯 방대한 행정 데이터 수집 비용을 줄이기 위해 정부가 택하는 것이 범주화categorization다. 범주화는 행정 비용을 줄여준다. 지도를 그리려면 사물을 단순하게 표시해야 한다. 필요한 정보

외에는 생략해야 한다.

정부가 개인을 통제하려면 복잡한 군상을 하나하나 이해하고 이를 정책에 그대로 반영하기란 불가능하다. 그래서 사람을 남자, 여자, 노인, 아이, 정신질환자, 범죄자 같은 편의에 따라 나누고, 그 범주에 따라 정책을 결정하고 서비스, 지위, 권한을 분배한다. 이런 범주는 임의적이다. 인간은 그렇게 칼로 자른 듯이 구분되지 않기 때문이다. 예일대 정치학과 제임스 스캇 교수는 근대국가의 역할은 복잡한 현실을 단순한 행정 기준에 끼워 맞추는 것이라 설명한다(1998). 근대화가 곧 범주화다.

02

복지 정책에
사각지대가
존재하는 이유

유럽에서 근대 국가가 태동한 지 수백 년이 지났다. 지금 우리는 빅데이터와 인공지능의 시대를 살아간다. 그럼에도 정책의 기본 틀은 바뀌지 않았다. 많은 정책 기준이 여전히 범주에 의존한다.

　복지는 크게 사회보험social insurance과 공공부조public assistance로 나뉜다. 사회보험의 좋은 예는 국민건강보험이다. 국민이 연대해 위험을 분담하고 혜택을 같이 누리는 것이다. 다른 예로는 국민연금보험이 있다. 공공부조의 좋은 예는 기초생활보장사업이나 의료급여사업이다. 사실, 이 둘은 별개가 아니다. 사회보험을 통한 위험관리가 실패할 경우, 결국 최저 생활을 보장하거나 자립을 지원해야 할 개인과 가정이 발생하기 때문이다.

근본적으로, 위험관리 제도인 복지제도가 효율적으로 운영되려면 국민 개개인의 위험을 추정하고 예측해, 더 위험한 개인과 집단에게 더 많은 자원을 더 빨리 분배해야 한다. 이것이 이상적인 방향이다. 하지만 현실은 이상과 거리가 멀다. 한국의 경우, 정부가 정의한 고령자는 만 65세이다. 만나이여서 생일이 지나야 한다. 이 나이가 되면 대중교통 무료 이용 등의 혜택을 누릴 수 있다. 그런데 왜 65세가 기준이 되어야 하고 64세는 안 되는가.

만 65세가 되지 않았는데도 자연적, 사회적 위험에 노출되지 않은 노인이 있다면 이 경우는 거짓 음성false negative이다. 의사는 환자에게 병이 없다고 진단을 내렸는데 실제로는 환자가 병을 앓고 있는 것이다. 임신한 여성에게 출산 가능성이 없다고 말하는 것과 같다. 만 65세가 되었는데도 자연적, 사회적 위험에 노출되지 않은 노인이 있다면, 이 경우는 거짓 양성false positive이다. 의사는 환자에게 병이 있다고 진단을 내렸는데, 실제로는 건강한 사람인 것이다.

복지 정책의 사각지대에서 발생하는 문제가 바로 거짓 음성 문제에서 비롯된다. 복지 정책에 사각지대가 있다는 말은 정부의 혜택을 받아야 할 마땅한 사람(양성)이 그 혜택을 받지 못하고 있다는 뜻(음성)이다. 판례로 비유하자면, 죄 없는 사람에게 죄가 있다고 하는 거짓 양성이다. 죄가 있는 사람에게 죄가 없다고 하는 것이 거짓 음성이다. 거짓 양성 사례, 거짓 음성 사례 모두 정부 정책을 통한 권한과 자원의 배분이 잘못된 경우다. 정부가 죄 없는 사람(음성)을 죄인 취급하면(양성) 거짓 양성 사례가 된다.

이런 연유로 형사교정 제도에서는 죄가 명백히 드러나기 전까지는 사람을 함부로 죄인 취급하지 않는 합리적 의심이 중요하다. 억울한 사람을 만들지 않기 위해서다. 반대로 복지 제도에서는 정부가 도와야 할 사람을 돕지 않아 작은 병을 큰 병으로 키우는 실수(거짓 음성)를 피해야 한다. 의사의 오판으로 환자가 병을 키우면, 이를 고칠 때 개인과 사회가 지불해야 하는 비용이 커진다.

한국의 복지 사각지대를 보여주는 사례는 허다하다. 2014년 2월, 서울시 송파구의 석촌동 단독주택 반지하방에 세 들어 살던 세 모녀가 자살했다. 어머니는 60세, 두 딸은 각각 30대 중반과 초반이다. 이들은 생활고에 시달렸다. 견디다 못한 이들은 집주인에게 마지막 집세와 공과금을 남기고 세상을 떠났다. 60세 어머니의 남편은 12년 전 암으로 사망했다. 이 과정에서 사업 실패로 인한 빚과 밀린 병원비를 남겼다. 가정은 어머니가 책임졌다. 근처 롯데월드 인근 식당에서 일하는 근면 성실한 사람들이었다.

그들은 불운한 상황과 환경 속에서 힘겹게 살았다. 왜 이런 사람들을 정부가 보호하지 못할까? 새로운 삶을 살 수 있는 기회를 제공하지 못할까? 정부 정책에 사각지대가 있기 때문이다. 사회 안전망에 구멍이 뚫려 있기 때문이다. 위기에 처한 개인의 복잡다양한 상황과 환경이, 정부가 행정편의에 따라 분류해둔 자격 조건 기준에 부합하지 못했기 때문이다.

성별, 연령 등의 범주형 변수는 복지 정책의 사각지대를 만드는 주요 원인인데도, 여전히 복지 정책의 기준으로 많이 사용된다. 관련 정보 탐색과 자료 수집에 드는 비용 때문이다. 정부가 개인과 가정이 처한 상황을 종합적으로 살펴보는 것이 이상적이겠지만 현실적으로 이 대안은 도입되기 어렵다. 정부 인력의 한계 때문이다. 정부 정책의 경우, 계획은 중앙정부에서 세워도 실행은 지자체에서 한다. 이때 실행의 제약 조건이 곧 정책의 제약 조건이 된다.

읍면동 주민센터 같은 최전선의 공공 기관에서 다수의 주민에게 서비스를 제공해야 하는 공무원은 상대적으로 극소수다. 구체적인 예를 들어보자. 2023년 5월 행정안전부의 주민등록 인구통계를 기준으로 서울시 강북구 정릉4동 인구는 약 2만 4,000명이다. 동네 인구의 30퍼센트가 60대 이상인 이 동네는 서울에서도 노인이 많이 사는 지역이다. 처가가 이곳에 있어 나에게 정릉동은 남의 동네 같지 않은 곳이다.

정릉4동 주민센터의 복지 업무는 보건복지와 공공복지로 나뉘어져 있고, 각 팀에 소속된 팀원은 다섯 명이다. 여기서 노인복지 담당자는 한 팀에 한 명씩 2명이다. 담당자 1명이 3,500명 가까운 노인을 책임진다. 1대 3,500이다. 담당자 2명이 이 많은 노인을 일일이 찾아가 저마다 다른 필요사항을 하나하나 조사하고,

이들이 처한 자연적, 사회적 위험을 파악하고 정리하고 분석하는 것은 불가능에 가깝다. 3,500명이 아니라 350명을 한 주에 10명씩 나눠 1인당 30분가량 면담한다 해도 총 35주, 약 8개월이 소요된다. 한 주에 5시간을 오직 이 업무에만 쏟아 부어야 한다.

복지 정책은 수학 공식처럼 풀 수 없다

정보 수집 비용을 낮추는 대안은 정부 데이터의 재활용이다. 노인을 위기에 처한 경우와 그렇지 않은 경우로 분류하는 것은 이메일을 스팸과 스팸이 아닌 것으로 분류하는 것과 크게 다르지 않다. 정부가 가진 데이터는 많다. 이 데이터의 목적을 재설정하면 된다. 인구통계, 조세재정, 보건의료 데이터를 통합하면 한 지역의 노인에 대한 상세한 데이터가 나온다.

그러나 공공 문제 해결은 스팸 메일을 거르기 위한 필터를 만드는 방식과 같지 않다. 문제 해결의 출발점은 문제정의다. 위기 노인을 정의하는 방식은 여러 가지다. 건강 혹은 경제적 수준에 따라 기준을 정할 수도 있다. 그리고 한 동네에서는 위기 노인인데 다른 동네에서는 위기 노인이 아닐 수 있다. 동네마다 주어진 자연적, 사회적 조건이 다르기 때문이다. 여기엔 수학 공식처럼 일반적으로 적용할 수 있는 법칙이 없다. 결국 현장으로 들어가야 한다. 현장에서 오래 경험을 쌓은 담당 공무원과 지속적 논의를 통해 문제를 정의하고, 함께 답을 찾아 나가야 한다. 기존의 복지 정책에서 제외됐던 사람들의 목소리도 중요하다. 그들의 의견이 실무자나 데이터 과학자가 생각하지 못했던 부분들을 깨우쳐줄 수 있다. 애초에 복지 사각지대가 발생하는 이유는 기존의 관점이 놓친 부분이 있기 때문이다. 그 문제를 가장 잘 알고 있는 사람들은 당사자다.

이런 문제정의, 즉 기초공사 작업이 잘된 후에 해야 할 일이 기계를 통해 문제를 좀 더 쉽게 해결하는 것이다. 통합된 노인 데이터는 사전에 정의한 기준에 따라 위기에 처한 노인과 그렇지 않은 노인을 분류한다. '이미' 위기에 처한 노인을 바탕으로 인공지능을 학습시켜 '아직' 위기에 처하지 않은 노인들의 위험 점수를 매긴다. 이 점수를 통해 도움을 받아야 할 노인을 미리 파악할 수 있다.

물론 인공지능은 완벽하지 않다. 실수도 하고 오류도 많다. 그 과정에서 A 집단에 속한 위기 노인은 잘 찾는데, B 집단에 속한 노인의 위기는 잘 찾아내지 못할 수 있다. 그러면 자원 분배가 공평하게 되지 않아 '알고리듬 차별algorithmic bias'이라 부르는 윤리적 문제가 발생할 수도 있다.

나아가, 실험실과 현장은 다르다. 학습 과정에서는 일을 잘하던 인공지능이 현장에서는 실력 발휘를 못하는 경우가 많다. 생각하지 못했던 부작용이 발생하는 일도 많다. 여기서 다시 실무자와 시민의 역할이 중요해진다. 데이터만 들여다보는 것이 아니라 실무자와 당사자의 피드백을 받고, 그에 따라 다시 기계와 데이터의 성능을 개선해야 한다. 이렇게 사람과 기계가 함께 일해야 시민과 실무자의 부담이 모두 줄어든다. 공공서비스 전달 체계의 효율성과 사회적 형평성을 모두 제고하는 결과가 나온다. 이렇게 사람과 인공지능이 함께 문제를 해결하는 방식은 행정편의를 따르지도 않고 기술결정주의를 따르지도 않는다. 사람이 중심이 되고, 기술은 사람을 보조한다.

'찾아가는' 정부는 인공지능 없이도 할 수 있다. 그러나 담당 공무원이 시민을 일일이 찾아가는 정부 서비스에는 한계가 많다. 서울시 성북구 정릉4동의 경우 담당 직원 1명이 상대해야 할 노인의 숫자가 3,500명이다. 이런 현실은 다른 지역도 대동소이하다. 담당자는 이 업무 외에도 할 일이 많으니 자연스레 기회비용opportunity cost이 발생한다. 노동력으로 문제를 해결하는 방식으로는 해결책scalable solution의 규모를 키울 수 없다. 문제가 커질수록 인건비가 증가하고, 이 인원을 관리하는 관리비 또한 증가한다. 그래서 사람과 기계가 같이 일해야 한다.

빅데이터와 인공지능은 주연이 아닌 조연이다

복지 서비스 전달 체계의 효율화라는 목표 하에, 한국에서 복지 영역의 빅데이터 구축은 이미 10년 넘게 진행 중이다. 2010년 이명박 정부는 '행복e음'이라는 사회보장 정보 시스템을 구축했다. 이 시스템은 다양한 복지 서비스 데이터를 하나로 통합하고 전국 단위로 개인별, 가구별 복지 서비스 이용 현황을 파악한다. 박근혜 정부는 2016년 경제적 위기 가구를 예측해 발굴하는 시스템을 운영했다. 문재인 정부는 2018년 위기 아동을 사전 예측, 발굴하는 'e아동 행복 지원 시스템'을 도입했다(임근찬 2020).

이런 정책 기조는 윤석열 정부에서도 다를 바 없다. 현 정부도 민간 테크 기업과 비슷한 수준의 서비스를 제공하자는 디지털 플랫폼 정부를 표방한다는 것이 윤석열 정부의 방향이다. 빅데이터와 인공지능에 기초한 맞춤형 공공서비스를 만들어 기존 복지 정책의 사각지대를 줄이겠다는 것은 정권을 막론하고 한국 정부의 일관된 흐름이다. 이미 책정된 정부 예산을 잘 써서 시민의 필요를 채우는 것은 이념을 초월한 정책 목표이기 때문이다.

한국 복지 영역에서의 빅데이터 이용 문제는 빅데이터와 인공지능을 조연이 아니라 주연으로 쓰는 데 있다. 복지 사각지대를 줄이려면 여전히 실무자의 역할이 중요하다. 결국, 담당 공무원의 역량이 공공서비스의 역량이다. 아무리 정부가 빅데이터와 인공지능을 활용해도, 현장에서 복지 급여 신청 서류를 검토하고 개별 사례를 승인 또는 거절하는 것은 이들의 몫이다. 이들의 업무가 늘어나면 민원 처리 속도가 느려진다. 일이 바빠져 공무원이 업무에 집중하지 못하면 민원 처리의 정확도가 떨어지고 결국 공공서비스의 질은 낮아진다.

한국 정부가 많은 예산과 시간을 들여 빅데이터 시스템을 구축했지만 운영 현실을 들여다보면 여전히 주먹구구식이다. 이 시스템의 도입 취지는 비용 절감이다. 실무자의 일손을 덜기 위해 빅데이터와 인공지능 시스템을 도입했는데 정작 현실은 취지와 정반대다. 첨단 기술 도입이 일선 공무원들의 업무를 증가시켰다. 비효율적인 데이터 인프라가 최첨단 빅데이터와 인공지능 시스템을 만났기 때문이다. 부실한 기초 위에 높은 탑을 쌓았으니, 이 탑이 위태로운 것은 당연하다.

이것이 빅데이터와 인공지능 강국을 꿈꾸는 한국의 현실이다. 정부가 내세우는 맞춤형 서비스의 실상이다. 한국 복지 빅데이터의 원조인 '행복e음' 정책 도입 이후로도 지자체에서 복지 업무를 담당하는 공무원의 업무는 줄지 않았다. 복지 급여를 신청하려면 통장 사본, 임대차 계약서 사본, 소득신고서 등 많은 서류를 제출해야 하는데, 담당 공무원은 신청인이 제출하는 서류를 확인할 뿐 아니라 이것들을 모두 스캔해 해당 부서에 제출해야 한다. 빅데이터 수집 때문이다. 2017년 사회보장정보원이 국회 보건복지위원회 권민혁 의원실에 제출한 자료에 따르면 지자체의 사회복지전담공무원 1인당 한 해에 2,064건의 서류를 등록했다. 그렇게 모은 빅데이터가 제대로 활용되지도 않는다. 연계된 정보 시스템을 통해 서류의 중복 제출을 막겠다는 것이 이 정책의 취지였는데, 여전히 신청인들은 이미 냈던 서류를 또 내야 한다.

한국의 아동복지 영역에서 사용되는 e아동행복지원사업도 크게 다를 바 없다. e아동행복지원사업은 야심작이다. 한국 정부가 40종이 넘는 사회복지 정부 데이터를 모아 만든, 인공지능 예측 모형에 기초한 정부 사업이다. 정책 취지도 좋다. 빅데이터에 기초한 인공지능으로 위기 아동을 조기 발견해 위험으로부터 예방한다는 것이 목표다. 문제는 결과다. 2020년 인재근 의원실에서 발표한 자료에 따르면 2019년 한국 정부는 이 빅데이터 분석 시스템을 통해 9만 7,855건의 점검 대상을 발굴했고 그중 91.67퍼센트를 조사했다. 거의 전수 조사에 가깝다. 그러나 이 중에서 실제 아동학대 의심 신고 및 서비스 연계로 이어진 경우는 불과 2.58퍼센트에 불과하다. 이 2.58퍼센트도 대다수는 관련 서비스 연계가 전부였다. 애초의 정책 취지에 해당하는 아동학대 의심 신고 사례는 조사대상 대비 0.06퍼센트에 그쳤다. 같은 해에 보고된 평균 아동학대 발견율인 0.38퍼센트의 절반도 되지 않는다.

이렇듯, 빅데이터 시스템의 성능은 불명확한 데 비해 담당 공무원의 업무 부담은 명확하게 증가했다. 애초에 이 시스템이 실무자와의 긴밀하고 지속적인 협력 없이 개발되었기 때문이다. 빅데이터와 인공지능이 e아동행복지원사업의 전부가 아니다. 빅데이터와 인공지능이 발굴한 점검 사례를 일선 공무원들이 실제로 조사해야 한다. 기계도 돌리고, 사람도 굴린다. 기계가 갑이고, 사람이 을이다.

이 과정에 참여한 공무원 116명을 대상으로 한 최근의 국내 연구에 따르면 이들의 경험은 '떠넘겨진 일을 확신도 선택지도 없이 꾸역꾸역 해내며 의미를 찾는 과정'으로 요약된다. 조사 대상이 된 가정은 학대 가해자로 의심받는 것에 대한 불쾌감과, 반복 방문으로 인한 불편함을 제기한다. 드림스타트라는 청소년 복지 사업과 e가구 방문 주기가 겹칠 때가 많다. 조사 대상자 입장에서는 짜증날 일이다. 그래서 방문을 거부하는 경우가 많다.

담당자는 담당자대로 현장 조사가 힘겹다. 짧은 시간에 제대로 된 관찰과 면담을 진행하기가 어렵다. 그럼에도 실적 압박은 높다. 현장에 투입된 인력의 전문성도 문제다. 일은 많고 사람은 부족하니, 직무 교육을 제대로 받지 않은 상태에서 매뉴얼만 숙지하고 나온 담당자들이 많다. 이들은 제대로 된 상담을 하지 못한다. 나아가, 많은 담당자에게 이 업무는 부수적 업무다. 기본적으로 자기가 할 일을 다 하고, 이 일까지 해야 한다. 그래도 대안이 없다. 다들 그래서 참고 버티며, 꾸역꾸역 일한다(김진숙 외 2023).

시민을 돕기 위해서는 공무원을 도와야 한다. 시민의 부담을 줄여주기 위해서는 실무자의 부담을 줄여줘야 한다. 그들이 해야 할 일에 집중할 수 있도록 빅데이터와 인공지능이 사용되어야 한다. 이들이 주연이지, 빅데이터와 인공지능이 주연이 아니다. 사람이 중심이 되고, 기술은 보조가 되어야 한다.

문제정의가 문제 해결에 선행한다

데이터를 일단 많이 모으고 인공지능을 적용하기 전에 해야 할 일이 있다. 어떤 데이터를 사용해서 어떻게 복지 사각지대를 찾아낼 것인지에 대한 논의, 문제정의에 대한 깊은 대화가 현장 전문가(담당 공무원)와 기술 및 데이터 전문가 사이에 지속적으로 이뤄져야 한다.

내가 공공 영역의 데이터 과학자가 되고 나서 가장 크게 달라진 점 가운데 하나가 회의가 많아졌다는 점이다. 주정부와 공동으로 진행하는 프로젝트가 있으면 매주 한 번씩 실무자와 만나 진행 상황을 나눈다. 새롭게 알게 된 점이나 문제점을 논의하고 함께 프로젝트를 진척시킬 방향을 찾는다. 정부가 정책 문제를 해결하기 위해서는 결국 사람이 가장 중요한 자산이다. 기술과 데이터는 보조다. 사람을 돕는 수단이 되어야 한다.

정책의 문제는
결국 데이터 문제다

'개천에서 용이 나는지'를 확인하는 법

기존의 정책 논의에서 우리가 생각하지 못했던 것을 발견하기 위해 반드시 인공지능이 필요한 것은 아니다. 정말 필요한 것은 좋은 데이터다. 개인 단위에서 들여다볼 수 있는 섬세한 데이터microdata, 집단의 차이를 오래 관찰할 수 있는 잘 짜여진 데이터panel data다. 데이터 인프라가 중요하다. 이건 선택이 아닌 필수다.

좋은 데이터를 통해 새롭게 해결할 수 있는 전통적 정책 문제는 사회복지 분야에 한정되지 않는다. 여기서는 교육과 이민 사례를 예시로 소개해보겠다.

한국 사람들은 교육열이 높아 자녀교육에도 관심이 많다. 교육이 계층 이동의 사다리이기 때문이다. 나는 공장 노동자의 아들로 태어나 도서관은 구경도 할 수 없는 동네에서 자랐다. 그래서 동네 서점을 도서관 삼아 책을 읽곤 했다. 내가 연구원, 대학교수, 데이터 과학자로 일할 수 있는 이유는 양질의 대학 교육과 대학원 교육을 받았기 때문이다. 그러나 나와 비슷한 배경에서 성장한 사람들 중 나와 같은 기회를 잡은 사람은 흔하지 않다. 불가능하지는 않지만 어렵다.

한국에서는 "개천에서 정말 용이 나올 수 있는가" 하는 정책 문제가 자주 회자된다. 여기서 개천은 지역을 가리키지만, 좀 더 정확히는 가정환경을 의미한다. 금수저냐 은수저냐, 혹은 흙수저냐에 따라서 개인의 세대 간 계층 이동 가능성은 얼마나 차이가 날까? 많은 한국인이 서울, 특히 강남에서 살고 싶어한다. 강남의 교육 환경이 다른 곳보다 낫다고 믿기 때문이다. 이곳에서 아이를 키우면 아이의 계층 이동 가능성이 더 높아진다고 가정하기 때문이다. 이 믿음은 과연 얼마나 정확할까?

정부 데이터가 이 질문에 답을 할 수 있다. 먼저, 문제를 정의해보자. 세대 간 계층 이동이란 무엇인가? 계층을 소득과 자산 수준으로 정의하면, 계층 이동은 부모 세대의 소득 및 자산과 자녀 세대의 소득 및 자산의 차이다. 두 집단의 차이를 추정하면 한 세대의 계층 이동 정도를 추정할 수 있다.

추상적으로 보이는 정책 문제도 대부분은 이렇게 데이터로 해결할 수 있고, 풀어야 하는 문제다. 데이터 없는 이론은 가설이다. 전문가 역시 데이터 없이는 선무당이다. 정책 문제를 이렇게 과학적으로 정의해 데이터로 해결하는 것이 이른바 정책과학policy science이고, 사회과학social sciences이다.

사회 문제의 답은 데이터에 있다

소득과 자산은 정부가 조세재정을 위해 수집하는 데이터다. 개인의 거주지 등 관련 변수도 인구통계와 같은 다른 정부 데이터에서 쉽게 찾을 수 있다. 아쉽게도 한국은 소득을 포함한 개인의 조세 정보가 외부에 공개되어 있지 않다. 미국은 연구 목적에 한해서는, 연구자가 특정 보안 기준과 절차를 만족했을 때special sworn status 정해진 절차에 따라 개인 수준까지 정리된 조세 데이터를 열람할 수 있다.

공공 빅데이터를 활용한 세대 간 계층 이동 연구로 국제적 명성을 쌓은 이가 하버드대 경제학과의 라시 체티 교수다. 체티 교수와 그의 동료들이 속한 오퍼튜니티 인사이트 연구팀은 이 분야에서 영향력 있는 논문을 여러 편 발표했다. 이 중 대표적 논문이 미국의 어느 지역이 아직도 기회의 땅인지, 계층 이동에 유리한 곳인지 밝혀낸 논문이다(Chetty et al. 2014).

이 논문에서 지역의 규모는 미국 인구통계국이 규정한 집계 단위census tract다. 미국 인구통계국이 통계 조사를 위해 정의한 이 집계 단위에는 보통 2,000~3,000명이 거주한다. 이 단위는 인구 2만이 넘는 우리나라의 읍보다 훨씬 작다(김재익 2007). 한국에서는 통상 1,000세대가 넘어가면 대단지라고 본다. 한국 관점에서 보면 미국의 조세 데이터로는 아파트 단지 규모로 지역 불평등을 살펴볼 수 있다. 이 디테일한 데이터로 보면 미국의 불평등이 자세하게 보인다. 이 데이터에 따르면 미국의 어떤 지역은 복지로 유명한 덴마크와 비교해도 좋을 만큼 기회의 땅인가 하면 어떤 지역은 여느 개발도상국과 비교해도 열악할 만큼 불평등의 벽이 높다.

이 팀은 해당 연구를 분석하는 데 사용한 데이터를 공개했다. 이 데이터를 바탕으로 오퍼뉴니티 아틀라스란 이용자가 웹사이트와 연동할 수 있는 지도 사이트도 제작했다. 이 데이터는 2,000만 명에 가까운 미국인을 그들의 유년 시절부터 30대까지 추적한다.

이 웹사이트에서 지도를 들여다보면 미국의 지역 간 경제적 불평등을 세밀하게 살펴볼 수 있다. 한 도시 내에서도 구역에 따라 불평등의 정도가 심하게 다르다. 앞에서 언급했던 버클리 북부의 북동부 백인 지역은 여전히 계층 이동에 유리한 곳이다. 버클리의 남서부 흑인 지역은 여전히 계층 이동이 어려운 곳이다.

이 지도는 개인의 기대소득 수준을 연간 1만 달러 미만(한화 약 1,400만 원)부터 8만 달러 초과(한화 약1억 원)까지 분류한다. 빨간색이 짙을수록 경제적 측면에서 세대 간 계층 이동의 기회가 적다. 버클리 남서부의 빨간색 지역에서 자란 아이는 청년이 되어 연봉 1,400만 원을 받을 가능성이 높다. 파란색이 짙을수록 기회가 많아서, 버클리 북서부의 파란색 지역에서 자란 아이는 청년이

그림 9. 오퍼튜니티 인사이트 랩이 작성한
    버클리의 경제적 계층 이동 기회에 관한 불평등 지도

출처: 오퍼튜니티 인사이트 아틀라스
저작권: 미국 인구통계국 ⓒMapbox https://www.opportunityatlas.org/ 2023년 5월 8일 접속

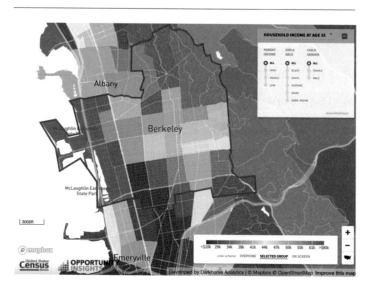

되었을 때 1억 원이 넘는 연봉을 받을 가능성이 높다.

이 논문과 지도를 통해 배울 수 있는 점이 많다. 계층 이동 구조는 역사적 패턴을 따른다. 여기에는 상당한 지역적 격차가 존재하며 이 격차는 같은 도시의 한 동네 내에서도 존재한다.

사회를 세밀하게 관찰한다는 것

라시 체티의 공공 빅데이터에 근거한 지역 간 불평등 접근법을 한국에서 1990년대에 적용했던 대입 농어촌특별전형과 비교해보자. 여기서 농어촌은 열악한 교육 환경을 측정하는 대리 변수proxy variable다. 학생의 열악한 교육 환경은 한마디로 정의하기도, 측정하기도 어려우니 대신 이 사람이 성장한 지역이 읍이냐 면이냐를 따진다.

그러나 도시와 농어촌의 경계 하나만을 기준으로 불평등을 생각하면, 한 도시 혹은 농어촌 지역 내에서 존재하는 불평등은 간과하기 쉽다. 한국에는 대도시가 많아서 인구가 1,000만에 달하는 서울을 기준으로 하면 읍은 작은 지역이라고 생각하는 사람이 많다. 그러나 읍은 인구 2만이 넘는 행정단위다.

더 나아가, 농어촌 지역은 열악한 교육 환경의 대리 변수이지만 이 둘 사이의 관계는 애매하다. 어떤 도시, 어떤 농어촌 지역이 상대적으로 열악한지 파악하기가 쉽지 않다. 또한, 도농경계지역은 어떻게 정의할 것인가. 내가 살던 세종시에서는 조금만 도심을 벗어나면 바로 농촌 마을이 나왔다.

이것이 굳이 여러 변수를 모형에 집어넣어 위험과 기회를 엄밀히 추정해야 하는 이유다. 가능하면, 낮은 지역 단위에서 문제적 상황을 들여다봐야 하는 까닭이다. 이러한 분석을 가능하게 하는 것이 좋은 데이터 인프라다. 불평등은 입체적인 개념이어서 종합적으로 접근하고 세밀하게 검토해야 한다. 읍이냐 면이냐 하는 넓은 단위의 범주형 변수로는 한국의 열악한 교육 환경이 가진 다양한 조건과 경계에 맞는 정밀한 상황을 고려하지 못한다.

국내에도 지역 불평등을 보다 면밀하게 조사하려고 노력하는 연구자들이 있다. 성균관대 글로벌경제학과의 최재성 교수가 2016년 동 대학의 문상균 대학원생, 배한나 학부생과 서울시 사교육에 대한 논문을 썼다. 이 논문은 국내의 공공 빅데이터(학원 정보)를 통해 기회의 격차를 분석한다. 연구팀은 서울 소재 학원을 전수 조사했다. 여기에 학원 주소와 수업 정보를 합쳐서 서울의 행정구간 간 격차(강남 8학군과 그 외 지역)뿐 아니라 같은 행정구 내에서도 사교육 공급의 패턴에 불평등이 있음을 밝혀냈다. 같은 구에서도 동에 따라 교육 인프라에 차이가 있기 때문이다. 강남이라고 다 같은 강남이 아니다.

물리적 거리를 보면 인접한 지역 간에도 교육 기회의 차이가 크게 존재한다. 이 사이트를 통해서 보면 대전의 대치동이라 할 수 있는 둔산동은 학원 숫자로는 전국의 읍면동 중 21위이며, 코딩 학원도 6곳이나 있다. KDI 대학원은 세종시의 한적한 동네인 반곡동에 위치해 있다. 이 지역은 학원 수를 기준으로 전국에서 207위이며 코딩 학원은 단 한 곳도 없지만, 두 동네의 거리는 30킬로미터 정도밖에 되지 않는다. 차로 20~30분이면 갈 수 있는 거리다.

데이터로 풀 수 있는 정책 문제의 또 다른 사례는 이민이다. 미국은 이민자의 나라a nation of immigrants다. 미국 사람은 아메리칸 인디언이 아니라면 모두 이민자 혹은 이민자의 후손이다. 이민자들이 많이 몰리는 캘리포니아 같은 곳은 주민 네 명 중 한 명이 이민자다. 그래서 미국에서 주요한 정책 논쟁 주제 중 하나는 이민자가 과연 미국 사회에 잘 적응하는지 여부다. 한국도 이민자가 늘고 있으니, 이민자의 사회 적응 문제는 갈수록 중요해진다.

미국 이민자들의 주요 출신 지역은 세대마다 다르다. 건국 초기의 이민자들은 다수가 유럽에서 왔다. 이들의 후손이 오늘날 미국 사회의 백인들이다. 바이든 대통령은 아일랜드계 이민자의 후손이다. 존 F. 케네디 대통령도 아일랜드계다. 트럼프 대통령은 독일계 이민자의 후손이다. 이 시기에는 유럽 외 지역에서 오는 이민자들은 상대적으로 숫자가 적었다. 미국에서 1950년대까지 인종별로 인원수를 제한해 백인 위주로 이민자를 받아들였기 때문이다. 1960년대에 인권운동의 영향으로 이민법상 인종별 쿼터 제도가 사라지자 그제야 아시아, 남미, 중동, 아프리카 등 다른 지역에서 오는 이민자가 늘어났다. 버락 오바마 대통령의 아버지는 케냐 출신 이민자, 카멀라 해리스 부통령의 아버지는 자메이카 출신, 어머니는 인도 출신 이민자다. 이민법 제도에 변화가 없었다면 버락 오바마도 카멀라 해리스도 없다.

여기서 정책의 쟁점은 세대 차이다. 미국 초기의 유럽 이민자들과 비교했을 때 과연 아시아, 남미, 중동, 아프리카 등지에서 온 새로운 이민자들은 미국 사회에 잘 정착하고 있는가? 이 이슈가 쟁점이 되는 이유는 유색인종 이민자들이 정착을 잘 못한다면 굳이 기존 백인 사회의 질서를 깨뜨리고 이들을 받아들일 필요가 없다는 미국 사람들이 꽤 많기 때문이다.

스탠퍼드대 랜 아브라미츠키 교수와 프린스턴대 리아 부스탄 교수는 이 복잡한 정책 질문에 데이터로 명확히 답한다. 미국의 인구통계 데이터는 수 세대에 걸쳐 이민자들이 미국 사회에 어떻게 적응하고 있는지를 통계적으로 추적한다. 두 교수는 이 데이터를 엄밀하게 분석해 미국 사회에 내재돼 있는 이민 관련 여러 통념이 사실무근이라는 점을 밝혀냈다. 이민자들의 사회 적응은 지역과 관계가 없었다. 이민자가 유럽에서 오든 남아메리카에서 오든 출신 지역과 국가에 상관없이, 이민자들은 미국 사회에 빠르게 적응하고 계층 이동에 성공했다. 경제혁신과 성장에도 기여했다 (Abramitzky and Boustan 2022). 이런 패턴은 과거에도 존재했고 지금도 유효하다.

데이터는 사실에 대한 불필요한 오해를 줄인다. 문제를 좀 더 정확하게 정의하고 해결할 수 있도록 돕는다. 이것이 기업에서 데이터의 전략적 가치를 느끼고, 데이터 과학자를 뽑는 이유다. 정부도 이 흐름에 동참하려고 한다. 데이터가 증거를 만들고, 증거가 더 나은 정책을 만든다. 정책의 문제는 곧 데이터의 문제다.

정부가 만드는 정책은 공공 인프라처럼 사람이 사회에서 살아가는 데 필수불가결한 서비스를 만든다. 사회 곳곳에서 위험지대에 몰린 사람들에게 대체 불가능한 복지혜택 서비스를 제공한다. 정책이 만들어내는 임팩트는 특별하고, 광대하고, 지속적이다. 그럼에도 불구하고 이 정책이 잘 설계되어 집행되는 방식에는 문제가 많다. 아파서 병원에 갔더니 의사가 수술을 제안한다. 어느 부위를 수술할 것이냐 물어보니 문제가 생긴 부분이 복부 어디쯤이니 일단 배를 열어보자고 설명한다. 이런 의사에게 자기 몸을 맡길 환자가 얼마나 될까? 사회에서는 지극히 당연한 상식이 정부 내에서는 아직 상식이 아니다.

다시 복지 문제로 돌아오면, 복지에 사각지대가 존재하는데도 애매모호한 기준에 따라 공공 자원을 배분하는 정책 시스템이 존속하는 까닭은 행정편의 때문이다. 왜 꼭 만65세가 되어야 다양한 노인복지의 혜택을 받을 수 있는, 사회적 보호가 필요한 노인이라고 인정받는 것일까? 만65세가 되어야 개인의 신체적, 사회적 위험이 증가해서가 아니다. 행정편의 때문이다.

데이터가 부족한 시대에는 이런 행정편의에 따른 정책 입안과 실행이 정당화되었다. 범주형 변수가 정책의 자격 기준을 결정하는 최선이었다. 불과 수십 년 전만 해도 데이터를 모으는 것이 쉽지 않았다. 이렇게 모은 데이터를 실시간으로 통합하는 것은 불가능에 가까웠다. 그러나 우리는 지금 풍요로운 데이터의 시대를 살고 있다. 빅데이터와 인공지능을 활용해 개인의 취향에 맞는 상품과 서비스를 광고하고 판매한다. 그렇다면 비슷한 기술을 써서 개인의 필요에 맞는 복지 정책을 설계하고 실행하는 일도 얼마든지 가능하다. 행정편의를 위험관리로 대체할 수 있다. 그리고 데이터가 바로 이러한 맞춤형 정부 서비스의 시대로 넘어가는 관문이다.

이 관문을 기술과 데이터가 혼자 넘어갈 수는 없다. 문제 상황을 누구보다 깊이 알고 있는 실무자인 공무원과 당사자인 시민의 도움이 필요하다. 사람과 기계가 함께 움직일 때, 우리는 그 문을 넘을 수 있다.

04

공무원에게는
죄가 없다

제대로 된 맞춤형 공공서비스 도입이 더딘 이유는 공무원들 탓이
아니다. 개인의 문제가 아니다. 나는 KDI 대학원 교수로 일하면서
많은 공무원들을 만났다. 일단 내가 가르쳤던 학생 대부분이 공무
원들이다.

　이들은 투철한 사명감을 가지고 일한다. 공직의 소명을 안다.
공공서비스가 필수불가결하고 대체 불가능함을 안다. 코드 포 아
메리카에서 일하면서 만난 미국 주정부, 지방정부의 다양한 부처
에서 일하는 공무원들도 마찬가지다. 나는 이분들에게 깊은 존경
심을 가지고 있다. 정부라는 낡고 커다랗고 복잡한 시스템을 움직
이는 것은 여간 힘든 일이 아니다. 이 만만하지 않은 과제를 포기

하지 않고 계속 도전하시는 분들은 정말 대단하다.

쓸 만한 데이터도, 쓸 수 있는 데이터도 부족하다

시대와 기술의 발전에도 불구하고 우리가 사용하는 정책의 틀이 낡은 것, 여전히 정부가 정책을 통해 자원을 나누는 기준으로 무리하게 범주를 사용하는 것은 공무원의 열정이나 자질이 부족해서가 아니다. 이들이 마주하는 현실의 제약 조건, 데이터 인프라 때문이다.

현실의 제약 조건이 얼마나 중요한지 이해하기 위해 인공지능까지 갈 것도 없다. 중요한 지표 현황을 표시하는 대시보드 하나를 만들려 해도 데이터 인프라가 필요하다. 체계적 통계 분석이 담긴 보고서 하나를 작성하는 것도 마찬가지다.

이렇게 중요한 인프라를 제대로 구축하는 것이 쉽지 않다. 시청의 복지 담당 부서가 해당 구역에서 특정 복지 프로그램의 혜택을 누릴 자격이 되는 주민 중 이 혜택을 실제로 누리는 사람이 얼마나 되는지 실시간으로 파악하고 싶다고 가정하자. 담당 부서는 이 정보를 자체 업무 평가 및 복지 서비스의 성과 개선을 위해 사용하고자 한다.

이 간단해 보이는 프로젝트도 사실 실제로 해내려면 어렵다.

이 일을 제대로 하기 위해서는 담당 부서가 최소 두 개의 정보를 정확하고 빠르게 얻어야 한다. 먼저, 이 시의 주민들 중 특정 복지 프로그램을 신청할 자격 조건에 해당하는 사람eligible population이 몇 명인지 조사해야 한다. 다음으로, 이 중에서 얼마나 많은 사람들enrolled participants이 해당 복지 프로그램을 이용하고 있는지 파악해야 한다.

이 데이터는 하늘에서 뚝 떨어지지 않는다. 첫 번째 데이터는 인구통계, 경제통계 등 이 부서가 다루는 행정자료 밖에서 구해야 할 가능성이 크다. 담당 공무원이 언제 시간이 나서 이 정보를 다 구할 수 있을까. 두 번째 데이터는 부서가 다루는 행정자료에서 파악할 수 있지만 실제 민원은 시보다 구청이나 주민센터에서 더 많이 접수되므로 여기서 취합된 정보가 시까지 정확하고 빠르게 전달되어야 한다.

이 두 데이터 모두 외부에 공개된 데이터가 아닌 정부 내에 있는 데이터다. 그런데 정부 내에 있는 데이터가 정부 구성원 모두에게 공유되는 것이 아니다. 담당자는 자신이 담당하는 부서 데이터에만 접근 가능하다. 나아가, 자신이 담당한 정책의 데이터도 권한이 없어 접근하지 못할 때가 많다. 한 부서 내에서도 어떤 팀은 접근 권한이 있고 다른 팀은 권한이 없다. 정부의 접근 권한 규정이 이처럼 까다롭고 복잡하다.

정부 데이터는 넘쳐나지만 정작 쓸 만한 데이터는 부족한 것도 사실이다. 정부가 직접 가지고 있는 데이터이고 시민의 세금으로 만든 데이터인데도 정부가 시민을 위해 쓰기가 어렵다. 필요한 데이터는 정부 시스템 어딘가에 있지만, 어디 있는지 찾기도 이해하기도 어렵다. 수많은 민원 서류에 담긴 정보를 요약한 정부 데이터베이스에 수천, 수만 개의 변수가 들어 있는데 정작 관련 문서에는 이에 대한 설명이 지극히 간략하기 이를 데 없다. 필요한 설명이 생략된 경우도 너무 많다.

이처럼 데이터로 만들 수 있는 다양한 정책 개혁의 가능성과 노후한 데이터 인프라, 그리고 이를 둘러싼 까다로운 규정이 정부 영역에서 데이터 기반의 의사결정을 잘 내리지 못하는 가장 큰 원인이다(Lane 2020).

한국의 디지털 정부는 여전히 20세기에 머물러 있다

소위 IT 강국, 인터넷 강국인 한국도 마찬가지다. 한국은 인터넷 강국으로서 전자정부와 공공 데이터 개방을 추진하고 있지만 여전히 부족한 점이 많다. 한국은 공공 데이터 강국이 아니다.

데이터 접근과 통합에도 여전히 문제가 있다. 개인과 가구의 소득과 자산은 수많은 사회문제를 해결하기 위한 공공 데이터의 기본이 된다. 개인과 가구의 경제적 상황에 관한 정보는 한 사회의 불평등 정도를 알려주는 수치일 뿐 아니라 많은 복지 정책의 중요한 자격 조건이자 심사 기준이 되기 때문이다.

그러나 국내에는 이에 대한 빅데이터 구축이 잘 되어 있지 않다. 행정 데이터 간 연결과 통합도 미비하다(유종성 외 2020). 그래서 한국에서는 하버드대 라시 체티 교수가 한 것과 같은 세밀한 불평등 연구를 하기가 쉽지 않다. 체계적이고 섬세한 현황 파악이 불가능하다.

물론 미국이라고 다 잘하는 것도 아니다. 이곳에는 또 다른 인프라 문제가 있다. 연방국가인 미국은 연방정부, 주정부, 지방정부마다 각기 다른 데이터 관리 시스템을 쓰는 경우가 흔하다. 주에 따라서도 데이터를 관리하는 방식이 다르다. 나는 여러 주정부와 일하는데, 주마다 데이터 관리 방식이 달라서 프로젝트에 참여할 때마다 이를 학습하는 데 상당한 시간이 걸린다. 학습 비용에 따른 행정부담도 높다.

이렇게 정부가 자기 데이터를 잘 다루지 못하는 문제가 심각하다 보니 리시디비즈 같은 스타트업도 등장한다. 이 스타트업의 목표는 미국 정부가 형사교정 제도에 관한 데이터를 좀 더 잘 추적, 분석, 활용할 수 있도록 돕는 것이다.

정부 데이터는 정부의 것이다. 그런데 데이터 주인인 정부가 이 데이터를 잘 활용하지 못한다. 크기만 하고 잘 정리되지 않은, 복잡하고 노후한 인프라 때문이다. 낡은 술을 자꾸 새 부대에 담아 술과 부대를 모두 망가뜨린다.

더 강력한 인공지능을 만들어 더 빨리 시장에 내놓는 것이 현재 빅테크의 목표다. 2023년 봄, 마이크로소프트와 구글은 대화용 챗봇을 어떻게 검색 서비스에 도입할지를 두고 힘겨루기를 했다. 그러나 정부가 마주한 현실은 아직도 20세기다. 공공 영역에서는 쌓여만 가는 데이터를 쓸 만하게 정리하는 기초 공사가 아직 마무리되지 않았다.

데이터를 어떻게 다루어야 진정한 자산이 되는가

정부 데이터는 빅데이터다. 모든 행정 절차에는 문서가 필요하고 이 문서가 곧 데이터다. 이 문서의 집합체인 정부 데이터는 방대하다. 그렇다면 이 빅데이터는 어디가 어떻게 문제일까?

데이터는 크면 좋은 것 아닌가? 빅데이터를 통합하면 더 좋지 않을까?

이런 선입견부터가 문제다. 데이터를 그냥 모아두기만 한다고 자산이 되지 않는다. 공문서란 강물이 모여 공공 데이터란 바다를 만들지만, 바다라고 다 같은 바다가 아니다. 모든 빅데이터가 다 같은 빅데이터가 아니다.

정리된 데이터만 분석할 수 있다

한 조직에서 다루는 데이터는 복잡하고 다양하다. 회사로 치면 재무 데이터, 인사 데이터, 영업과 세일즈에서 들어오는 데이터도 있다. 담당자들은 자기 데이터만 알면 되지만, 데이터 과학자는 팀의 구분을 넘어서 전사 차원에서 데이터를 들여다봐야 할 때가 많다. 문제는 조직 내에서 생산되는 데이터의 출처가 많고, 형태도 다양하다는 것이다. 따라서 사전에 이걸 잘 정제해서 쓰기 좋게 모아둘 필요가 있다.

기업에서 이런 일을 전문적으로 하는 사람들을 데이터 엔지니어라 부른다. 데이터는 알아서 스스로 모이지 않는다. 누군가가 어떻게 데이터를 모으고 관리할지를 고민해야 한다. 데이터 엔지니어가 이 일을 하는 사람이다. 코드 포 아메리카의 데이터과학팀에도 이런 업무를 담당하는 테크 기업 출신의 엔지니어가 따로 있다. 이들은 데이터가 지나다니는 통로를 만들고data pipeline, 이 중 유용하게 자주 쓰는 일부 데이터를 데이터 과학자들이 쓰기 쉽게 따로 모아둔다data warehouse. 정기적으로 데이터의 질을 확인하고 관리한다. 이런 인프라 없이는 데이터 과학자들이 능률적으로 일하기 어렵다. 간단한 분석 하나를 하려 해도 데이터의 숲을 헤매고 또 헤매야 하기 때문이다.

테크 기업들은 데이터 인프라를 잘 구축해둔다. 빅테크들이 인공지능에서 강력한 경쟁 우위를 가지는 이유는 해당 인공지능을 학습하고 훈련시키는 데이터 인프라를 탄탄하게 갖추고 있기 때문이다. 구글은 인공지능으로 글로벌 트렌드를 이끌기 전부터 데이터 인프라 구축에서 전 세계적으로 가장 앞서 있었던 기업이다. 오늘날 빅데이터 인프라 구축에 쓰이는 상당수 기술(MapReduce, Hadoop 등)을 빅테크가 만들었다(Dean and Ghemawat 2008; Shvachko et al. 2010). 수억 명 단위의 이용자를 관리하고 이들에게 실시간 반응형 서비스를 제공하려면 정교하게 설계된 효율적이고 안정적인 데이터 인프라가 있어야 한다.

05

표준화, 일원화가
데이터 관리의 시작

정부의 데이터 인프라가 민간에 비해서 취약한 이유는 정부가 취합한 정보가 분석에 활용하기 쉽도록 체계적으로 조직되어 있지 않기 때문이다. 일반적으로, 행정자료를 보관하기 위한 데이터베이스transactional database는 존재하지만 이를 분석하기 위한 데이터베이스analytical database는 없다.

　따라서 최신 인공지능 도입에 앞서 정부가 개선해야 할 가장 근본적인 문제가 바로 데이터 인프라 보완이다. 날기 전에 먼저 걷는 법부터 배워야 한다.

데이터 전략은 인공지능 전략에 우선한다

가장 시급한 문제는 데이터 입력 방식의 표준화다. 진시황이 기원전 221년 중국 전역을 통일할 때 도량형을 표준화했던 이유가 있다. 데이터 입력 방식을 표준화하지 않으면 데이터도 관리할 수 없다. 기준이 통일되지 않으면 하나의 시스템이라 할 수 없다. 표준화된 시스템 없이는 어떤 데이터도 효율적으로 관리할 수 없다. 그러나 이 첫 번째 산을 넘는 것이 쉽지 않다.

정부 데이터는 수많은 부분의 집합이다

정부 데이터는 기본적으로 복잡하다. 테크 기업의 데이터는 한 플랫폼에서 방대하게 발생한다. 플랫폼이 하나다 보니 여기서 데이터가 생산되는 방식은 대동소이하다. 적용되는 기준도 동일하다.

그런데 우리가 정부라 부르는 조직의 실체는 수많은 조직의 집합이다. 중앙정부는 하나의 기관이 아니다. 그 안에 다양한 부처가 있다. 그 밑에는 무수한 지방정부가 존재한다. 정부 데이터는 이 다양한 공공 기관들이 생산하는 수많은 중소 규모 데이터의 집합이다.

그래서 민간 데이터든 정부 데이터든 일단 합쳐놓은 크기로만 보면 모두 빅데이터다. 그러나 하나하나는 성격도 다르고, 데이터를 관리하는 데 있어서 풀어야 할 문제도 다르다. 한국처럼 크지 않은 나라에도 전국에 2,700개가 넘는 동이 있으며, 그중에 이름이 같은 동은 전체의 6퍼센트에 달한다. 내 계산에 따르면 2021년을 기준으로 전국에서 가장 흔한 동은 중앙동, 그다음이 송정동, 교동이다. 각각의 정보를 통합할 때 일부 공공 기관이 전체 주소를 입력하지 않고 동 이름만 입력하면 데이터 관리 차원에서 큰 혼선이 야기된다.

사람이 직접 입력하는 정보는 혼선의 원인이 된다

비슷한 맥락에서, 방대한 행정정보를 사람이 직접 입력하는 것도 또 다른 혼선의 원인이 된다. 테크 회사의 빅데이터에서 큰 비중을 차지하는 로그 기록은 컴퓨터를 사용하면 자동으로 남는 기록이다. 웹브라우저의 검색기록 같은 것을 생각하면 된다. 로그 데이터는 사람이 아닌 컴퓨터가 정보를 입력하기 때문에 기록 형태가 동일하다.

그러나 사람이 행정정보를 입력하면 같은 정보도 다른 방식으로 입력할 수 있다. 예를 들어 서울을 지칭하는 이름은 여러 가지다. 혹자는 "서울시"라 부르고, 다른 사람은 "서울", 또 다른 사람은 "서울특별시"라 부른다. 한국 사람이라면 누구나 이 셋이 같은 지역을 지칭하는 다른 이름이라는 점을 알 수 있다. 그러나 기계는 알려주는 사람이 없으면 이 패턴을 알지 못한다. 사람에게는 아무것도 아닌 띄어쓰기 같은 사소한 차이에도 기계는 민감하다.

그래서 표준화된 코드의 일원화가 필요하다. 표준된 시스템이 여러 개라면, 이를 통합하는 데서 또 많은 시간과 노력이 소요된다. 데이터의 흐름을 단순하게 만들려면 처음부터 끝까지 표준화를 실행해야 한다.

행정은 지역 단위로 이뤄진다. 문제는 행정구역이 달라질 때 발생한다. 새로운 행정구역이 만들어지기도 하고, 기존의 행정구역이 통합되거나 찢어지고, 그 경계선이 달라지기도 한다. 정부 데이터 관리의 혼선을 줄이기 위해서는 각 행정지역의 고유 번호가 필요하고, 이를 관리하는 시스템이 통합되어야 한다.

데이터 분석에서 가장 유용한 데이터 중 하나는 패널 데이터인데, 패널 데이터는 같은 타임라인에서 횡단비교(서울과 부산)뿐 아니라 시간을 거슬러 오르는 종단비교(1970년대 서울과 2020년대 서울)가 가능하다. 패널 데이터를 구축하려면 시간이 흘러 지역의 경계가 달라지고 이름이 바뀌더라도 해당 지역을 추적할 수 있어야 한다. 이 추적을 가능하게 하는 단서가 표준화, 일원화된 지역 코드다.

행정구역 데이터의 일괄적 관리를 위해 미국은 FIPS Federal Information Processing Standards, 캐나다는 SGC Standard Geographical Classification란 시스템을 활용한다. 이 시스템에 따라서 어떤 정부 기관에서 데이터를 생산하든지 동일 지역에는 동일한 고유번호를 부여한다. 버클리가 속한 캘리포니아주 알라메다 카운티 Alameda

County의 FIPS 코드는 06001이다. 알라메다 카운티의 경계가 바뀌거나 강산이 달라져도, 이 코드는 바뀌지 않는다.

일원화된 정리 체계가 시급하다

한국은 극도로 중앙집권화된 사회다. 수도권이나 지방이나 규모가 다를 뿐 사는 모습이 상당히 비슷하다. 그러니 행정 데이터도 잘 일원화되어 있을 것 같지만 그렇지 않다. 한국에도 행정지역 코드가 행정동 코드, 법정동 코드, 행정구역 분류 코드 등으로 각각 구분돼 있긴 하지만, 이들 코드 간에 일원화된 시스템이 부재하다. 그래서 시간이 지나면서 경계가 바뀐 지역을 다시 맞추는 작업을 하기가 쉽지 않다. 이러한 이유로 패널 데이터를 만들기가 어렵다.

한국에 행정지역 코드가 여러 개인 이유는 여러 부서가 편의에 따라 자신만의 코드를 만들었기 때문이다. 행정동 코드는 민원 발급 같은 행정사무 편의, 법정동 코드는 부동산 업무 같은 법률 업무 편의, 행정구역 분류 코드는 통계 업무 편의를 위해 만든 것이다.

일례로, 종로구 사직동은 행정동으로는 사직동이고 법정동으로는 통의동이다. 이 지역의 행정동 코드, 법정동 코드, 행정구역 분류 코드는 각각 1111053000, 1111010600, 11010530이다. 일원화된 체계가 없기 때문에 통계청에서는 그나마 차선책으로 이들 코드를 상호 비교할 수 있는 행정코드연계검색리스트라는 웹사이트를 만들었는데, 이마저도 담당 기관의 사정에 따라 정보가 미흡하거나 부정확한 경우가 많다.

이렇게 데이터의 기본 활용을 막는 근본적 문제가 산적해 있다. 크기만 하고 정리도 통합도 되지 않은 공공 데이터는 질이 떨어진다. 상황이 이런데도 공공 영역의 빅데이터 논의는 여전히 전시용 프로젝트로 진행되는 경우가 흔하다. 데이터가 얼마나 잘 조직되어 있는지, 얼마나 쓸 만한지 고민하기보다는 어차피 쓰지도 않을 데이터를 모아놓고, 그 양이 얼마나 많은지 자랑하기 바쁘다.

하지만 쓰지 못할 데이터를 모아두기만 하는 것은 자산이 아니라 부채를 늘리는 셈이다. 데이터의 양이 증가하면 필요한 데이터를 찾는 비용도 증가한다.

한국 정부도 이에 대한 문제를 인식하고 있다. 내놓는 대책이 효과가 없을 뿐이다. 정부는 2020년부터 공공 빅데이터를 한 곳에서 쉽게 검색할 수 있도록 통합 데이터 지도를 도입했다. 공개된 정부 데이터의 숫자가 폭증했기 때문이다. 책장에 책이 한두 권밖에 없을 때는 원하는 책을 찾기가 쉽다. 그러나 도서관급으로 수천, 수만 권을 가지고 있다면 도서 검색 시스템이 필요하다. 이것이 바로 이 정책의 취지다. 하지만 막상 이 사이트에 접속해보면 이 사이트가 하는 일은 여기저기 흩어져 있던 공공 데이터를 그냥 한 군데에 묶어놓은 것뿐임을 알 수 있다.

2022년 6월 15일을 기준으로 포털사이트에서 "인구현황"을 검색하면 3만 9,141건의 결과물이 나온다. 2014년을 기준으로 한국에는 77개의 시, 83개의 군, 102개의 구, 216개의 읍, 1,196개의 면, 2,076개의 동이 있다. 이 행정구역을 다 합쳐도 3만 9,141건의 9퍼센트밖에 되지 않는다. 그럼에도 이렇게 많은 검색 결과가 나오는 것은 각 행정구역을 관할하는 공공 기관에서 중구난방으로 수집한 데이터를 올려놓았기 때문이다.

인구현황의 첫 번째 검색 결과는 경상남도 양산시의 2016년부터 2020년까지의 인구현황이다. 두 번째 검색 결과는 울산광역시인데, 심지어 언제부터 언제까지 집계한 정보인지 정확한 설명도 되어 있지 않다. 이 사이트가 빅데이터 플랫폼의 통합 버전이라고 했지만, 실상은 정리되지도 않은 도서관 서가에 검색 시스템만 덧붙였을 뿐이다. 관심 있는 책을 대출하러 간 도서관 이용자가 서가 정리부터 해야 하는 식이다.

6장에서는 데이터 인프라가 정부 서비스의 근간이라는 점에 대해 다섯 가지 사항을 살펴보았다.

첫째, 복지 관련 빅데이터와 인공지능을 활용해 복지 사각지대를 줄이는 것이 가능하다. 행정편의에 따라 구분한 기준으로 위험을 지레짐작하는 것이 아니라 데이터로 위기에 몰린 개인과 가구를 예측해 문제가 커지기 전 이들을 미리 보호할 수 있다.

둘째, 불평등에 관한 정부 데이터가 좀 더 종합적이고 섬세하다면, 정부 정책을 통한 진단과 처방 역시 더 종합적이고 섬세해진다. 그래서 정책 문제는 곧 데이터 문제이기도 하다.

셋째, 잘 정리된 데이터 인프라 없이 만들어진 정부 빅데이터 프로젝트는 실효성이 떨어지는 홍보물에 불과하다. 비효율적인 데이터 인프라에 첨단 빅데이터와 인공지능을 더해봤자 담당 공무원의 업무 부담만 증가한다. 사람이 중심이고, 기계는 보조가 되어야 한다.

넷째, 인공지능 전략보다 데이터 전략이 먼저다. 데이터 전략의 근간은 데이터 역량 강화다. 정부가 데이터를 잘 쓰려면 단순한 행정 처리를 넘어 분석 업무를 위해 데이터를 정리, 관리, 활용하는 능력을 키워야 한다.

마지막으로, 정부 데이터 관리의 출발점은 표준화, 일원화다. 데이터 입력과 통합에 관한 정부의 명확하고 일관된 기준 없이는 체계화된 데이터 관리도 없다. 관리되지 않는 빅데이터는 활용 가치는 고사하고 관리 비용만 낭비한다. 크기만 한 공공 빅데이터는 자원 낭비, 세금 낭비를 초래할 뿐이다.

7장

피드백

**참여하기 쉬운 정부가
좋은 정부다**

내가 대학원을 다닐 때 처음 강의 조교로 가르쳤던 학부 수업이 있다. 바로 정치학 방법론political methodology인데, 이 수업은 UC버클리 정치학과의 학부 과정에서 반드시 들어야 하는 유일한 의무 수업이기도 했다.

이 강의의 주임 교수였고 지금은 은퇴한 버클리대 로라 스토커 교수는 뛰어난 학자이자 훌륭한 강사였다. 다만, 이분 밑에서 조교를 하는 것이 쉽지는 않았다. 이분의 강의에 대한 열정이 남달랐던 만큼, 조교 또한 많은 시간과 노력을 들여 수업을 준비해야 했기 때문이다.

스토커 교수가 훌륭한 강사였던 이유는 자신이 가르치는 정치심리학과 정치방법론 분야에 남다른 열정을 가졌을 뿐 아니라 학생들에게 많은 피드백을 주었기 때문이다. 스토커 교수의 강의를 들으면 중간고사만 세 번 봐야 했다. 중간고사를 세 번 보는 학생들도 힘들지만 채점하는 교수와 조교도 힘들다. 채점 시에도 점수만 매기는 것이 아니라 학생이 어느 부분에서 무엇을 잘했고 무엇을 못했는지, 구체적 평가를 해줘야 한다. 중간고사를 세 번 보라고 시키는 사람은 없다. 그런데도 스토커 교수가 이 고생을 사서 했던 이유는, 자주 시험을 치러야 자신의 실력을 안정적이고도 정확하게 평가할 수 있다고 믿었기 때문이다.

이렇게 가르치는 과정은 번아웃이 올 만큼 혹독했지만, 교육과 강의에 대해서 많은 것을 배울 수 있었다. 내가 가장 많이 배운 것은 피드백의 중요성이었다. 공부를 하고 시험을 봐야 성장하는 것이 아니다. 공부를 하고 시험을 보고 나서, 무엇을 잘하고 무엇을 못했는지를 정확히 파악해야 빠르게, 높이 성장한다. 그 기틀을 마련해주는 것이 피드백이다.

이후, 좋은 피드백을 주는 것은 내가 학생을 가르칠 때의 기본 원칙이 되었다. KDI 대학원 교수로서 학생을 가르칠 때도 중간고사를 자주 보고, 피드백도 가능한 한 자주 주려 했다. 나아가, 스토커 교수에게 배운 것에서 한 가지를 더 추가했다. 피드백을 자주 주는 것뿐만 아니라 자주 받고자 했다.

보통 강의 평가는 중간고사, 기말고사에 맞춰서 두 번 실시한다. 나는 이 평가를 일주일에 한 번씩 자체적으로 했다. 월요일, 수요일에 수업을 진행하면 매주 수요일 강의는 10분 일찍 끝내고 남은 시간에 자체 설문조사를 해서 학생들에게 '무엇을 그만둬야 하는지stop', '무엇을 유지해야 하는지keep', 그리고 '무엇을 시작해야 하는지start'를 물어보았다. 질문이 세 가지밖에 되지 않기 때문에 응답하는 데는 5분 이상 걸리지 않는다. 이렇게 수집한 정보를 가지고 매주 진행한 강의를 스스로 평가하고 개선했다. 피드백은 학생에게만 필요한 것이 아니라 가르치는 사람에게도 필요하다.

배우는 사람은 자기가 모르는 것을 알고 있다고 생각하고, 가르치는 사람은 자기가 알고 있는 것을 학생 역시 알고 있다고 생각한다. 이 둘 사이의 인지적 오류는 효과적인 강의와 학습에 방해가 된다. 이 문제를 해결하기 위해 양쪽 모두 지속적으로 피드백을 받으며 문제점을 해결하기 위해 노력해야 한다. 이 과정에서 교육의 질이 향상된다.

지속적인 피드백 수집과 활용이 잘 안 된다는 것이 정부 서비스의 가장 고질적인 문제다. 인터페이스가 정부의 가장 기본적 문제, 인프라가 정부의 가장 근본적 문제라면 피드백은 정부의 가장 고질적 문제다. 정부는 자신들이 제공하는 서비스의 어디가, 얼마나, 어떻게 잘못되어 있는지 피드백을 잘 받지 못한다. 피드백을 받는 과정에서 가장 소외된 사람들이 높은 자리에서 정책을 만드는 분들이다. 일선에서 일하는 공무원들은 좋든 싫든 민원인과의 접촉을 통해 불평불만과 개선점을 듣는다.

한국 정부가 만든 디지털 서비스를 예로 들어보자. 2017년부터 2022년까지 중앙정부, 지자체, 공공 기관이 만든 공공앱 중 이용자가 너무 없어서 폐기 대상인 것이 600개가 넘는다. 이 앱들을 만드는 데 쓰인 예산은 188억 원이 넘는다. 모바일 앱이 인기를 끄니 관공서도 이 흐름에 동참해 앱을 만든 것까지는 좋다. 문제는 만들기만 하고 관리를 하지 않는다는 것이다. 이 앱을 이용하는 사람들의 목소리를 지속적으로 듣고자 하는 노력도, 개선 의지도 없다. 5,000여 건의 민원 서비스를 처리할 수 있다는 정부24앱의 구글 플레이 평점이 5점 만점에 1.7점이다. 그나마 시민들이 제법 관심을 가지는 앱의 평점이 이렇게 낮다. 다운로드 받은 사람은 1,000만 명이 넘는데 그들 중 만족한 사람이 극히 드물다는 뜻이다. '로그인이 되지 않는다' 같은 기본적인 문제도 빨리 해결되지 않는다. 불평하는 사람이 많아도 소용이 없다. 다른 공공앱도 마찬가지다. 구글 플레이나 애플 앱스토어 리뷰에 올라온 평가는 대체로 비슷하다.

피드백 능력은 기본적으로 듣는 능력이다. 듣는 능력이 디자인 사고의 기본이다. 따라서 좋은 피드백 없이는 좋은 디자인이 나오지 않는다. 인터페이스 개선이 불가능하다.

피드백 능력은 데이터 인프라의 일부다. 좋은 데이터 인프라는 시민의 불평과 불만을 데이터로 모아 이를 정책 결정자에게 보여준다. 시민의 편의를 돕는 의사결정을 만드는 데이터가 좋은 데이터다. 이런 좋은 데이터가 쌓이면 좋은 데이터 인프라가 된다. 또한, 좋은 데이터 인프라는 일선에서 일하는 현장 공무원들의 고충을 듣는다. 그들의 불필요한 업무량을 줄여주고 해야 할 일을 잘할 수 있도록 돕는다.

그렇다면 정부 서비스는 어떻게 이 피드백 능력을 강화할 수 있을까? 모두를 대표하는 정부, 공익을 추구하는 정부가 특별히 관심을 가지고 들어야 할 목소리는 목소리를 가장 크게 내는 사람이 아니다. 그동안 정부 서비스에 목소리를 내지 못했던 사람들, 사회적으로 소외된 사람들이다. 이들의 목소리를 어떻게 하면 더 잘 들을 수 있을까? 피드백을 통해 정부 서비스의 접근성을 높일 실마리는 어디에 있을까?

첫째, 공공 영역에서 피드백의 다른 이름은 참여다. 참여가 쉬워져야 시민이 정부에게 피드백을 제공하고, 정부가 시민의 피드백을 수용하기 쉬워진다.

둘째, 정부, 기업, 시민의 데이터를 공익 목적으로 재활용하면 더 많은 사람들, 더 다양한 집단에게서 더 쉽고 빠르게 피드백을 수집할 수 있다.

셋째, 시민의 참여가 쉬워질 때 민주주의가 성숙한다.

이 장에서는 위의 세 가지 내용을 통해 앞에서 던진 질문에 답하고자 한다.

01

데이터를 통해
불편을 혁신으로
바꾸는 법

공공서비스는 정부가 제공하는 서비스다. 예를 들어, 교통 정책의 목적은 버스, 전철 등의 대중교통을 시민들이 쉽고 편리하게 이용할 수 있도록 교통 체계를 제공하는 것이다.

공공서비스의 질을 평가하는 한 가지 방법은 만족도 측정으로, 보통 설문지로 실시한다. 서울시 지하철 서비스 만족도를 조사한다고 가정해보자. 보통 다음과 같은 절차로 진행된다. 서울 시민의 표본을 전화, 이메일 등을 통해 임의로 추출한다. 다음으로, 각 항목에 대한 설문 응답자들의 응답 패턴을 분석한다. 이어서 응답한 내용을 바탕으로 서울 시민의 지하철 서비스에 대한 만족도를 추정한다.

불편을 피드백으로 바꿔야 공공서비스가 개선된다

그런데 이 방법에는 평균의 함정이 있다. 통계 분석은 집단의 특성에 관한 것이지, 특정한 개인에 관한 것이 아니다. 설문조사를 통해 서울 시민의 지하철 이용에 대한 전반적인 만족도를 파악하는 것은 가능하다. 그러나 특정 시간대, 특정 노선을 운행하는 지하철이 누구에게 얼마나 편리하고 불편한지 파악하기란 불가능하다. 관련 정보가 없으니 해당 노선 이용객들의 숨겨진 불만에 실시간으로 대응하는 것도 불가능하다.

그래서 공공서비스에 대한 시민들의 불만이 쌓여가도 이러한 사항이 서비스 개선으로 이어지지 않는다. 문제가 시정되지 않으니 시민들은 피로감을 견뎌야 한다. 다른 공공서비스 영역도 예외는 아니어서 정부는 공공서비스 품질을 개선할 기회를 놓친다. 그나마 공공앱에서는 누적된 불만을 누구나 확인할 수 있으니 검토하기 쉽다.

평균의 시각에서 바라보면 놓치기 쉬운 것

그런데 이용자의 만족도를 평균의 시각에서만 보면 접근성을 놓치게 된다. 도시 환경을 예로 들면, 대부분의 인도가 '평균에 해당하는 사람'을 기준으로 설계되어 있다. 인도를 설계할 때의 기본 전제는 인도 이용자 대부분이 인도를 걷는다는 점이다. 그래서 인도人道를 보도步道라고도 한다. 그러나 걷는 사람들이 모든 인도 이용자를 대표하지 않는다. 길을 다닌다고 해서 반드시 그 사람이 인도 위를 걷는다고 할 수는 없다. 바퀴로 인도를 다니는 사람들도 있다. 휠체어를 타는 사람, 유아차를 미는 사람은 모두 바퀴로 인도를 다닌다.

접근성의 문제는 평균을 정의할 때 고려되지 않는, 평균에서 배제된 모든 개인과 집단에게 적용된다. 휠체어가 다니기 불편한 곳은 유아차에도 불편하다. 이들이 인도를 편하게 이용하려면 인도는 울퉁불퉁해서도 안 되고 커브가 심해서도 안 된다.

도시 설계 담당자가 도시 환경의 접근성 문제에 관심과 문제의식을 가져도 해결하기는 어렵다. 그것만으로 정책의 큰 방향을 바꾸기는 쉽지 않기 때문이다. 이때 정보 수집 비용도 장벽으로 작용한다. 문제가 파악되지 않으니 근본적인 해결책을 찾을 수 없다. 행정기관이 관할구역 내에 있는 인도의 접근성을 높이려면 담당자가 구역 구석구석을 돌아다니면서 인도의 어느 부분이 어떻게 문제인지 파악해야 한다. 하지만 담당자는 이 문제 외에도 할 일이 많다. 행정기관 입장에서 봤을 때, 인도의 접근성 문제를 파악하는 데 많은 시간과 노력을 들여야 한다면 당장의 업무나 실적과 관련 없는 이 과제는 우선순위에서 밀리기 쉽다.

시민의 불편과 짜증을
좀 더 쉽고 빠르고 체계적으로 모으는 법

이 문제를 해결하는 곳이 미국 시애틀에 있는 워싱턴대 메이커빌러티 랩The Makability Lab이다. 2012년에 설립된 이 연구소는 접근성, 지속성, 교육 등과 관련된 상호작용 기술을 개발한다. 이 랩이 하는 연구 중 하나가 미국의 인도를 장애인도 걷기 편한 길로 만드는 '프로젝트 사이드워크' 프로젝트다(Saha et al. 2019).

이 프로젝트는 기업 데이터에 기반한다. 앞에서도 소개했듯이, 연구팀은 구글이 수집한 방대한 거리 데이터인 구글 스트리트 뷰에서 문제 해결의 실마리를 찾았다. 이 데이터는 실제 사람이 서서 주변 환경을 360도로 바라봤을 때 보이는 풍경을 구글이 사진으로 모은 것이다. 구글 지도가 말 그대로 지도 데이터를 제공한다면, 구글 스트리트 뷰는 사람이 보는 실제 풍경 데이터를 제공한다. 구글은 16년 전에 시작된 이 프로젝트를 통해 방대한 데이터를 수집했다.

이 데이터를 공공 문제 해결에 그대로 활용하기엔 부족한 점이 있다. 이 사진에 찍힌 인도가 휠체어 이용자에게 불편한지, 불편하다면 어떤 점 때문인지 분류되지 않았기 때문이다. 그런데 이 문제를 시민 자원봉사자가 해결했다. 실제 인도에서의 휠체어 이용자 경험을 바탕으로 구분 기준을 만든 것이다.

우선, 시민 자원봉사자가 구분한 일부 이미지로 인공지능을 훈련시킨다. 인공지능의 남은 과제인 규모와 속도의 문제를 해결한 것이다. 인공지능은 사람이 미리 분류한 몇몇 거리 풍경 사진을 바탕으로 나머지 사진들에서 비슷한 패턴을 찾는다. 그런 다음 자동으로 장애인에게 친화적인 인도와 그렇지 않은 곳을 구분한다.

2023년 3월 기준, 시애틀은 이 프로젝트를 통해 90퍼센트가 넘는 인도의 이용 만족도를 파악했다. 그림 10에서 지도의 빨간 부분이 시애틀 일대에서 인도 이용도가 파악된 지역이다. 특히 시애틀 도심의 관련 데이터는 100퍼센트 수집됐는데, 이 정보에 따르면 이곳에서 인도가 있어야 할 곳 중 없는 곳이 21곳, 휠체어가 다니기엔 턱이 너무 높은 곳이 44곳, 표면이 울퉁불퉁한 곳이 40곳, 장애물이 있는 곳은 123곳이다. 이렇게 상세하게 조사한 거리를 모두 합치면 2,000킬로미터가 넘는다.

이 프로젝트는 이제 전 세계적으로 확산되었다. 시애틀 외에도 시카고 같은 미국의 다른 도시를 포함해 멕시코, 네덜란드, 대만 등에서 비슷한 시도를 하고 있다.

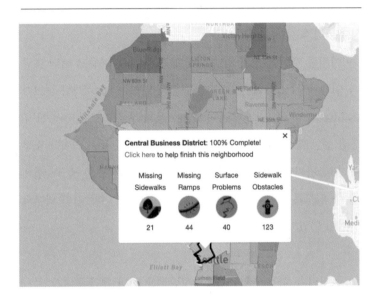

시민의 경험에서 혁신이 탄생한다

프로젝트 사이드워크는 빅데이터와 시민 참여가 만날 때 새로운 공공 혁신이 가능해진다는 것을 보여준다. 구글의 빅데이터는 기업 자료이지만, 공익을 위해 사용됐다는 점에서 시빅 데이터다.

기술이 사용됐지만 결국 인간이 중심이 되었다. 또한 공동체와 시민의 자발적 참여가 핵심으로 작용했다. 빅데이터(구글 스트리트뷰)와 인공지능(이미지 분류)은 시민 참여 비용은 줄이고 임팩트는 늘리기 위한 도구이자 보조적 수단이다. 첨단기술 사용 자체가 프로젝트의 목적이 아니다.

이처럼 시민이 정책 결정 과정에 더 쉽게 참여하고 혜택 또한 더 쉽게 누리도록 돕는 디지털 도구를 만드는 것이 시빅 테크다(Sahuguet et al. 2014). 핀테크는 이용자가 간편결제, 자산관리, 송금 등 각종 금융 서비스를 쉽게 쓸 수 있도록 돕는 데이터 도구다. 마찬가지로, 시빅 테크는 이용자가 공공서비스를 좀 더 쉽게 쓸 수 있도록 돕는다. 핀테크처럼 시빅 테크도 이제 거의 하나의 산업이 되었다.

시빅이란 말이 들어간 만큼, 시민들은 시빅 테크의 중요한 파트너다. 사이드워크와 같은 프로젝트가 성공하기 위해서는 시민들의 참여와 피드백이 매우 중요하다. 시민이 전문가이기 때문이다. 남이 알지 못하는 것을 내가 알고 있으면 내가 전문가다. 시민은 일상에서 짜증을 유발하는 공공 문제에 대해 누적된 경험이 많다. 바로 이 경험이 공공 혁신의 실마리가 된다. 이 정보가 기존의 정책 결정 과정에서 간과됐던 문제를 개선하는 데 크게 기여한다.

정부도 기업도 모르는 정보를 시민이 아는 이유는, 시민이 경험자이기 때문이다. 시민의 '경험'이란 정보가 합쳐져야 정부와 기업의 빅데이터만으로는 알 수 없는 공공 정책의 사각지대를 밝힐 수 있다. 그래서 MIT 시빅 데이터 디자인 랩의 디렉터인 사라 윌리엄스 교수는 공익을 위해 데이터를 사용하기 위해서는 기술 전문가, 데이터 전문가와 함께 해당 공동체를 잘 아는 공동체 전문가가 필요하다고 강조한다(Williams 2020).

더 나아가, 시민과 함께 프로젝트를 설계하는 일은 그 과정 자체로 유의미하다. 민주주의 사회는 폭력이 아니라 대화로, 권위가 아니라 협력으로 공공의 문제를 해결한다. 기술 전문가, 데이터 전문가와 시민 전문가가 모두 모여 함께 문제를 푸는 것은 그 자체로 의미가 있다. 이 과정에서 시민들이 스스로 공공 문제를 정의하고 해결하며, 자신의 사회적 역량을 발견하고 발전시키는 기회를 얻기 때문이다(Noveck 2021).

시민의 불편이 정부에겐 기회가 된다

2010년대부터 미국에서 시빅 테크 분야가 가파르게 성장했다. 제니퍼 폴카가 2009년에 코드 포 아메리카를 설립했을 당시, 이 조직은 자원봉사단체였다. 소수 테크 인재를 펠로우로 선발해 지방정부와 단기간 일하며 공공 문제를 해결하는 디지털 서비스를 만드는 것이 목표였다. 이때 코드 포 아메리카가 실시한 대표적 프로젝트가 보스톤 시정부와 협력한 '집 앞의 소화전을 돌봐주세요'이다.

미국 동부는 겨울마다 눈이 무섭게 내린다. 그래서 화재 발생시 소방차에 물을 공급하는 소화전이 눈에 묻혀 무용지물이 되기일쑤였다. 인력이 부족한 보스톤 시정부가 매일 소화전을 감시할수는 없었다. 코드 포 아메리카는 이 소화전의 위치 정보를 모바일 앱으로 공개해 지역 주민들이 책임지고 관리하는 프로젝트를 진행했다. 앱 개발에 사용한 컴퓨터 코드도 모두 공개했다. 이런 소프트웨어 개발 방식을 오픈 소스open source라 부른다.

소화전 돌봐주기 프로젝트는 다양한 형태로 미국 전역으로 확산됐다. 프로젝트의 설계도 격인 컴퓨터 코드를 공개했기 때문에 다양하게 응용할 수 있었다. 하와이의 호놀룰루시는 도시 내 쓰나미 경보 알림 테스트를 진행하면서 주민들의 참여를 독려하는 데이 디지털 도구를 활용했다.

이렇게 미국의 시정부와 소소한 프로젝트를 진행하던 코드 포아메리카가 2023년 3월 기준으로 이제는 직원만 200명이 넘는 중견 단체가 되어, 지금은 미국의 다양한 복지 정책 실행에 큰 영향을 미친다.

2013년 미국의 나이트 재단이 출판한 미국의 '시빅 테크' 발달에 관한 보고서에 따르면, 2000년대 초반만 해도 코드 포 아메리카를 포함한 시빅 테크 단체는 미국 전역을 통틀어 16개에 불과했다. 그런데 2022년에 이르러서는 100여 개가 넘었다.

시빅 테크의 강점은 '기술보다 사람을 먼저 바라보는' 시빅한 태도다. 일명 가브테크GovTech라 불리는 전통적인 IT 정부는 '기능'에 집중한다. 정부와 행정이 중심이 되고 '이용자 경험'은 관심 밖이다. 보통 용역으로 제작되는 정부 웹사이트는 시민보다 정부를 위해서 만들어진다. 이용자보다 관리자를 위한 도구로 기능하기 때문이다. 오랜 시간 잘 찾아보면 시민에게 필요한 기능이 어딘가에 숨겨져 있다. 문제는 오랜 시간 잘 찾아봐야 한다는 것이다. 관리자의 편의가 이용자의 편리보다 우선시된다.

고객의 불편은 시장에겐 기회다. 테크 산업이 빠르게 성장할 수 있었던 이유는 소비자들이 가려워하는 부분을 긁어주었기 때문이다. 이용자들의 아주 작은 불편도 없애는 것이 실리콘밸리 테크 기업들의 공통된 제품 개발 철학이다. 공공서비스 개선에 이 철학을 반영하는 것이 코드 포 아메리카 같은 시빅 테크 단체들의 역할이다. 2011년, 넷스케이프 개발자이자 유명 벤처 캐피탈리스트인 마크 앤드리슨은 "소프트웨어가 세상을 집어삼킨다"라고 했다. 기술이 바꿀 그다음 영역이 바로 공공 영역이다.

이제, 왜 정부 데이터가 시빅 테크의 근본이며 정부가 어떤 식으로 시빅 테크의 발전에 도움을 줄 수 있을지 알아보자.

02

열린 정부,
무엇이 부족한가

열린 정부open government란 정부 데이터를 외부에 공개하는 운동을 의미한다. 여기서 말하는 데이터에는 정부가 직접 생산한 데이터인 행정자료뿐 아니라 정부가 후원해서 생산한 데이터도 포함된다. 예를 들어, 미국은 열린 정부 운동에 따라 240만 건이 넘는 학술연구 논문을 일반인에게 무료로 공개한다. 이 연구들은 기후변화부터 코비드-19 백신 개발까지 다양한 분야를 다룬다.

미국 정부가 이런 결정을 내렸던, 그리고 내릴 수 있었던 이유는 이 연구들이 미국 정부의 후원으로 나온 결과이기 때문이다. 시민이 낸 세금으로 만든 정책이니 시민이 그 데이터를 열람할 자격이 있다. 시민이 낸 세금으로 진행한 연구이니 시민이 그 결과에 접근할 자격이 있다. 내가 박사학위를 받은 UC버클리는 공립 대학인데, 중앙도서관 지하 서고는 아무나 접근할 수 없지만 지상 열람실은 누구에게나 열려 있었다. '공립'이기 때문이다.

열린 정부도 마찬가지다. 정부는 모든 시민을 위해 존재하니 정부의 데이터는 기본적으로 모두에게 열려 있어야 한다. 열린 정부가 본격적으로 도입된 것은 기술 조건이 갖춰진 최근이지만, 열린 정부라는 기본적인 아이디어는 근대 민주주의가 싹튼 계몽주의 시대부터 있었다.

열린 정부 운동이 미국에서 처음 시작된 것은 최초의 흑인 대통령 오바마가 대통령에 취임한 2009년이다. 2000년대부터 조금씩 성장하던 시빅 테크가 이때부터 '개방된 정부 데이터open government data'란 성장 동력을 얻었다. 그래서 오늘날의 시빅 테크는 열린 정부에서 시작되었다고 봐도 무방하다.

물론 기업 데이터도 공익 목적을 위해서 활용된다. 앞서 살펴본 프로젝트 사이드워크 사례도 엄연한 시빅 데이터다.

그러나 정부 데이터만큼 공익을 위한 정책 문제 해결에 중요한 데이터는 없다. 빅테크 기업의 데이터는 전문가가 잘 정리하고 있다. 반면 정부 데이터는 상대적으로 지저분하다. 제대로 다루려면 손이 많이 간다. 앞서 소개했듯, 나는 미국 정부의 복지 관련 데이터베이스에 포함된 변수가 4만 개가 넘는 것을 보고 당황한 적이 있다. 수십 년 넘게 축적한 데이터 인프라가 잘 관리되지 않고 있어서다. 그러나 환경, 보건, 교통, 고용, 교육, 치안 등의 정책적 이슈를 데이터로 살펴보려면 각 사안의 현실을 직접 확인할 수 있는 정부 데이터가 답이다.

정부가 스스로 데이터를 공개하지 않더라도 정보공개청구권 등을 통해 정부 데이터를 취득하는 방법이 있다. 그러나 절차가 복잡하고 결과도 불확실하다. 청구한 사항이 비공개 결정으로 구분되거나 정보부존재情報不存在로 처리되는 경우도 흔하다. 정보공개청구권은 그래서 어디까지나 차선책이다.

정부 입장에서도 열린 정부에 동참할 만한 실질적 인센티브가 있다. 보유한 데이터는 많은데 이를 활용할 인력과 자원이 부족하니, 시민과 함께 공공 문제를 해결한다면 쌓여만 가는 데이터를 유용하게 활용할 수 있는 좋은 방안이 된다.

치안, 예산과 함께 교통도 정부의 대표적 빅데이터다. 더 나아가 교통은 치안, 예산에 비해 외부에 공개했을 때 정치적 공격을 받을 가능성이 적어서 부담 또한 덜하다.

교통 데이터에 기초한 성공적 시빅 테크 사례가 바로 한국에 있다. 2009년, 서울시 공공 데이터에 기초한 서울버스SeoulBus는 국내 최초의 버스 알림 서비스다. 당시 경기고 2학년생이었던 유주완이 iOS 버전의 버스 알림 서비스를 만들었다. 이어 박영훈이 안드로이드 버전을 개발했다. 이 서울버스가 오늘날 널리 쓰이는 카카오버스의 전신이다. 2023년 현재, 카카오버스는 수도권을 넘어 전국 57개가 넘는 도시에 실시간 버스 이용 정보를 제공하고 있다.

열린 정부가 데이터를 잘 공개하는 법

열린 정부는 데이터를 '많이' 열어놓는 것만으로는 부족하고 '잘' 열어두어야 한다. 미국의 시빅 테크 관련 정책은 오바마 행정부 때 기틀이 많이 잡혔다. 그중 핵심적인 것이 2013년 오바마의 대통령령에 의해 미국 정부 데이터의 공개 기준을 결정한 것이다. 이에 따르면 미국 정부 데이터는 기본적으로 오픈 데이터여야 하고 기계가 읽을 수 있어야 한다machine-readable data.

오픈 데이터여야 한다는 말은 데이터 공개가 기본이라는 뜻이다. 데이터를 공개하지 않는 것이 예외다. 시민이 정부에게 데이터를 개방해달라고 할 것이 아니라, 정부가 시민에게 왜 데이터를 개방할 수 없는지 설명해야 한다. 정부 데이터는 시민의 세금으로 만들어졌고, 시민의 삶에 직접적인 영향을 미친다. 따라서 보안, 개인정보 보호, 기밀 등 합당하고 적합한 사유가 없는 정부 데이터는 모두 공개되어야 한다. 정부에 아는 사람이 있어야 정보를 확인할 수 있다면 열린 정부라 할 수 없다.

오픈 데이터를 기계가 읽을 수 있어야 한다는 말은 공개된 데이터를 이용자가 기계(컴퓨터)를 통해서 접근하고 활용하기 좋아야 한다는 뜻이다. 즉, 컴퓨터 코드를 통해서 정부 데이터를 수집하고 분석하기 좋아야 한다.

여기서 특정 운영체제를 사용하는 사람만 우대하는 것은 문제다. 이러한 관점에서 한국 정부가 좋아하는 문서 작성 소프트웨어인 아래아 한글은 문제가 많다. 한글 파일인 hwp는 MS의 윈도우 운영체제를 쓰지 않거나, 한컴오피스를 쓰지 않는 사람에게는 호환성이 매우 떨어진다. 리눅스라는 오픈소스 운영체제를 쓰는 사람에게는 아예 한글 파일을 읽을 수 있는 공식 뷰어도 없다. 나는 오랫동안 리눅스를 사용해왔고 지금 이 책을 쓰고 있는 컴퓨터도 리눅스 컴퓨터다. 한국의 공공 기관에서 문서를 보내줄 때마다 기본 양식이 한글 파일이라 난감하다. 공공 기관은 '공공성'을 다른 무엇보다 먼저 생각해야 한다. 특정 운영체제를 쓰는 사람만 배려하는 문서 사용은 공공 정신에 배치된다.

해외 정부가 디지털 기술을 활용하는 법

정부는 기본적으로 데이터 공개에 수동적이다. 공개는 우리가 하지만 나머지는 민간에서 알아서 활용하라는 입장이다. 정부가 좀 더 적극적인 역할을 해야 한다는 요구도 있다. 그래서 정부를 디지털 서비스를 제공하는 디지털 플랫폼으로 만들려는 움직임도 있다.

실제로 많은 국가들이 디지털 서비스를 담당하는 부처를 설치했다. 2011년, 영국은 내각사무실Cabinet Office 산하 디지털 서비스청Government Digitial Service. GDS를 신설했다. 이 기관은 정부 서비스를 테크 기업이 만드는 디지털 서비스처럼 직관적이고 효율적으로 만드는 업무를 담당한다. 다른 정부 부처를 조율할 수 있는 내각사무실 산하에 있기 때문에 이 기관에 주어진 권한도 막강하다. GDS는 영국의 공공 기관이 어떤 디지털 기술을 어떻게 사용할 것인지 방향을 정한다. 코드 포 아메리카의 창업자 제니퍼 폴카는 오바마 행정부에서 백악관 과학기술정책 부차관급으로 1년간 일했다. 폴카는 이 시기에 영국의 GDS를 본따 미국식 디지털 서비스청United States Digital Service. USDS을 만드는 데 기여했다. 영국의 GDS를 모형으로 한 비슷한 기관Canadian Digital Service. CDS은 캐나다에도 존재한다.

이들은 정부 기관의 디지털 서비스를 보수, 개선하고 조달procurement하는 데 관여한다. 정부가 직접 디지털 서비스를 만드는 일은 많지 않다. 대부분 업체에 용역을 주고 사업을 맡긴다. 문제는 정부 기관이 이들 용역 업체의 능력을 평가할 전문성이 부족하다는 데 있다. 사업계획서만 보면 다 그럴듯하다. 하지만 진짜 능력을 파악하려면 실제로 누군가는 건물 설계도를 제대로 뜯어보고, 공사 현장에도 가봐야 한다. 컴퓨터 소프트웨어라면 누군가는 소프트웨어의 설계도격인 코드를 검토할 줄 알아야 한다. 이 역할을 해주는 것이 디지털 서비스청이다(Pahlka 2023).

시빅 테크의 아시아 리더는 대만이다. 대만에서는 디지털총괄무임소 장관직을 신설하고 공직 경험이 전혀 없는 시빅 해커 출신 오드리 탕(본명은 탕펑)을 그 자리에 앉혔다. 그는 대만 총통배 해커톤hackathon을 열고 전 세계 해커들을 초청해, 공개된 빅데이터로 지속가능한 사회발전을 논의하는 자리를 만들었다. 해커톤이란 해킹과 마라톤의 합성어로, 팀을 이뤄 제한시간 내에 주어진 문제를 푸는 일종의 공모전이다. 해킹이라 하면 컴퓨터 범죄를 떠올리는 사람들도 있지만, 여기서 말하는 해킹은 원제작자(정부)가 의도하지 않은 방식으로 문제(공공 서비스)를 정의해, 해당 문제를 쉽고 빠르게 푼다는 것을 의미한다(Tauberer 2014).

이 해커톤은 반짝 행사가 아니었다. 대만의 시빅 해킹 커뮤니티는 가브제로g0v라 불리는데 이미 10년도 더 된 2012년부터 정기적으로 해커톤을 개최하면서 활발하게 활동해왔기 때문이다. 오드리 탕은 바로 이 커뮤니티에서 활동하던 시빅 해커였다.

한국의 시빅 테크 현황

국내에서도 시빅 테크에 대한 시도와 성과를 찾아볼 수 있다. 특히, 위기 상황에서 정보 공유를 위해 시빅 테크를 적용한 사례는 많다. 메르스 바이러스 위기 때는 정부가 적절한 시기에 감염 상황에 대한 정보를 공개하지 않자 시빅 해커들이 자발적으로 메르스 확산 지도를 만들어 외부에 공개한 바 있다.

비슷한 맥락에서, 코로나 시기에 시빅 해커들은 마스크 재고를 실시간으로 파악하는 알람 서비스를 만들었다. 2020년 1월 코로나 바이러스가 급속도로 전국에 퍼지면서 방역 당국은 감염 위기 경보를 '주의' 단계로 격상했고, 마스크 사재기를 막기 위해 공적 마스크 제도를 실시했다. 문제는 마스크 재고 현황 파악이었다. 마스크 재고가 실시간으로 파악되지 않자 많은 시민들이 엄동설한에 마스크를 판매하는 약국을 찾아 헤매야 했다. 이 문제를 해결하기 위해 민관이 협력했다. 정부는 관련 공공 데이터를 제공하고 시빅 해커들은 이 데이터로 마스크 재고 현황을 실시간으로 파악하는 알람 서비스를 만들었다.

사단법인 코드C.O.D.E는 국내에서 장기간 활동해온 시빅 단체다. 이 단체는 지식과 창작물의 자유로운 공유를 위한 라이선스인 크리에이티브 커먼즈 라이선스Creative Commons License의 국내 보급 및 확산을 위해 2005년 창립됐다.

내가 2009년 이 단체에서 활동가로 일하기 시작했을 때, 이 단체의 이름은 CC코리아Creative Commons Korea였다. 코드는 처음에는 저작권 영역에서 주로 활동했고, 이후 영역을 확장해 열린 정부를 비롯한 많은 디지털 정책 분야에 관여했다. 2012년 공공데이터 캠프를 열기도 했고, 코드나무라는 시빅 해킹 커뮤니티를 운영하면서 고위공직자 재산 공개, 19대 국회의원 공약 성적표, 우리 지역 채무현황, 지방재정 자립도에 대한 데이터 시각화 프로젝트를 벌여왔다. 이러한 사례들에서 보듯이 국내에서도 시빅 테크가 성장할 잠재력은 분명히 있다.

시빅 테크 분야의 인재를 키우는 법

한국에서 시빅 테크가 성장하려면 사람에게 투자하는 것이 가장 중요하다. 시빅 테크에는 데이터도 필요하고, 기술도 필요하다. 그러나 이 생태계의 핵심은 여느 곳이 그렇듯 사람이다. 아무리 정부 데이터가 열려 있고 해커톤 같은 행사를 개최해도, 참가자가 적거나 그들에 대한 관심과 지원이 부족하면 시빅 테크는 성장하지 않는다. 시빅 테크에서 일할 재능 있고 열정 있는 사람들이 많아지려면 관련 활동이 존중받고 보상 또한 충분해 매력적인 커리어가 되어야 한다.

현재 국내의 시빅 테크 분야에서 일하는 사람들은 대개 본업은 따로 있고 남는 시간에 자원봉사자로 활동한다. 그러다 보니 긴급 재난구조 같은 단기 프로젝트를 넘어서 대규모의 장기 프로젝트를 진행하기는 어렵다.

미국 시빅 테크 생태계도 초기에는 이와 비슷했다. 코드 포 아메리카 역시 자원봉사 단체로 시작했다. 그러나 많은 재단과 정부의 지원을 받아 지금은 프로젝트 매니저, 소프트웨어 엔지니어, 데이터 과학자, 디자이너 등 다양한 기술 전문 인력을 갖춘 중견 단체로 성장했다. 단체가 제공하는 직원의 대우와 복지도 충분히 경쟁력이 있다. 이런 역량을 갖춘 덕분에 미국의 연방정부, 주정부와 협력해 정부 서비스 전달 체계 개선, 시민의 권익 신장 등을 위한 다양한 프로젝트를 한다. 전문 지식과 기술을 가진 사람들이 시빅 테크 분야에서 장기적으로 커리어를 쌓을 수 있는 환경이 한국에도 필요하다.

국내에도 큰 테크 기업은 많지만 이들이 시빅 테크에 투자하는 수준은 미미하다. 재단도 정부도 마찬가지다. 정부 데이터를 공개해야 한다는 것은 이제 거의 상식이 되었다. 하지만 이 데이터를 더 유용하게 만드는 사람들, 즉 프로젝트 매니저, 소프트웨어 엔지니어, 디자이너, 데이터 과학자들에게 어떤 구체적 지원이 얼마나 필요한지에 대한 고민과 실천은 미흡하다.

공개 소프트웨어로 공유되는 디지털 도구들은 공짜다. 그러나 거기에 들어가는 시간과 노력은 당연히 공짜가 아니다. 시빅 테크의 이면에는 시민들이 자신의 불편과 짜증을 스스로 책임지고 해결하겠다는 자발적 의지가 녹아 있다. 이 의지가 다 타서 재가 되지 않고 이어지기 위해서는 외부의 많은 관심과 지원이 필요하다.

한국의 행정안전부를 비롯해 많은 부처가 열린 정부를 지원한다. 그러나 시빅 테크 활동 지원을 전담하는 부서는 없다. 플랫폼 경제를 위한 위원회는 많은데 디지털 사회혁신과 시민 참여를 위한 전문 위원회는 없다. 데이터, 서비스, 플랫폼에는 관심이 많은데 그곳에서 활동하는 사람들과 그들이 속해 있는 공동체, 생태계에 대한 관심은 부족하다. 결국, 시민의 피드백을 어떻게 더 널리, 빨리, 많이 받아서 정부 서비스를 개선할 수 있을지에 대한 고민과 노력이 부족하다. 이것이 시빅 테크에 관한 한국의 현주소다.

03

참여가 쉬워질 때
민주주의가 성숙한다

시민은 민주주의 사회에 피드백을 주는 사람

피드백의 다른 이름은 참여다. 민주주의 사회에서 공동체의 의사결정 과정에 참여하는 일은 시민의 의무이자 특권이다. 그래서 민주주의는 피드백의 정치, 참여의 정치로 완성된다.

민주주의는 정당이란 팀이 소속 선수(후보자)를 내세워 정해진 규칙에 따라 정기적으로 경기(선거)를 한다는 점에서 스포츠와 비슷하다. 그러나 민주주의가 곧 프로 스포츠는 아니다. 민주주의의 주인인 시민은 이 경기에서 관객에만 머물지 않기 때문이다.

민주주의에 참여한다는 것은 키보드 워리어가 되는 것이 아니다. 키보드 워리어란 온라인 게시판에서 댓글로 다른 사람과 싸우는 사람을 말한다. 인터넷과 소셜 미디어의 등장으로 정치 콘텐츠를 소비하거나, 온라인에서 정치 뉴스를 읽고 공유하는 것이 쉬워졌다. 예전에는 TV에서 특정 시간대에만 정치 뉴스를 볼 수 있었지만 지금은 유튜브로 내 입맛에 맞는 정치 뉴스를 하루 종일 보는 것이 가능하다. 나와 정치적 견해가 다른 사람과 싸우고 싶다면 기사 의견란에서든 유튜브 댓글창에서든 배틀을 벌일 수 있다. 콘텐츠 소비로든, 취미로든, 오락으로든 정치를 일상에서 즐기고자 하는 사람들에게 디지털 시대는 천국이다.

그러나 정치 뉴스 소비와 정치 지식의 증가는 비례하지 않는다. 많은 정치 뉴스가 정치인의 신변잡기를 다룬다. 영부인의 패션 감각을 아는 것과 청와대의 정책 기조를 아는 것은 무관하다. 온라인 뉴스 소비와 댓글 토론도 마찬가지다. 온라인 뉴스 소비로 자신의 사회적 참여에 대한 욕구를 대리만족하는 사람들은 실제로 필요할 때 집단행동을 하지 않는다. 이미 자기표현 욕구가 충족됐기 때문이다. 선거 분석 전문가인 미국 터프츠대 정치학 교수 에이탄 허시는 이런 피상적 정치 활동을 정치적 취미 활동political hobbyism이라 부른다(2020).

나아가, 시민의 정치적 취미 생활은 정치인을 위협하지 못한다. 2013년, 하버드대 게리 킹 교수가 속한 연구팀은 중국 내

1,382개 소셜 미디어의 빅데이터를 모아 통계적으로 분석했다. 이 연구에 따르면 중국 정부는 개인이 온라인에서 하는 의사표현을 일일이 통제하지 않는다. 중국의 인터넷 이용자가 너무 많아서, 그 규모를 생각하면 인터넷을 전면 통제하기엔 비용이 너무 많이 든다. 그래서 중국 정부는 꼭 필요할 때만 인터넷을 검열한다. 인터넷 게시판과 댓글창을 싸움 창구로 사용하는 키보드 워리어는 무서워하지 않는다. 중국 정부가 인터넷을 검열할 때는 시민들의 사소한 불만이 뭉쳐 집단행동으로 발전할 때다(King, Pan, and Roberts 2013). 정치인은 정치가 취미이고 오락인 사람을 신경 쓰지 않는다. 공공 문제에 실질적으로 참여하고 집단으로 행동하는 사람들을 두려워한다(Hersh 2020).

데이터를 통해 정치 참여 기회를 늘릴 수 있을까

정치적 소비와 정치적 참여는 개념이 다르다. 정치적 참여란 근본적으로 권력과 관련된 활동이다. 이런 활동은 정책이 움직이는 방향, 공권력이 사용되는 방법을 바꾼다.

지난 수십 년 동안 미국인들의 정치적 소비는 증가한 반면 시민사회에 참여하는 정도는 감소했다(Skocpol 2003). 디지털 기술은 정치적 소비에는 기여했지만 정치적 참여에는 많은 역할을 하지 못했다. 어떻게 기술을 설계하고 활용해야 이 상황을 바꿀 수 있을까? 어떻게 하면 디지털 기술이 실질적 시민 참여를 도울 수 있을까?

시민들의 사회 참여 지수가 떨어질 때, 우리는 주로 시민을 탓하며(Achen and Bartels 2016) 사람들의 시민의식이 떨어진다, 깨어 있는 시민이 없다고 비판한다.

그러나 시민 참여가 부족해지는 데는 개인적, 심리적 원인뿐 아니라 사회적, 구조적 원인도 있다. 수요뿐 아니라 공급도 문제다(Han and Kim 2022). 학생의 학업 능력이 떨어지면 학생의 자질 혹은 노력이 문제일 수도 있지만, 교수법이나 가정환경이 문제일 수도 있다.

그러니 개인의 선택을 탓하기 전에 사회의 구조를 보아야 한다. 민주주의에 참여하는 통로 역할을 하는 것이 시민사회다. 종교 생활을 하려면 절이나 교회에 가야 한다. 시민 참여도 정치 참여도 사회 활동이다. 문자 그대로 혼자서 못한다. 함께, 집단으로 해야 한다. 그래서 이런 활동을 도와주는 다양한 비영리단체가 존재한다. 이런 배경에서 프랑스의 근대 사상가 토크빌은 시민사회가 민주주의를 위한 지식, 기술, 경험을 습득하는 '민주주의를 위한 학교'라고 주장했다(1835).

문제는 접근성이다. 민주주의를 위한 학교의 문은 모두에게 열려 있는가? 이 문은 찾기 쉬운가? 그렇지 않다면 데이터는 이 문제를 어떻게 해결할 수 있을까?

상위 계층의 사회 참여가 하위 계층보다 활발한 이유

시민의 정치 참여를 늘리려면 필요한 지식을 쉽게 찾을 수 있어야 한다. 행정부담 이론으로 설명하자면 학습 비용을 줄여야 한다. 우리 동네에 어떤 단체가 있는지 알지도 못하는데, 어떻게 시민사회에 깊숙이 들어갈 수 있을까? 내 취향에 맞는 맛집을 찾는 것만큼이나 내 목적에 맞는 시민단체, 그리고 그 단체가 제공하는 참여의 기회를 찾는 것이 쉬워질 때 우리 민주주의는 밑에서부터 건강하고 튼튼해진다.

시민사회에 참여할 기회는 사회 전역에 고르게 분포되어 있지 않다. 돈은 시민들의 사회 참여에도 영향을 미친다. 상위 계층의 사회 참여 기회가 하위 계층보다 많은 이유는 참여는 공짜가 아니고 시간과 돈이 들기 때문이다. 사회 참여의 격차는 정부가 소통을 늘린다고 쉽게 줄어들지 않는다. 사회 참여 역량이 고르게 분배되지 않은 상황에서 소통만 늘려봤자 빈부 차이가 정치적 영향력의 차이로 이어지고 결과적으로 자원 배분의 불평등이 커진다. 상대적으로 비용이 적게 드는 온라인으로 참여해도 마찬가지다. 모든 집단이 인터넷과 모바일 기술에 대해 비슷한 접근성과 활용 능력을 가지고 있는 것은 아니다.

미국뿐 아니라 한국에서도 한때 국민청원게시판이 유행이었다. 최근 발표된 논문에서 연구팀은 백악관 청원 사이트에서 1,300만 번의 동의를 받은 2,000여 개의 청원을 인구통계와 연결해 누가 어떤 청원을 하는지 살펴봤다. 그 결과, 이곳에도 여전히 불평등이 존재했다. 2,000개가 넘는 청원 내용 중 많은 사람들에게 혜택을 주는 거시적 분배 문제인 세금, 보건, 교육 이슈 등에 대한 청원은 5퍼센트밖에 되지 않았고(Hersh 2020: 60-61). 돌고래 보호 같은 이슈를 청원하는 사람들이 주를 이루었다.

미국 정부가 정책의 피드백을 받기 위해 하는 일 중 하나가, 공개 의견을 받는 것이다. 법안 도입 전에 공개적으로 이익단체들로부터 의견을 받아 사전에 조율한다. 여기서도 상황은 크게 다를 바 없다.

도드 프랭크 법Dodd-Frank Act은 2008년 미국과 세계경제의 근간을 흔든 글로벌 금융위기의 재발을 막기 위해 만들어진 법안이다. 이 법안의 영향력이 큰 만큼 당연히 이해관계가 걸린 단체들도 많다. 이 법안에 대해 6,000개가 넘는 단체들이 26만 건이 넘는 공개 의견을 남겼다. 이 단체들의 재력은 저마다 다르다. 최근 이 데이터를 기반으로 통계 조사한 논문에 따르면, 재정적으로 더 여유가 있는 단체들이 법안 작성 과정에 더 열심히 참여했고, 실제 법안 내용에도 더 큰 영향을 미쳤다(Carpenter et al. 2023).

또 다른 예가 있다. 미국에서는 토지 용도지역 설정zoning law 제도를 통해 자기가 사는 동네의 도시계획을 주민들이 직접 정한다. 자치라는 점에서 민주적인 방식처럼 보이지만 실상은 아니다. 이 정책이 민주적이지 않은 이유는 참여 양상이 불평등하기 때문이다.

집이 있는 사람들은 시간과 자원이 많고 챙겨야 할 이해관계가 분명해 용도지역 설정 자치회의에 자주 참석한다. 월세 내기에 급급한 사람들은 입에 풀칠할 돈을 벌기도 바빠 이 자리에 나오지 못한다. 이 회의를 통해 만들어지는 주거환경은 집 있고 돈 있는 사람들의 선호와 취향을 반영한다. 미국은 주택난이 심각하다. 미국 땅이 넓긴 해도 경제활동을 할 기회가 집중되어 있는 도시, 생활수준이 양호하고 교육 환경이 우수한 지역은 손에 꼽는다. 많은 젊은이들이 천정부지로 오른 집값 때문에 내 집 마련을 포기한다. 이 원인 중 하나가 주택공급 부족이다. 기존 집주인들이 자기 동네의 인종적, 계층적 질서를 유지하며 집값을 지키고자 용도 변경을 통한 주택의 공급 증가를 반대한다(Fischel 2005; Einstein 2019 et al.).

이렇듯 소통의 대상이 특정 집단에 한정되면 나머지 집단은 공공 의사결정 과정에서 배제된다. 그 결과, 사회적 불평등이 점차 굳어진다(Schlozman, Brady, and Verba 2012; González and Mayka 2020).

시민사회에도 전략적인 투자가 필요하다

민주주의를 강화하려면 참여의 출발선을 바로잡아야 한다. 참여의 기회가 사회 구성원들에게 공평하게 주어져야 한다. 그 기회에 접근하는 방법 또한 개선되어야 한다. 그러나 이 문제를 해결하기 위한 정부, 정당, 재단의 자원이 무한하지 않다.

참여의 격차를 줄이고자 한다면 전략이 필요하다. 어떤 특정 지역에 어떤 특정 시민사회의 역량이 부족한지 면밀히 파악해야 한다. 어떤 지역은 종교단체는 많지만 직접적인 정치 참여 기회를 제공하는 단체는 부족할 수 있다. 반대로 어떤 지역은 정치 참여의 기회는 많은데 정부 서비스의 혜택을 누리도록 도와주는 단체는 부족할 수 있다. 시민사회의 성격이 지역마다 다르니 그에 맞는 지원책도 다르게 준비되어야 한다.

시민들의 사회활동 참여에 격차가 존재한다는 문제의식은 많은 정부, 정당, 재단 관계자들이 이미 공유하고 있다. 이슈는 결국 데이터다. 데이터를 수집, 정리, 분석하는 비용이 문제가 된다. 시민사회는 광범위하고 복잡해 이러한 지역별 불평등의 양상을 일일이 파악하기가 쉽지 않다. 이 정보를 사람이 직접 파악하려면 막대한 인건비가 든다. 전수조사를 하든, 목록을 만들어서 임의 추출을 하든 모두 쉬운 작업이 아니다.

그럼에도, 시민사회의 정보를 체계적, 효율적, 지속적으로 수집하고 분석할 수 있는 방법이 있다. 다양한 소속 단체들이 가진 디지털 정보를 수집하는 것이다. 나는 2020년부터 존스홉킨스대 정치학과 한하리 교수, 데이터 과학자 밀란 드 브리스와 함께 '오늘날의 아고라 지도 만들기'를 진행해왔다. 존스홉킨스대 SNF 아고라 연구소가 주관하는 이 프로젝트의 핵심은 미국의 국세청격인 IRS 데이터를 이용해 미국 시민단체들의 역할과 기능을 체계적으로 분석하는 것이다.

미국에서 정부와 기업이 아닌 단체는 거의 모두 비영리단체다. 자본금만 한화로 31조 원이 넘는 빌 앤 멀린다 게이츠 재단도, 굴지의 의료기관인 존스홉킨스병원도 비영리단체다. 비영리단체는 세금 감면 혜택을 받기 위해서 국세청에 매년 소득과 지출을 신고해야 한다. 이 세금 보고서(Form 990)가 미국의 시민사회를 데이터로 이해하는 실마리다. 이 세금 보고서에는 비영리단체의 재정 외에도 이들이 어디에 위치하는지, 설립 및 활동 목적이 무엇인지, 어떤 활동을 하는지 등 다양한 정보가 담겨 있다.

우리 연구팀은 180만 개의 세금 보고서와 이들 단체의 60만 개에 달하는 웹사이트, 소셜 미디어 피드, 인구통계 등의 데이터와 연결해 미국 시민사회에 대한 유례없는 빅데이터를 구축했다. 이 데이터를 바탕으로 인공지능을 학습시켜 비영리단체들을 특정 체계에 따라 자동으로 분류하는 예측 모형도 만들었다.

시빅 테크에서 가장 중요한 것은 시민이다

지역에 따라 경제적 불평등이 존재한다는 사실은 잘 알려져 있다. 그런데 시민사회의 불평등 양상에 대해서는 전문가들도 잘 알지 못한다. 이 프로젝트는 어느 지역의 시민사회가 어떤 점에서 부족한지, 지금까지 보이지 않던 정보를 보이는 데이터로 만들었다.

그림 11은 캘리포니아주의 시민사회 지도다. 같은 주에서도 지역에 따라 시민단체, 종교단체, 교육단체, 의료 서비스 제공 단체의 분포 정도가 다르다. 지도에서 밝게 표시한 곳이 이런 단체들이 밀집된 지역이고 어두운 곳은 부족한 곳, 이른바 시민사회의 사막civic deserts지역이다. 이 지도는 캘리포니아주의 시민사회를 건강하게 만들기 위해서는 어느 곳에 어떻게 전략적으로 투자해야 할지 방향성을 제시한다.

최근 우리 팀은 이러한 지역 간 시민참여의 불평등이 코비드-19 팬데믹 기간 동안 미국 사회가 보인 지역사회의 대응능력 수준과 상관이 있다는 점을 밝혀냈다. 미국에서 자원봉사, 사회참여 등의 기회를 많이 제공하는 지역은 그렇지 않은 지역에 비해 팬데믹 위기에 잘 대응해 상호 부조하는 모임을 만들 가능성이 더 높았다. 이 논문은 〈네이처〉 자매지인 〈네이처 휴먼 비헤이비어〉

그림 11. 캘리포니아주의 시빅 지도
특정 단체의 밀집 정도를 색의 밝기로 표시했다

출처: 존스홉킨스 SNF 아고라 연구소의 '오늘날의 아고라 지도 만들기' 프로젝트

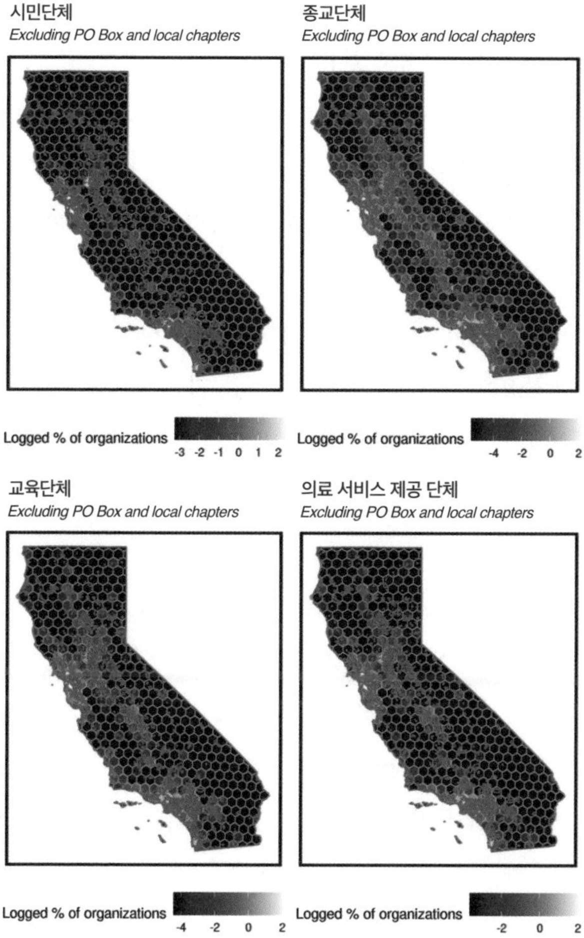

시민단체
Excluding PO Box and local chapters

Logged % of organizations
-3 -2 -1 0 1 2

종교단체
Excluding PO Box and local chapters

Logged % of organizations
-4 -2 0 2

교육단체
Excluding PO Box and local chapters

Logged % of organizations
-4 -2 0 2

의료 서비스 제공 단체
Excluding PO Box and local chapters

Logged % of organizations
-2 0 2

에 게재 승인되었다(2023 De Vries, Kim, and Han).[*]

7장에서는 지금까지 피드백의 중요성, 그리고 정부 서비스의 접근성 문제를 해결하기 위해 피드백을 왜 넓게, 쉽게, 빠르게 받는 것이 중요한지 살펴보았다.

지난 10여 년 동안 시민의 피드백에 기초한 시빅 테크는 실리콘밸리와 워싱턴을 연결하는 가교 역할을 충실히 수행해왔다. 또한 실리콘밸리의 기술, 디자인, 데이터 인력이 공공 정책에 참여하는 장을 열었다.

시빅 테크에서 테크보다 더 중요한 것은 시빅이다. 이 무대에서 가장 중요한 주인공은 시민이다. 정부가 정책을 만들고 운영하는 과정에서 간과됐던 시민의 경험, 그리고 그 안에 숨겨진 정보가 공공혁신의 원동력이다. 기술, 디자인, 데이터는 그 혁신을 가속화하는 수단이다.

새로운 기술이 발달할수록 시빅 테크가 다루는 구체적 디지털 서비스의 모습도 달라진다. 최근 미국 주정부의 정책 담당자들과 진행하는 프로젝트 회의에 참석하는 챗봇을, 공공서비스에도 활용하는 방법에 대한 논의가 많이 진행되고 있다.

시빅 테크의 본질은 여전히 중요하다. 시빅 테크는 정부와 시

---

[*]   De Vries, M., Kim, J., Han, H. 2023. "The Unequal Landscape of Civic Opportunity in America." Nature Human Behaviour

민의 관계를 재정의한다. 또한 시민의 문제를 해결함으로써 사회적 영향력을 만든다. 더 많은 시민이 더 쉽게 정책 결정 과정에 참여해, 더 쉽게 정부의 혜택을 누리도록 돕는다. 데이터를 통해 더 많고 더 다양한 시민의 피드백을 더 빨리, 더 쉽게 받을 수 있는 정부가 좋은 정부다. 사회 참여가 쉬워질 때 민주주의가 성숙한다.

8장

균형

개인정보를 똑똑하게 쓰는 방법

Balance

가치 있는 데이터, 더 많은 정보를 제공하는 데이터는 섬세한 데이터다. 예를 들어, 서울 시민들의 경제 사정을 분석하려 할 때 동 단위로 수집한 데이터보다 개인 단위로 수집한 데이터가 개인의 상황에 대해 훨씬 더 많은 정보를 제공한다.

고려대 본교 캠퍼스는 서울시 성북구 안암동에 있다. 안암동에는 2022년 기준 약 1만 5,000명의 주민들이 살고 있다. 이들 상당수는 지방에서 올라와 기숙사나 원룸, 고시원 등에서 자취하는 대학생이다. 나도 지방에서 서울로 올라와 자취를 했기 때문에 상당히 오랜 기간 안암동 주민이었다.

안암동 주민의 평균 소득 수준을 계산할 때, 주어진 데이터에서 대학생과 비대학생을 구분하지 못하면 정확한 수치를 추정하기가 어렵다. 대학생은 졸업하면 안암동을 떠날 가능성이 크다. 따라서 돈을 벌지 않는 대학생을 제외하지 않고 전체 주민을 측정하면, 전체 주민의 평균 소득 수준은 안암동에서 계속 살 사람들의 평균 소득 수준에 비해 낮을 가능성이 크다.

이런 이유로 같은 데이터라도 시보다는 구, 구보다는 동, 동보다는 개인 단위에서 측정한 데이터가 더 유용하다. 작은 것이 아름답다. 이렇게 관찰과 분석의 기준을 촘촘하게 할 때, 모을 수 있는 데이터의 규모가 더 커질 뿐 아니라 해당 데이터를 통해 찾아낼 수 있는 패턴도 더 다양해진다.

나아가, 데이터는 합치면 합칠수록 더 많은 가치를 담는다. 예를 들어 소득, 자산 데이터와 보건, 의료 데이터를 통합할 수 있다면 개인의 경제 상황과 건강 상태의 상관관계를 분석할 수 있다.

문제는 더 세밀하고 통합된 데이터일수록 더 많은 개인정보를 노출한다는 것이다. 그러니 개인정보 유출 위험이 커진다. 그래서 개인정보는 잘 쓰는 것도 중요하지만 동시에 잘 보호해야 한다. 특히 정부가 수집한 개인 데이터는 강제력을 동원해서 모은 정보들이다. 따라서 정부는 시민이 맡긴 데이터를 잘 관리할 책임이 있다.

개인정보는 크게 식별 정보와 민감 정보로 나뉜다. 식별 정보는 핸드폰 번호, 주민등록번호처럼 개인을 식별할 수 있는 고유한 정보다. 식별 정보의 핵심은 주민등록번호다. 본인이 아니면 알기 어려운 정보이기 때문이다. 민감 정보는 성적 취향처럼 개인에게 민감할 수 있는 정보다.

보통 개인정보의 위기라 하면 식별 정보가 유출되는, 속칭 '신상이 털리는 상황'을 생각하기 쉽다. 그러나 개인정보가 유출될 수 있는 상황은 몇 가지 시나리오에 국한되지 않는다. 그 경로는 훨씬 더 다양하다. 예를 들어, 공개된 데이터에 개인의 식별 정보가 포함되어 있지 않더라도 이 데이터가 담긴 스마트폰에 위치 정보, 신용카드 결제정보처럼 개인의 특성을 추정할 수 있는 변수가 담겨 있으면 연령, 성별, 심지어 성적 취향이나 건강 상태 등을 특정하는 것이 가능하다.

이 장에서는 개인정보 보호와 관련해 크게 세 가지를 전하고자 한다.

첫째, 빅데이터의 발전과 개인정보 보호는 별개의 이슈가 아니다. 데이터 혁신이 가속화될수록 개인정보 보호의 위기도 더 심각해진다. 둘째, 개인정보 이용과 보호의 균형을 잡는 데는 정부의 역할이 중요하다. 규제는 혁신의 적이 아니다. 전문성 없는 규제가 혁신의 진짜 적이다. 셋째, 실무에서 개인정보를 잘 쓰고 보호하기 위한 방법을 소개한다. 모을 필요가 없는 개인정보는 모으지 않는다. 모은 데이터는, 할 수 있다면 노이즈를 섞어서 관리한다. 누가 언제, 어디서, 어떻게 접근할 수 있을지 명확한 사전 규칙도 정한다.

01

개인정보는 어떻게
빅데이터가 되었나

빅데이터 시대에 우리는 기술에 대해 어떤 선택을 하고 책임을 가져야 할까? 이를 살펴보기 전에, 먼저 개인정보가 곧 빅데이터가 된 역사적 흐름을 돌아보겠다.

20세기 중반부터 시작된 개인정보의 빅데이터화

인공지능이나 빅데이터는 어떻게 보면 공상과학 내지는 나와 상관없는 이야기 같지만 사실은 우리 모두의 이야기다. 우리 각자의 개인정보가 곧 빅데이터이기 때문이다. 개인정보가 빠진 빅데이터는 빅데이터로서의 상품 가치를 유지할 수 없다. 개인 단위의 데이터가 탄탄하게 쌓여야 맞춤형 서비스를 제공할 수 있기 때문이다.

데이터 산업이 태동한 미국에서 이 흐름이 시작된 것은 1950년대부터다. 제2차 세계대전이 끝나기 전까지 미국 빅데이터의 주류를 이루는 것은 정부 데이터였다. 그러다가 전쟁이 끝나자 그 바톤을 기업이 물려받는다. 전쟁이 계속되는 동안 미국 정부의 지원을 받은 IBM 같은 초창기 테크 기업들이 기술 역량을 축적했고, 전쟁이 끝나자 그동안 쌓은 경험을 비즈니스 영역에 활용하기 시작한다.

항공권 예약이 좋은 예다. 과거에는 항공권을 예약하려면 모든 과정을 전화로 해야 했다. 당연히 표 한 장을 예매하는 데도 상당한 시간이 소요됐고, 이중예약 같은 문제가 수시로 발생했다. 지금은 항공권을 구매하는 데 몇 분이면 충분하다. 이런 시간 단축이 가능해진 건 자동 예약 시스템 덕분이다. 개인이 표를 예매하면 해당 정보가 항공사 컴퓨터에 입력되고, 이 정보는 공항과 다른 항공 관계자에게 공유된다. 이 시스템이 만들어진 것이 바로 20세기 중반이다.

1964년, IBM은 아메리칸항공과 협력해 최초의 전자항공예약시스템SABRE을 개발했다. 이 시스템은 미군이 전쟁 기간 동안 적군의 비행기를 실시간으로 추적하기 위해 만든 기술SAGE에 기반한다. 이 군사기술이 민간 영역으로 이전된 결과, 지금의 편리한 항공권 예매 시스템이 탄생한 것이다(Wiggins and Jones 2023: 142).

신용, 윤리의 문제에서 숫자의 문제가 되다

20세기 중반이 되자 데이터 혁신의 주역이 정부에서 기업으로 바뀐다. 동시에, 빅데이터를 활용하는 주요 목적도 달라진다.

정부가 개인에게 관심을 가지는 주요한 이유는 세수 증대 때문이다. 세수는 개인의 소득과 자산 규모에 따라 그 몫이 미리 정해진다. 소비는 다르다. 사전에 딱히 정해진 양이 없다. 현금이 없으면 빚을 내어 돈을 쓰면 된다. 그래서 신용이 문제가 된다. 고객이 얼마나 빚을 잘 갚을 수 있을까? 정말 이 돈을 갚을까?

한국은 1960~1970년대에 경부고속도로를 건설하면서 전국의 경제가 통합됐다. 1869년, 미국은 동부와 서부를 연결하는 대륙횡단철도를 완성했다. 비슷한 현상이 미국에서는 한 세기 전에 일어났다. 그 결과 인프라가 확장되면서 시장이 커졌다.

이런 시장의 확대는 자동으로 이루어지지 않았다. 이 과정에서 기업은 고객 신뢰에 대한 문제를 풀어야 했다. 뉴욕에 있는 기업이 캘리포니아에서 사는 소비자에게 물건을 판다. 소비자는 당장 전액을 지불할 능력이 없어서 할부로 나눠 내고자 한다. 그럼 기업은 만난 적도 본 적도 없는 소비자를 어떻게 신뢰할 수 있을까?

이 단계에서 정보의 비대칭information asymmetry 문제를 해결하기 위해 신용정보산업이 등장한다. 신용정보업체는 고객(개인) 데이터를 모으고 정리해 사고판다. 일종의 데이터 브로커다. 이들이 초기에 시장에서 했던 역할이 고객의 신용정보를 제공하는 이른바 신용조회였다.

에퀴팩스, 엑스페리안, 트랜스유니온은 세계 3대 신용정보업체다. 이들 중 에퀴팩스와 엑스페리안은 산업혁명이 한창이던 1890년대에 미국에서 시작됐다. 이들의 정보망이 미국 정부의 수사기관보다도 좋아서 오히려 수사기관이 이들의 정보를 빌려 범죄수사를 할 때도 있었다. 미국 영화나 드라마에 자주 나오는 FBI는 법무부 산하 기관이다. 시어도어 루즈벨트 대통령이 FBI를 설립한 것이 1908년이다. 미국 정부에서 본격적으로 개인을 감시하고 추적하기 전에, 이미 민간에서는 신용정보업체들이 같은 작업을 하고 있었다(Lauer 2017).

나아가, 미국 정부에서 사용하던 컴퓨터와 데이터베이스가 업계로 넘어오자 항공권 예약에 이어 각종 금융거래 정보의 입력과 처리도 자동화됐다. 이 과정에서 신용정보업체의 업무 방식도 바뀌었다.

이전까지 신용정보업체는 전국 각지에 정보원을 두고 일일이 고객의 신뢰도를 파악했다. 일일이 발품을 팔아 수작업으로 일했다. 그러다가 컴퓨터가 등장하자 신용정보업체는 문제정의를 바꾼다. 이제 전산화된 금융거래 정보에 기초해 신뢰'도'가 아닌 신용'등급'을 평가한다. 고객정보가 전산화되기 전까지 신용은 윤리의 문제였다. 채무자가 얼마나 믿을 만한 사람일지 알아보기 위해 개인의 성품을 살펴야 했다. 그런데 개인의 금융거래 정보가 전산화된 이후로 신뢰는 신용점수, 신용등급이라는 숫자의 문제가 됐다. 신용점수가 높으면 신용등급이 높다. 신용등급이 높으면 그 사람을 믿을 만하다(Wiggins and Jones 2023: 148). 점수와 등급제는 수능 시험에만 있지 않다. 그 원조는 미국의 자본주의 신용시장이다.

미국의 개인정보보호법은 반쪽짜리였다

정보는 힘이다. 기업이 고객 데이터라 부르는 것은 사실 개인의 거래 정보다. 민간 기업이 쥐고 있는 개인정보의 규모가 커지자 정부와 시민사회는 이 힘이 오남용될 여지를 염려했다. 미국 정부는 데이터 브로커들의 영향력을 줄이기 위해 1970년 공정신용신고법Fair Credit Reporting Act을 만들었다. 데이터 브로커들이 고객의 개인정보에 허위정보, 불공평한 정보를 포함하거나 개인정보를 침해하는 상황을 막기 위해서다. 이 법안은 미국의 소비자 권리에 관한 기초 법안 중 하나다.

그러나 이런 개혁은 오래가지 못했다. 1974년, 공정신용신고

법보다 개인정보 보호에 대해 더 포괄적 내용을 담은 개인정보보호법안Privacy Act이 통과됐기 때문이다.

그러나 이 법안은 결과적으로 반쪽짜리였다. 1972년부터 1974년까지 미국 정치권은 어수선했다. 미국 공화당 대통령 닉슨이 재선을 위해 민주당의 전국위원회 본부에 도청 장치를 설치했다가 발각됐다. 닉슨은 이 워터게이트 스캔들로 탄핵이 확실시되자 임기 중 사퇴했다.

이런 정치적 배경 하에서 1974년에 만들어진 개인정보보호법안은 정부에 재갈을 물렸다. 연방정부가 개인정보에 접근하고 활용하는 데 많은 제약을 두었다. 그러나 기업이 개인정보를 활용하는 데는 손을 거의 대지 않았다. 불과 몇 년 전까지 부모의 동의가 필요한 아동, 학생, 의료정보와 같은 일부 민감 영역을 제외하면 미국 기업이 건드리지 못할 개인정보의 성역은 없었다(Wiggins and Jones 2023: 155).

테크 기업에게 데이터 수집은 일상이다

이런 구멍 뚫린 규제 환경에서 인터넷 기업들은 큰돈을 벌 기회를 발견했다. 소셜 미디어를 포함한 많은 인터넷 서비스가 공짜다. 구글, 페이스북, 유튜브처럼 수많은 사람들이 매일 쓰는 온라인 서비스 중에는 이용 대가로 '직접' 돈을 내지 않는 서비스들이 많다. 그러면 이들 인터넷 기업들은 어떻게 돈을 벌까?

정답은 광고다. 공짜처럼 보이는 서비스는 사실 공짜가 아니다. 우리는 자신의 개인정보를 서비스 이용 대가로 제공한다. 대부분 인터넷 기업은 광고 회사다. 개인정보를 바탕으로 맞춤형 광고 서비스를 제공해서 돈을 번다. 2020년 구글의 모회사인 알파벳 매출에서 80퍼센트 이상을 차지한 것이 광고다. 한국의 국민 메신저 카카오톡이 돈을 버는 방식도 크게 다를 바 없다. 카카오톡의 수익 모형에서 광고는 빼놓을 수 없다. 공정거래위원회가 제출한 '카카오톡 비즈 매출 현황'에 따르면 카카오톡이 2021년부터 2022년 2분기까지 광고로 얻은 매출이 2조 5,580억 원에 달한다. 코로나 기간 동안 기업들의 광고 집행이 줄었음에도 네이버와 카카오의 2022년 3분기 광고시장 사업 의존도는 각각 매출의 43퍼센트와 20퍼센트에 달한다.

20세기 중후반까지 데이터 브로커들은 개인의 금융거래 정보를 이들의 신용평가 정보로 포장해 팔았다. 이를 달리 말하면, 데이터 브로커들은 개인이 돈을 쓰지 않을 때는 무엇을 하는지 알 수 없었다.

그래서 21세기 테크 기업들에게 데이터 수집은 일상이다. 많은 현대인들이 아침에 일어날 때부터 잘 때까지 스마트폰을 쥐고 산다. 소셜 미디어를 확인하고 좋아요를 누르는 순간, 유튜브를 보고 구독을 클릭하는 순간, 내 일상이 데이터가 된다. 이런 개개인의 데이터가 모여 일련의 패턴이 된다. 이 패턴이 곧 데이터 상품이다.

웹사이트를 방문하면 쿠키cookie를 저장하는 데 동의하는지 묻는 경우가 빈번하다. 여기서 쿠키란 개인의 인터넷 아바타다. 쿠키를 저장하는 순간 해당 사이트는 나를 추적한다. 내가 이 사이트를 어떻게 이용하는지, 심한 경우에는 내가 다른 사이트를 어떻게 이용하는지, 과거 인터넷에서 어떤 단어를 검색했는지 그 패턴을 추적하는 것도 가능하다. 웹사이트들이 쿠키의 저장 동의를 요청하는 이유는 이 패턴을 모아 맞춤형 광고를 유치하기 위해서다.

한국인의 주민등록번호는 어쩌다 공공재가 되었나

미국에서 1970년대에 시작된 개인정보 보호의 법제화가, 한국에서는 1990년대에 도입된다. 이 역사를 살펴보면 한국에서 인터넷이라는 정보의 고속도로는 출발부터 문제가 많았다.

한국은 1982년, 세계에서 두 번째로 빠르게 인터넷 연결에 성공한 나라다. 이 과정에서 크게 기여한 '한국 인터넷의 아버지'인 카이스트 전길남 명예교수는 2012년 인터넷 소사이어티가 만든 인터넷 명예의 전당에 오르기도 했다.

그러나 한국 인터넷은 기술적으로는 우수했지만 제도적으로 문제가 많았다. 기본 교통법규조차 제대로 마련되지 않은 상태에서 도로만 급속하게 확장했으니 교통사고가 빈번히 일어나는 것은 당연한 결과였다.

한국 정부는 1995년이 되어서야 신용정보에 대한 법안을 제정해 신용정보사업자를 법적으로 관리했다. 또한 4년이 지난 1999년에 이르러서야 정보통신망법을 개정해 개인정보 처리에 대한 이용자 고지를 의무화했다.

여기서 중요한 것은 이용자 '동의'가 아니라 '고지'를 의무화했다는 점이다. 개인정보 수집에 대한 동의를 묻는 것이 아니라, 수집한 후 수집했다고 알려줄 것을 의무화한 것이다. 여기서 또다시 8년이 지난 2007년에야 이용자 동의가 의무가 되었다.

이 의무화 조항이 나온 것도 사후약방문 격이다. 하나로텔레콤은 2006년에서 2007년 사이에, 초고속 인터넷 서비스에 가입한 51만 명의 개인정보를 텔레마케팅 회사에 팔아넘겼다. 2008년, 이 회사는 600여 만 명의 고객정보를 역시 텔레마케팅 회사에 팔아넘겼다. 이후 굵직한 개인정보 침해 사건이 거의 해를 거르지 않고 일어났다. 한국인터넷진흥원이 접수하는 개인정보 침해 사례는 2017년 10만 5,122건에서 2021년 21만 767건으로 두 배 가까이 증가했다.

미국의 사회보장번호는 한국의 주민등록번호에 해당한다. 미국에서 사회보장번호는 개인만 알아야 할 극히 민감한 정보다. 미국인들은 이 정보를 바탕으로 은퇴 후 연금을 받는다. 사회보장번호를 관리하는 사회안전국SSA은 미국 최대의 회계 기관이고, 이 정보는 소득 신고를 해야 하는 고용주나 금융거래를 돕는 은행, 보험사에 연락해야 하는 병원 정도만 알고 있다. 미국에 살면서 내가 개인적으로 이용하는 어떤 디지털 서비스도 이 정보를 물은 적이 없다. 그럴 이유가 없기 때문이다. 특정 사이트가 이 민감 정보를 맥락 없이 요청한다면 당장 고소 대상이다.

이에 비해 한국의 주민등록번호는 시작부터 공공재다. 주민등록번호 수집을 제한하지 않았기 때문이다. 한국에 인터넷이 도입되고 십수 년이 지나는 동안, 강제로 주민등록번호를 모으지 않았던 웹사이트가 드물다. 2006년 온라인 게임 리니지 이용자 120만 명의 명의가 도용됐고 2008년과 2010년에는 온라인 쇼핑몰 옥션의 이용자 3,500만 명의 개인정보가 유출됐다. 2010년 한국의 총 인구가 5,000만 명가량이었으니 3,500만 명이면 전 국민의 70퍼센트다. 이런 대형 사건이 줄줄이 터진 이후인 2012년, 방송통신위원회는 급한 불을 끄기 위해 주민등록번호의 신규 수집이나 이용을 제한했다.

K-방역이 치른 개인정보 침해 대가

한국에서 개인정보를 보호하려는 정책 차원의 노력은 코로나 시기를 거치면서 큰 위기를 겪었다. 한국 인터넷과 마찬가지로 K-방역에도 그림자가 있다.

한국은 자칭 타칭 코로나19 방역 모범 국가다. 한국의 코로나19 치명률은 세계 평균의 절반 이하이며, 백신 접종률은 최고 수준이다. OECD가 우수 사례로 꼽을 만하다.

그러나 이 모범적인 방역도 공짜가 아니다. 어떻게 한국 정부는 그렇게 많은 국민들의 행적을 이렇게 철저하게 추적할 수 있었을까? 행정 비용을 낮추기 위해 개인정보 보호를 위한 동의 절차를 생략했기 때문이다. 2015년 메르스 때부터 한국 정부는 KT 같은 통신사를 이용해 개인정보를 수집했다. 통신사 기지국에서 위치 정보를 직접 수집하면 스마트폰 운영체제를 거칠 필요도 없고 이용자의 동의를 얻을 필요도 없다. 절차상으로는 훨씬 단순하고 효율적이다. 대신 개인정보 침해 여지도 크다. 그리고 이렇게 수집된 개인정보가 노출됐을 때 위험에 처할 사람들은 사회적 약자일 가능성이 크다.

이건 노파심이 아니다. 2020년 4월 말부터 5월 초의 황금연휴 기간 동안 이태원 클럽에서 코로나 집단 감염 사태가 발생했다.

추가 감염을 예방한다는 목적 하에 성소수자가 다수 포함된 이들 감염자의 신상이 공개됐다. 인권보호위원회는 정부의 역학조사 방식이 개인의 인권을 침해했다고 인정했다.

이러한 위험성 때문에 메르스 이전에는 범죄수사나 응급구조가 아닐 경우에는 기지국 위치정보를 사용하는 것을 금지했다. 그런데 코로나19가 초래한 글로벌 위기가 예외 상황을 만들었다. 2015년 6월에 '감염병의 예방 및 관리에 관한 법률'이 국회에서 통과됐고, 확진 혹은 감염이 의심되는 사람에 대해서는 역학조사를 목적으로 민감한 위치정보 사용이 허가됐다(Kim 2021).

K-방역의 모든 것이 모범적이지는 않다. 남보다 빠르게 대처할 수 있었던 데는 그만한 희생이 있었기 때문이다. 방역을 위해 민감한 개인정보가 다양하고 방대하게 수집, 통합됐다. 그 결과, 우리 사회에는 이 빅데이터의 오남용을 어떻게 막을 것인가 하는 큰 숙제가 남았다.

데이터를 연결할수록 가치도 위험도 모두 커진다

데이터는 연결하면 연결할수록 가치가 커진다. 한국의 코로나 역학조사도 마찬가지다. 역학조사의 정확도를 높이기 위해 한국 정부는 기지국의 위치정보뿐 아니라 개인의 신용카드, 교통카드 사용 내역, 진료 기록, 출입국 기록, 그리고 CCTV 정보까지 취합했다. 기지국 위치정보만으로 부족했던 이유는 기지국 데이터로 파악할 수 있는 개인의 위치가 50~100미터 이내이고, 개인의 핸드폰이 꺼져 있는 경우는 추적이 불가능하기 때문이다. 코로나 감염 경로를 확보하려면 감염자와 근접 거리에서 접촉한 사람을 식별해야 한다. 결국 기지국 정보만으로는 한계가 있자 다른 개인정보까지 통합했다. 이것이 한국의 코로나19 접촉자 추적 기술의 핵심이다. 우리의 역학기술 성능이 우수한 이유는 여러 가지 개인정보를 통합해 빅데이터를 만들었기 때문이다.

그러나 데이터를 연결할 때 가치만 커지는 것이 아니다. 위험도 커진다. 개별적 데이터베이스에는 핸드폰 번호 같은 식별 정보가 포함되어 있지 않더라도, 이러한 데이터베이스 여러 개를 통합하면 개인을 특정하기가 쉬워진다.

라타냐 스위니는 MIT 전산학과에서 박사학위를 받은 최초의 흑인 여성이다. 그녀가 대학원생이던 1997년, MIT가 소재한 매사추세츠 주정부는 주에서 일하는 공무원들의 병원 방문 기록을 공개했다. 관련 연구 활성화를 위해서였다. 이 위치정보 데이터에는 이름, 주소, 사회보장번호 등 아무런 식별 정보가 없었다.

보안 문제에 관심이 많았던 스위니는 이 데이터로 과연 개인 식별이 가능한지 궁금했다. 이 데이터 공개 전, 메사추세츠 주지사 윌리엄 웰드는 공개 행사를 진행하다 쓰러졌다. 스위니는 20달러,

우리 돈으로 약 3만 원을 지불하고 매사추세츠주의 유권자 등록 자료를 구입했다. 미국은 선거에 참여하려면 선거 전에 미리 유권자 등록을 해야 하고, 이 정보는 돈을 내면 살 수 있었다. 스위니는 주정부의 공무원 병원 방문 기록과 이 데이터를 합쳐서 주지사의 병원 기록을 특정했다. 그리고 그 결과를 주지사 사무실에 우편으로 보냈다. 개인정보 보호에 대한 주정부의 안일한 생각을 바로잡기 위해서였다.

3년이 지난 2000년, 스위니는 2억 명이 넘는 미국 인구의 87퍼센트를 비슷한 방식으로 식별할 수 있음을 밝혀냈다(Sweeney 2000). 이름도 주소도 사회보장번호도 없지만 성별, 생년월일, 거주지를 빅데이터로 연결하는 것만으로도 개인의 식별이 가능해진 것이다. 이후 스위니는 개인정보 보호 분야에서 많은 연구 업적을 쌓았고, 인터넷 경찰이라 불리는 미국 공정거래위원회의 CTO를 역임했다. 현재는 하버드대에서 개인정보 보호와 공공 정책에 대해 가르친다.

1990년대 중반에 이미 아무런 식별 정보가 없는 데이터에서 위치정보를 통해 개인을 식별할 수 있었다면, 지금은 어떨까? 오늘날 데이터는 더 늘어났고, 관련 기술은 더 발달했다. 비슷한 시도가 충분히 가능하다.

2012년 2월, 〈뉴욕타임스〉는 기업이 어떻게 빅데이터를 통해 개인을 식별하는지 보도했다. 미국의 대형 쇼핑몰 '타겟'은 고객의 상품 구매 패턴을 분석하면 특정 여성이 임산부라는 사실을 예측할 수 있다는 점을 발견했고, 이들에게 아기옷 같은 관련 상품 광고를 우편으로 발송했다. 이 과정에서 고등학생 딸이 임신한 줄 몰랐던 아버지는 매장을 방문해 미성년자에게 임신을 부추기느냐며 난리를 피우다 오히려 딸의 실제 임신 사실을 알게 되기까지 했다.

이처럼 개인을 특정하는 데 사용하는 동선은 오프라인에만 존재하는 것이 아니다. 디지털 동선도 동선이다. 내가 어떤 웹사이트에 언제 접속했는지, 유튜브와 넷플릭스에서 어떤 동영상을 봤는지도 모두 동선이다.

2006년 넷플릭스는 공개 상금 대회를 열었다. 넷플릭스가 공개한 리뷰 데이터에는 이용자 50만 명이 1만 7,000개가 넘는 영화를 평가한 1,000만 건 이상의 후기 정보가 들어 있었다. 당시 넷플릭스는 지금과 같은 온라인 스트리밍 서비스가 아니었고, 무료 비디오 대여 서비스 업체였다. 이용자는 넷플릭스에서 빌린 비디오를 반납해야 다른 비디오를 빌릴 수 있었다. 만약 넷플릭스가 추천해서 본 비디오가 재미없으면 서비스에서 이탈할 이용자가 많았다. 따라서 추천 시스템을 잘 설계하는 것은 넷플릭스의 사활이 걸린 매우 중요한 기술이었다.

넷플릭스는 리뷰 데이터를 기초로 넷플릭스가 쓰는 추천 알고리듬의 성능을 10퍼센트 이상 개선한 최우수 팀에게 상금 100만 달러, 한화로 약 14억 원을 줄 것이라 발표했다. 3년 뒤, 넷플릭스는 우승팀을 발표했다. 겨우 14억 원을 들여 기업 경쟁력을 향상시킬 귀중한 아이디어를 얻었으니 큰 성공을 거둔 셈이었다.

그럼에도 2010년 넷플릭스는 앞으로는 비슷한 시도를 하지 않겠다고 발표한다. 넷플릭스가 이런 결정을 내린 이유는 개인정보 유출 위험 때문이었다. 연구자들은 넷플릭스 데이터와 다른 영화 리뷰 사이트의 데이터를 통합하면 넷플릭스 데이터에 포함된 이용자 식별이 가능하고, 그들의 성적 취향 같은 민감 정보까지 파악할 수 있다는 사실을 발견했다(Narayanan and Shmatikov 2006). 2009년 12월, 넷플릭스의 공개 상금 대회 피해자 네 명은 이후 넷플릭스를 상대로 집단 소송을 걸었다. 피해자 중 한 명은 한 가정의 어머니였는데, 넷플릭스 때문에 자신이 레즈비언인 것이 강제로 공개됐다고 문제를 제기했다. 이 사건은 몇 달 뒤 넷플릭스의 합의 제안으로 종결됐다.

지금은 디지털 라이프가 일상이고 우리의 일상이 빅데이터인 시대다. 빅데이터는 우리가 상상하는 것보다 우리 각자에 대해서 훨씬 방대하고 은밀한 정보들을 드러낸다.

개인정보보호법이 지키지 못하는 개인정보

한국에서 2004년부터 입법 논의가 진행된 개인정보보호법은 2011년이 되어서야 제정되었다.

이 법이 추구하는 원칙은 분명하다. 수집하지 말아야 할 개인정보는 수집하지 말아야 한다. 수집한 개인정보를 어떻게 이용했고 누구에게 제공했는지 고지해야 한다. 이 내용에 대해서 사전에 이용자에게 동의를 구해야 한다. 나아가, 수집할 명분이 사라진 개인정보는 파기해야 한다.

그러나 이런 제도적 틀은 개인정보 보호를 위한 필요조건이지 충분조건은 아니다. 빅데이터와 인공지능의 시대에 정부와 기업이 제한된 개인정보를 바탕으로 개인을 식별하고, 이들의 민감한 정보를 알아낼 수 있는 방법은 충분히 많다.

한국은 미국과 달리 사전선거 등록을 하지 않기 때문에 유권자의 등록자료 같은 데이터는 없다. 그러나 비슷한 역할을 하는 다른 데이터는 차고 넘친다. 핸드폰, 신용카드 등을 통해 수집하는 위치, 결제 정보는 개인의 동선과 취향을 드러내는 지뢰밭이다. 이런 정보는 알게 모르게 내가 누군지를 드러낸다. 한국의 역학조사 시스템은 개인의 위치정보, 신용정보를 합쳐서 정부와 기업이 높은 정확도로 개인을 추적, 식별할 수 있다는 점을 공증했다.

하지만 전기가 무섭다고 현대 문명을 포기하고 동굴로 들어

갈 수는 없다. 식별 정보와 민감 정보의 수집과 사용이 꼭 나쁜 것은 아니다. 식별 정보가 있어야 개발할 수 있는 맞춤형 서비스도 있다. 저마다의 필요가 다르니 개인에게 필요한 서비스도 다르다. 특히 복지 정책 같은 경우, 복지의 사각지대를 줄이기 위해서라도 이런 맞춤형 서비스가 꼭 필요하다.

민감 정보도 마찬가지다. 민감 정보가 없으면 사회적 불평등을 파악하기가 불가능하다. 개인의 성별을 모르는데 어떻게 데이터를 통해서 성차별을 이해할 수 있을까?

그러니 우리가 해야 할 일은 이 방대한 개인정보를 어디서 어떻게 써야 할지를 함께 고민하는 것이다. 위험의 부작용은 줄이고, 이용의 순기능은 늘려야 한다. 이 적절한 보호 장치를 마련하는 것이 정부의 역할이다.

02

전문성 없는
규제가 문제다

혹자는 규제를 강화하면 기업 활동이 위축된다고 주장한다. 그러나 모든 규제가 기업에 나쁜 것은 아니다. 언제, 어떤 방식으로 갑자기 적용될지 모르는 불확실하고 원칙 없는 규제가 문제다. 중앙집권적, 하향식으로 의사결정이 진행되는 한국에서는 규제 환경도 쉽게, 빠르게 바뀐다.

앞서 살펴본 개인정보 보호의 역사는, 한국에서 적용하는 많은 규제가 오랜 고민의 결과라기보다 사후약방문 식이란 점을 보여준다. 이런 상황에서 기업은 어떤 장단에 어떻게 춤을 춰야 할지 감을 잡기 어렵다.

EU는 개인정보 보호에 대한 규제를 강화하기 위해 일반 개인정보보호법GDPR을 2018년에 시행했다. 이 법안은 EU 인권법의 일부이기도 하다.

GDPR은 큰 틀에서는 한국의 개인정보보호법과 유사하지만 차이점도 많다. GDPR은 동의의 철회opt-out가 가능하다. 이용자에게 주는 권한이 더 많다. IP 주소는 인터넷에 연결된 디지털 기기가 가진 고유 번호, 일종의 인터넷 전화번호다. 이 번호를 알고 있으면 특정 기기를 식별할 수 있다. GDPR은 IP 주소 역시 개인정보의 일부로 취급한다. 규제의 범위가 더 넓은 것이다.

이렇게 빡빡한 규제가 기업 활동을 억제할 것 같지만 꼭 그렇지 않다. GDPR의 핵심은 개인정보를 수집, 이용, 제공하는 데 대한 동의를 이용자 편에서 고려한다는 점이다.

2022년 〈매니지먼트 사이언스〉라는 학술지에 발표된 연구에 의하면, 유럽의 이동통신사는 '개인별 동의 여부'라는 데이터를 이용해 어떤 이용자가 타깃팅 광고에 더 적합한지 판단할 수 있게 됐다(Godinho de Matos and Adjerid 2022). 규제 환경이 명확해지면 기업은 오히려 대응 전략을 세우기 쉽다.

기술 혁신으로 유명한 캘리포니아주는 의외로 규제가 까다롭다. 특히, 환경에 관한 규제는 미국 전체에서 가장 높은 수준이다. 캘리포니아주는 연방정부가 요구하는 기준보다 한 단계 높은 수준의 환경 규제를 요구하지만, 덕분에 캘리포니아주에서는 전기차를 비롯한 클린 에너지 관련 기술 혁신이 쏟아져 나온다. 개인 정보 보호 영역에서도 마찬가지다. 미국은 주마다 개인정보 보호 기준이 다르다. 연방정부가 아니라 주정부가 이 기준을 정하기 때문이다. 이 기준도 캘리포니아는 다른 주보다 더 까다롭다.

2018년에 GDPR과 같이 제정된 캘리포니아 소비자 개인정보 보호법CCPA은 미국 최초의 포괄적 개인정보보호법이다. 심지어 벌금형 같은 구속력에 있어서는 GDPR보다 더 까다롭다.

캘리포니아는 CCPA의 기준에 따라 미국의 다른 주에 비해서 이용자는 더 많이 보호하고, 기업에게는 더 많은 책임을 묻는다. 하지만 이 규제가 캘리포니아에 뿌리를 내린 수많은 테크 기업들의 경쟁력을 떨어뜨리지는 않는다. 까다로운 규제 환경에서 살아남으면 오히려 개인정보 보호에 앞서가는 기업, 비슷한 규제가 적용되는 유럽 시장에서도 경쟁력 있는 기업이 되기 때문이다.

코로나 기간인 2020년 4월, 애플은 구글과 손을 잡고 개인정보는 보호하면서 방역에는 도움이 되는 블루투스 기반의 역학조사 기술Exposure Notification을 개발했다. 이 프로젝트는 블루투스 기술을 통해 10미터 이내에 있는 감염자를 추적한다. 동시에 감염자의 정보는 암호화한다. 이 기술은 유럽의 개인정보 보호 규제 기준을 만족했다.

이처럼 규제가 반드시 혁신의 적은 아니다. 기업의 적도 아니다(Vogel 2018). 규제의 기준을 양적으로만 판단하고 더 적은 규제가 더 좋은 규제라고 맹목적으로 판단한다면, 교통 신호등도 없애야 한다. 규제의 양이 아니라 질, 특히 무분별하고 전문성 없는 규제가 문제다.

정부가 수집하던 빅데이터를 기업이 수집하기 시작한 이후로 이제 개인정보는 상품과 서비스가 됐다. 이 정보를 정부가 같이 이용하면서 감시 사회가 등장한다.

한국의 정보화 사회는 명암이 극명하다. 전 세계에서 가장 빠른 인터넷이 전 세계에서 가장 안전한 인터넷은 아니었다. 교통 규제 없는 고속도로는 잇따른 개인정보 유출이라는 위기를 초래했다. 한국인의 개인정보는 글로벌 공공재가 되어버렸다.

이 잘못을 빅데이터 사회에서 되풀이하지 않으려면 정부가 균형을 잘 잡아야 한다. 정보 이용의 혜택은 늘리되 위험은 줄여야 한다. 전문성 없는 규제, 기준이 없거나 잘못된 규제는 재정비하고 전문성이 있는 규제, 기준을 높이는 규제를 도입해 유용하면서도 안전한 데이터 혁신을 이끌어야 한다.

03

개인정보,
잘 숨기고 잘 지키려면

정부가 앞장서서 개인정보를 강화하는 방법을 크게 두 가지로 나눌 수 있다.

개인정보를 숨기는 기술

첫째, 개인정보를 숨기는 기술privacy-preserving technology이다. 통계 분석은 개인을 특정하는 것을 요구하지 않는다. 통계 분석에서 중요한 것은 집단의 특성 파악이지 특정 개인을 식별하는 것이 아니다. 의학에서 통계학에 가까운 것이 역학epidemology인데, 역학의 특징이 특정 질병에 대해서 개인이 아니라 집단 단위로 연구하는 것이다. 역학의 기초를 세운 사람 중 한 명인 영국의 의사 존 스노우는 통계학 분야에서도 실험 연구의 선구자로 높은 평가를 받는다.

통계는 기본적으로 집단에 대한 학문이다. 개인 식별은 감시에서나 통제에서나 필수적이다. 서울 시민 중 남자와 여자의 비율이 어떻게 되는지는 통계적으로 흥미로운 패턴이다. 그러나 이들 중 누가 남자이고 여자인지를 굳이 분석 목적에서 알아야 할 필요는 없다.

통계 분석의 이러한 특성에 착안해 데이터에 노이즈를 얼마나, 어떻게 넣어야 통계적 추론을 엄밀히 하되 개인정보 보호는 철저히 할 수 있는지에 대한 수학적 정의가 존재한다. 이것을 차등정보 보호differential privacy라 부른다(Dwork et al. 2006).

차등정보 보호를 기술적으로 구현하는 방법은 다양하다(Bowen 2021). 구글, 메타 같은 미국의 빅테크는 이미 이 프레임워크를 데이터 분석의 기본 원칙으로 정하고 따른다. 미국 인구통계국도 2020년 인구조사를 차등정보 보호 원칙에 기초해 진행했다.

한국 정부가 데이터를 공개하지 않는 까닭, 정부 데이터가 같은 부처 내에서도 잘 공유되지 않는 이유는 보안, 기밀 유지 때문이기도 하겠지만 개인정보 보호가 중요하기 때문이다. 한국만 이런 문제가 있는 것이 아니다. 미국, 유럽에서도 이런 문제가 심각하다. 이 문제의 해법은 관점의 전환이다. 개인정보에 대한 규제의 기준을 높일 것인가 낮출 것인가로 싸울 일이 아니다. 규제의 양이 아니라 질을 따져야 한다.

개인정보를 지켜야 한다는 대원칙에는 대부분 동의한다. 이슈는 과연 어떻게 해야 개인정보 이용과 보호 사이에서 균형을 잡을 수 있냐 하는 점이다. 문제는 디테일이다. 개인정보 유출 가능성과 활용법을 더 깊이 이해하는 것이 중요하다. 동시에 이 둘 사이의 균형을 잡아주는 기술에 대한 투자가 필요하다.

개인정보를 지키는 문화

둘째, 개인정보를 지키는 문화를 키워야 한다. 더 나은 개인정보 보호 기술을 배우고 여기에 투자하는 일도 중요하다. 장기적으로는, 모든 공공 기관이 개인정보 보호 처리를 담당하는 개인정보 보호 책임자Chief Privacy Officer, CPO를 둬야 한다. 개인정보 보호 문제를 조직 차원에서 전사적으로 고심해야 한다.

그러나 지금 행동해서 바꿀 수 있는 것은 지금 바꾸는 것이 현명하다. 개인정보 보호에 대한 잘못된 관행을 바로잡는 것이 그 출발점이다.

첫째, 모으지 말아야 할 개인정보는 모으지 말자. 한국에는 모으지 말아야 할 개인정보를 모으는 곳이 아직도 너무나 많다. 우리가 개인정보라고 잘 생각하지 않는 것도 사실 개인정보다. 대표적인 것이 입사지원서 제출 시 첨부하는 증명사진이다. 한국 정부는 2017년 하반기부터 일명 블라인드 채용 원칙에 따라 차별 요소를 줄이기 위해 대부분의 공공 기관 입사지원서에 증명사진을 붙이는 것을 금지했다. 블라인드 채용 자체는 과연 이것이 차별을 줄이는 데 얼마나 도움이 되는지 논란의 여지가 있다. 그러나 입사지원서에 증명사진을 붙이는 것은 개인정보 보호 차원에서 명백히 문제가 있다. 사진은 개인을 특정하는 식별 정보이자, 성별 등 민감한 정보를 드러낼 수 있는 민감 정보이다. 나아가, 실제 업무 능력과 연관성이 있다고 '증명'된 바 없는 증명사진을 잘 찍기 위해, 취업 준비생들은 애꿎은 돈을 낭비한다. TV에 나올 연예인을 뽑는 것이 아니라면 증명사진을 잘 찍어야 하는 이유가 무엇인가.

조직은 개인에게서 어떤 정보를 모으기 전에 이 정보를 왜 모아야 하는지, 어떤 의사결정에 쓸 것인지, 이 정보를 모았을 때 개인정보 유출 등과 관련해 어떤 위험이 발생할 수 있을지 스스로 질문을 던지고 고민해야 한다. 모을 필요가 없는 정보를 모으면 개인정보 유출의 위험과 데이터 관리의 비용만 늘어난다.

둘째, 보안은 개인정보를 지키는 첫걸음이다. 보안과 개인정보는 별개의 문제가 아니다. 보안이 무너지면 현관문이 열린다. 누구나 쉽게 내 집으로 들어와서 내 사생활을 엿볼 수 있다. 그래서 개인정보가 무너지면 개인의 자기 정보 결정권인 프라이버시가 무너진다. 특히, 내가 정부에서 일하거나 정부와 같이 일하는데 나의 개인정보가 포함된 정부 데이터에 접근 가능한 상황이라면, 내 집 대문이 열렸을 때 발생하는 문제가 나 한 사람으로 끝나지 않는다. 내가 바이러스의 숙주가 된다. 나를 통해서 접근할 수 있는 수많은 집의 안방이 공개된다. 따라서 정보의 접근 권한을 가질 때는 그에 비례하는 책임 의식이 필요하다.

기본적인 보안 수칙을 만들고 지키자. 민감한 개인정보를 다루고 분석하는 정부 기관이라면, 그에 준하는 보안 수칙이 필요하다. 다른 사람의 식별 정보와 민감 정보가 내 컴퓨터에 별다른 보안 장비 없이 저장되어 있다면, 내가 바로 정보 보안을 위협하는 요소다.

그러기 위해서는 개인 컴퓨터로 회사 업무를 하지 말아야 한다. 코드 포 아메리카는 입사 시 회사가 보안 기준을 관리하는 컴퓨터를 개인에게 지급한다. 이 컴퓨터는 역시 비슷한 시기에 회사가 지급한 하드웨어 보안키Yubikey가 있어야 잠금을 해제할 수 있다. 미국 국방부 등에서도 이러한 방식으로 컴퓨터 보안 관리를 한다. 이렇게 개인 컴퓨터와 회사 컴퓨터를 구분해야 개인 컴퓨터가 해킹당했을 때 회사 컴퓨터까지 함께 해킹당하는 상황을 피할 수 있다.

같은 이유로, 개인 이메일로 회사 업무를 하지 않는다. 이 역시

보안이 무너질 수 있는 가능성을 줄이기 위해서다. 개인 이메일이 해킹당했을 때 회사 이메일까지 해킹당하는 상황이 발생하면 안 된다.

회사 업무와 관련된 사이트의 로그인 정보는 남의 눈에 띄는 곳에 적거나 보관하지 않는다. 로그인 정보는 기억하기 쉽게 본인과 가족의 생일과 이름을 조합하는 등 단순하게 만드는 경우가 많은데, 이것도 좋은 방법은 아니다. 아이디와 비밀번호를 어렵게 만들어도 쉽게 기억할 수 있는 기술적 대안이 있다. 코드 포 아메리카 같은 경우는 라스트패스LastPass란 암호관리 프로그램으로 아이디와 비밀번호를 일괄 보안 처리한다. 아이디와 비밀번호를 라스트패스 서버에 저장하면, 사이트에 로그인 정보를 입력할 때는 나 대신 라스트패스가 정보를 입력해준다. 물론 이 방법도 보안상 완벽하진 않지만, 모든 사이트에 동일한 비밀번호를 쓰는 것보다는 낫다.

개인정보가 포함된 데이터는 보안 기준이 높은 환경에서만 접근한다. 코드 포 아메리카는 헥스Hex Technologies란 데이터 분석 플랫폼을 쓴다. 인터넷에 접속해서 사용하는 클라우드 서비스다. 회사 내의 데이터 분석용 데이터와 코드가 이 서비스에 보안 처리되어 보관된다. 정부 데이터는 개인정보 보호가 포함된 경우가 많다. 코드 포 아메리카에서 일하는 데이터 과학자는 이 정보를 개인 컴퓨터에 보관하지 않고 헥스를 통해서만 접근한다.

이렇게까지 연구자의 데이터 접근 방식을 제한하는 이유는 명확하다. 보안 기준이 높은 컴퓨터를 사용하지만, 그럼에도 발생할 수 있는 개인정보 유출 가능성을 조금이라도 낮추기 위해서다.

이 장에서는 개인정보가 곧 빅데이터라는 것을 살펴보았다. 개인정보가 빠진 빅데이터는 맞춤형 서비스를 만드는 재료로서 가치가 떨어진다.

정부가 개인정보를 대하는 태도의 핵심은 균형이다. 개인정보 보호와 이용 사이에서 균형을 잡기 위해서는 규제의 양이 아니라 질을 높이는 데 초점을 맞춰야 한다. 정부가 개인정보를 숨기는 기술, 개인정보를 지키는 문화의 도입에 앞장서야 한다.

9장

인재

한 조직의 역량은 그 구성원의
역량만큼 뛰어나다

Talent

01

시빅 데이터
과학자를 키우자

싸고 질 좋은 식자재 구입처를 발견했다. 손님이 많을 만한 곳에 식당도 오픈했다. 그런데 음식을 요리할 셰프의 능력이 부족하다. 과연 이 음식점이 잘될 수 있을까?

결국은 인사가 만사다. 공익을 위한 데이터 과학을 발전시키기 위해서는 공공 영역의 데이터 인프라는 기본이자 필요조건이다. 그러나 결국 인프라를 바탕으로 임팩트를 만들어내는 것은 사람이다. 사람이 인프라를 구축하고, 관리하고, 활용하기 때문이다.

공익을 위한 데이터 과학자가 공공 데이터의 가치를 만든다

데이터 과학자는 이른바 뜨는 직업에 해당한다. 데이터 과학이 유행하다 보니 테크뿐 아니라 금융, 유통 등 많은 업계에서 데이터 과학자를 원한다. 그런데 데이터 과학자가 민간에서 공공 영역으로 넘어오는 순간 상대적으로 연봉이 낮아진다. 설사 기본금은 비슷하더라도 성과급이 문제다. 공공 기관의 보상 체계상 보너스와 스톡옵션이 없다. 최신 데이터 과학 트렌드를 학습할 기회도 적다.

이러한 현실은 장기적인 커리어 관점에서 위험 부담으로 작용한다. 데이터 과학자로서 이제 막 커리어를 시작하는데 내가 이 조직에서 데이터를 가장 잘 아는 사람이라면, 이것은 적신호다. 설상가상으로, 조직의 데이터 해석 능력을 높이기 위한 교육까지 담당해야 한다. 이런 뻔한 손해, 부담, 문화적 충격을 다 감수하고 공공 영역으로 자리를 옮길 데이터 과학자는 그렇게 많지 않다. 이 비합리적인 구조가 바뀌지 않는 이상, 공공 영역의 데이터 역량이 향상되기는 쉽지 않다.

02

데이터
인재 양성을 위한
4가지 제안

공공 영역의 데이터 담당 인력난을 해소하는 방법에는 크게 네 가지가 있다.

첫째, 현재 공공 기관에서 일하는 사람들에게 단기 재교육을 실시하는 것이다. 공무원들에게 공공 영역에서 필요한 데이터 과학 교육을 실시할 수 있다. 뉴욕대에서 시작해 지금은 비영리단체가 된 코울리지 이니셔티브Coleridge Initiative가 좋은 예다.

이 프로젝트는 공무원들에게 공공 데이터를 정책 결정에 활용하는 방법을 단기 교육을 통해 가르친다. 미국에서 이 프로그램으로 재교육을 받은 공무원이 250개 기관에 650명이 넘는다. 이들은 자기 소속으로 돌아가서 조직 내 혁신 촉매제 역할을 훌륭히 수행한다.

물론 단기 재교육을 받은 공무원들이 민간의 데이터 과학자와 같은 수준으로 기술적 역량을 갖추기는 어렵다. 단기간에 교육으로 키울 수 있는 능력에는 한계가 있다.

여기서 핵심은 많은 도구가 아닌, 하나라도 쉽고 빠르게 배워 잘 쓸 수 있는 도구를 가르치는 것이다. 그래서 한 조직에 적어도 한 명의 파워 유저를 양성하는 것이다. 코드 포 아메리카도 정부 파트너들과 협업하는 과정에서 파트너들에게 데이터 과학 교육을 할 때가 많다. 파트너의 데이터 역량이 늘어날수록 코드 포 아메리카가 해야 할 일은 줄어들고, 이들과 함께할 수 있는 일은 늘어나기 때문이다.

둘째, 정부에 데이터 전문가 트랙이 필요하다. 데이터 과학 분야는 빠르기 변하기 때문에 끊임없는 자기 학습이 필요하다. 유능하고 열정 있는 공무원이 아무리 재교육을 받아도 이 분야에 흥미를 잃고 손을 놓아버리면 매우 빠르게 트렌드에서 도태된다. 데이터 과학 분야는 10년이 아니라 1년에도 여러 번 강산이 변한다. 컴퓨터과학계의 주요 연구 결과가 학술지가 아닌 학술대회 논문집conference proceedings에 등장하는 이유다. 따라서 공공 조직의 데이터 담당 인력이 지속적으로 해당 분야의 학습에 흥미를 갖게 하려면 이들에게 승진과 같은 직접적 인센티브를 제공해야 한다. 열정을 강요하지 말고 인센티브 제도를 만들자. 인센티브는 공무원도 춤추게 한다.

미국 정부에서는 데이터 전문가 트랙을 정부 내에 따로 만들었다. 이 변화 역시 오바마 행정부 때 시작됐다. 2015년 링크드인의 데이터 팀을 이끌던 DJ 파틸을 미국 과학기술정책국의 최고데이터과학자CDS로 임명했고, 2019년 들어서는 연방정부 차원에서 데이터를 전략적 자산으로 활용하기 위한 십년대계Federal Data Strategy를 세웠다. 이 전략에 따라 정부 부처와 지자체에 데이터 팀을 신설하고 최고데이터관리자를 임명하기 시작했다.

중앙부처 중에서는 미국의 중앙은행인 연방준비위원회, 인구통계국, 연방 차원에서는 각 부처에 증거 기반 정책을 위한 분석 업무를 지원하는 증거과학처 같은 곳에서 데이터 과학자를 뽑는다. 데이터 직군은 캘리포니아주 같은 주정부나 볼티모어시 같은 시정부에도 존재한다. 관련 정보는 테크잡스포굿(Tech Jobs for Good, https://techjobsforgood.com/)에서 확인할 수 있다.

한 조직의 역량은 그 구성원의 역량만큼 뛰어나다

한국 정부는 데이터 정부로의 전환을 요란하게 홍보한다. 그러나 공공 기관에서 일할 데이터 전문인력 양성 방안을 고민하고 실천하는 데는 미흡하다. 수많은 공공 기관, 정부 부처, 국책연구소 할 것 없이 제대로 된 데이터 분석보다 동향 조사에 바쁘다. 동향 조사는 전문적인 분석 능력 없이도 할 수 있는 일이고, 굳이 정부가 해야 할 일도 정부만이 할 수 있는 일도 아니다. 심지어 굳이 사람이 할 일도 아니다. 인공지능으로 자동 요약문을 만들 수도 있다. 이건 챗GPT가 매우 잘할 수 있다.

한국의 공공 기관에서 일하는 사람들은 오랫동안 준비해 높은 경쟁을 뚫고 힘들게 들어온 인재들이다. 자질은 충분하다. 이런 인재를 역량 강화와는 전혀 상관없는 업무에 투입시키는 것은 조직의 미래를 스스로 죽이는 꼴이다. 한 조직의 역량은 그 구성원의 역량만큼 뛰어나다.

이런 식으로 인재를 활용하면 연차가 쌓일수록 구성원의 실력은 퇴보할 수밖에 없다. 사람을 투자하고 성장시킬 나무로 보는 것이 아니라 당장 불쏘시개로 쓸 땔감으로 보는 것이다.

데이터 전환 시대에 정부의 역량 강화를 위해 가장 중요한 것은 구성원의 데이터 역량을 키우는 일이다. 스마트한 기계를 다룰 사람들은 더 똑똑해져야 한다.

데이터 업무는 기술 트렌드를 익히는 일이 아니다

한국이 정부 조직에서 일할 데이터 전문 인력 육성을 고민하지 않았던 것은 아니다. 서울대 언론정보학과 한규섭 교수, 데이터과학대학원 차상균 교수가 책임을 맡아 작성한 2015년 한국정보화진흥원 보고서가 이미 이 문제를 지적했다. 이 보고서는 한국 공공 기관의 빅데이터 업무는 중앙정부에서는 젊은 사무관이, 지방정부에서는 전산직 직원이 담당하고 있음을 강조한다(한규섭 외 2015). 거의 모든 데이터 업무는 공공 조직을 데이터 기반 조직으로 바꾸기 위한 근본적이고 전사적인 성격을 띠고 있다.

그럼에도 불구하고 이 업무는 여전히 기술 트렌드의 하나일 뿐이라는 인식이 강하다. 빅데이터 업무는 조직 내 IT 부서에서 담당하거나 외주로 맡긴다. 빅데이터 사업에서 빅데이터를 수집하고 관리하는 일은 데이터를 활용하기 위한 준비 과정이다. 그러나 아무리 열심히 준비해봤자 활용되지 않는 데이터는 죽은 데이터일 뿐이다. 데이터로 풀 수 있는 문제, 풀 수 없는 문제, 풀어야 할 문제, 풀지 말아야 할 문제가 구분되어야 한다. 문제 해결을 위해 어떤 자원을 어떻게 투입해야 할지 전략적 사고도 해야 한다. 전사적 차원에서 이런 문제를 고민하고, 정의하고, 해결할 수 있는 사람들이 필요하다. 그리고 이들이 자신의 업무 전문성에 걸맞은 지위와 보상을 받을 수 있어야 한다.

혁신은 위에서 분위기를 조성한다고 일어나지 않는다. 한국에서 국가적 위기가 발생할 때마다 나오는 말이 컨트롤 타워의 부재다. 그러나 지휘력 부재만 문제가 아니다. 조직은 위아래가 모두 중요하다. 리더십도 중요하지만, 리더를 밑에서 받쳐줄 두터운 인재 층이 있어야 한다. 감독이 뛰어나도 선수가 모자라면 어떻게 팀이 경쟁력을 갖추겠나. 인재를 제대로 쓸 줄 아는 조직 시스템과 문화가 있어야 한다. 공공 조직 내에 데이터 과학 활용을 위한 인적 기반이 없으면 열심히 쌓은 모래성은 파도에 쉽게 무너진다.

마지막 인력 충원 방안은 데이터 사이언티스트들에게 단기간 정부에서 일하면서 공공데이터 관련 커리어를 쌓을 기회를 주는 것이다. 2012년 오바마 정부 때 설립된 대통령 혁신 위원Presidential Innovation Fellows, PIF은 정부의 흔한 위원회처럼 보이지만, 실제로는 현장 중심으로 운영되는 조직이다. 이 조직의 목표는 민간 기업, 비영리단체, 학계 등에서 검증된 우수 인재를 정부로 초빙해 정책 문제를 함께 푸는 것이다. 2012년에 18명을 선발하는데 700명이 넘게 지원했고, 2년 뒤 43명을 뽑는데 2,000명이 넘게 지원했다. 2015년, 대통령령에 따라서 이 프로그램은 연방정부의 공식 프로그램이 됐다.

초기 PIF 참여자들은 프로그램이 끝난 뒤에도 워싱턴 DC에 남았다. 이들은 2014년 18F라는 정부 기관을 설립해 미국의 디지털 서비스청과 함께 정부의 디지털 전략 수립과 실행을 돕는다. 18F는 미국의 연방조달청GSA 산하에 있다. 여기엔 이유가 있다. 1980년대 레이건 정부 이후 미국 정부는 작은 정부를 추구한다. 웹사이트, 모바일 앱 등 각종 디지털 기술 관련 업무는 용역 업체에 맡겼다(Pahlka 2023). 결과적으로, 정부의 디지털 전문성은 갈수록 떨어졌고 디지털 기술을 평가하기도 어려워졌다. 18F가 이 빈자리를 대신 채운 것이다. 이들은 미국 정부 기관에게 어떤 기술을 왜 구입해야 하는지, 어떻게 활용해야 할지 자문한다.

여기서 끝이 아니다. 미국 바이든 정부는 2021년 디지털 봉사단U.S.Digital Corps을 신설하고 디지털 인력의 정부 유입을 유도한다. 대통령 혁신위원이 이미 어느 정도 커리어를 쌓은 사람들을 위한 자리라면, 디지털 봉사단은 이제 커리어를 쌓기 시작한 사람들을 위한 자리다. 명칭은 봉사단이지만 열정페이가 아닌 유급으로 운영된다. 봉사단이라는 이름은 존 F 케네디가 대통령을 역임하던 1961년에 만들어진 미국의 평화봉사단U.S. Peace Corps에서 비롯되었다.

평화봉사단 프로그램은 지난 50년 동안 해마다 3,500명에서 4,000명에 가까운 미국 청년들을 선발했고, 이들을 전 세계 141개 국가에 파견해 2년간 지식과 기술을 전파하며 봉사하게 했다. 이렇게 활동한 청년이 24만 명을 넘는다. 이들은 정계, 학계, 재계 곳곳에서 다양한 활동을 벌인다. 비슷한 맥락에서 디지털 봉사단 프로그램은 소프트웨어 공학, 데이터 과학, 제품관리, 디자인, 사이버 보안 분야의 인재가 정부에서 2년 동안 일하면서 정부 정책에 직접 영향을 미칠 수 있는 기회를 제공한다.

03

미국이
시빅 데이터 전문가를
키우는 법

조기교육은 대학 입시에서만 중요한 것이 아니다. 한국에서도 디지털 봉사단 같은 프로그램을 신설하고 여기에 참여할 인력의 파이프라인을 만들려면 대학 교육부터 바꿔야 한다. 학생들에게 데이터를 통해 공공 문제를 해결해본 경험을 일찍부터 쌓을 수 있게 해줘야 한다. 그러나 데이터를 통해 공공 문제를 해결하는 데이터 과학 학부, 대학원 교육이 부족하다. 데이터 과학 교육은 붐이지만 여전히 많은 프로그램이 비즈니스 데이터 분석에만 초점을 맞추고 있다.

미국에서는 공공 영역에 초점을 맞춘 교육 프로그램이 점점 늘어나는 추세다. 워싱턴 DC에 위치한 조지타운대 정책대학원은

2018년에 공공 문제 해결을 위한 데이터 과학에 초점을 맞춘 프로그램을 신설하고, 이와 관련해 대규모 교원을 지속적으로 채용했다. 정책대학원에서 만든 프로그램이지만 문학석사가 아니라 이학석사다. 피츠버그에 있는 전통의 공대 강호 카네기멜론대의 하인츠 정보 시스템 및 공공 정책대, 미국 중부를 대표하는 시카고대의 해리스 정책대학원도 비슷한 성격의 석사 프로그램을 제공한다.

학부에서 실습을 통해 공공 문제를 데이터로 해결하는 법을 배울 수 있는 곳도 있다. UC버클리의 데이터 과학 학부는 '데이터 과학 디스커버리'라는 프로그램을 운영한다. 이 프로그램은 데이터 과학을 전공하는 학부생들이 공익 목적의 프로젝트를 진행하면서 학점도 받고 경험을 쌓을 기회를 준다. 나는 버클리 대학원생 시절 이 프로그램의 프로젝트 리드로 1년 가까이 참여했다. 지금은 골드만삭스, 스냅 같은 테크 기업에서 데이터 과학자로 일하는 나의 과거 학생들은 대부분 컴퓨터 과학, 응용수학, 데이터 과학 분야의 전공자다. 프로그래밍, 데이터 분석 기술이 뛰어난 학생들이 공익 프로젝트에 참여해 공적 마인드를 배우고 경험도 쌓는 것이 고무적이다.

미국에서 공익을 목적으로 기술, 디자인, 데이터를 연구하고 교육하고 훈련시키는 대학은 이제 꽤 많아졌다. 2019년 뉴 아메리카 재단, 포드 재단, 휴렛 재단의 지원을 받아 21개 대학이 '공익 목적의 기술-대학 네트워크PIT-UN'라는 협의체를 발족시켰다. 이 협의체는 공익 목적의 데이터 과학 판을 키우는 것이다. 커리큘럼, 교수진, 개발 경험과 지식을 공유하고 공공 및 민간 파트너와 함께 학생들이 현장에 참여할 수 있는 인턴십, 펠로우십, 클리닉 등의 기회를 만든다. 이 분야에서 학생들이 커리어를 쌓는 과정을 구체적으로 돕고, 관련 교원의 연구와 교육, 봉사 활동이 업적 평가에 제대로 반영되도록 돕는다. 마지막으로, 해당 기관들의 활동 내용이 실제로 이 분야 성장에 어떻게 기여하는지를 측정하고 평가한다.

이렇게 교육받은 학생들이 실제 공공 영역에 들어가 현장 경험을 쌓을 수 있도록 도와주는 단체도 있다. 2017년 설립된 코딩 잇 포워드Coding It Forward는 데이터 과학, 컴퓨터 과학, 디자인 분야의 지식과 기술을 가진 학부생과 대학원생들이 10주간 미국의 연방정부 기관과 함께 프로젝트를 진행할 수 있도록 돕는다. 이 프로그램에 참여하는 학생들도 정당한 비용을 지급받으며, 워싱턴 DC에서 오리엔테이션을 하는 것을 제외하고는 재택근무로 진행된다.

한국에서 학생들의 창업을 독려하는 학교는 갈수록 늘어난다. 2019년을 기준으로 중소벤처기업부로부터 지정받은 창업보육센터를 운영하는 대학이 전국에 193개다. 서울부터 제주도까지, 전체 대학의 절반 이상이 창업센터를 운영한다. 그렇다면 공익을 목적으로 하는 데이터 과학 관련 프로그램을 운영하는 학교는 얼마나 될까?

공익을 추구하는 데이터 정부도 결국 사람이 만든다. 무엇이든지 심은 대로 거둔다. 대학에서 공익을 챙기지 않으면 어디서 챙기겠는가. 학교가 이익만을 추구한다면 학원과 다를 바 없다. 공익을 위한 데이터 활용을 위해서는 이 분야에서 활동할 인재들을 조기에 체계적으로 육성해야 한다. 나아가 이들이 꼭 일평생을 헌신하지 않더라도, 단 1~2년이라도 공익을 위해 봉사할 수 있는 기회가 주어져야 한다. 이렇게 공익을 위한 데이터 인재의 나무를 키울 때, 공익을 위한 데이터 과학의 숲이 만들어진다.

한국에서는 1996년 IMF 금융위기 이후 공직의 인기가 치솟았다. 한때는 9급 공무원이 꿈인 젊은이들이 대학가에 넘쳐났다. 시대가 다시 바뀌었다. 2023년, 한국행정연구원이 발표한 공무원 6,000명을 대상으로 한 설문조사에 따르면 이직 의사가 있는 중앙부처, 광역자치단체 공무원이 45.2퍼센트에 달한다.

공직이 문제가 아니다. 공직은 이전에도 중요했고, 지금도 중요하며, 앞으로도 중요하다. 정부만이 해결할 수 있는 공공 문제는 수두룩하고, 정부만이 만들 수 있는 사회적 임팩트도 명백하다.

정부가 일을 못하는 것이 문제다. 정부에서 일하는 것이 청년들의 꿈이 되지 못하는 현실, 좋은 커리어 기회가 되지 못하는 상황이 문제다.

정부 데이터 인프라는 노후하고, 정부 서비스는 불편하다. 그럼에도 이를 개선하기 위해 필요한 데이터, 디자인, 테크 인력이 한국의 정부 조직에 들어갈 기회가 부족하거나 거의 없다시피하다. 이들이 일할 환경과 문화가 갖춰지지 않았다. 공공 영역에서 일할 데이터 인재를 양성하는 파이프라인, 대학과 대학원 교육이 부재한 것이 문제다. 정부가 시민보다 규정을 지키기 위해 일하는 것, 미래가 아니라 과거의 조직에 머물러 있는 것이 문제다. 일을 못하는 곳에서는 일을 배우기 어렵고 개인은 성장하지 못한다. 조직의 능력은 그 조직 구성원의 능력만큼 뛰어나다.

시민을 위해 데이터를 쓰려면 정부가 지금보다 일을 더 잘해야 한다. 정부의 인터페이스, 인프라, 피드백 시스템을 바꿔서 쓰기 쉽고, 참여하기 쉬운 정부를 만들어야 한다. 그런 정부도 사람이 만든다. 시민을 위한 데이터 정부에는 시빅 데이터 과학자가 필요하다.

10장

결 론

데이터로 만드는,
잘해야 하는 일을 잘하는 정부

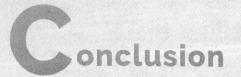
Conclusion

01

한국은
강대국과 선진국을
혼동하고 있다

이 책에서 나는 한국 정부가 시민이 이용하기 쉬운 정부, 시민에게 먼저 찾아가는 정부, 시민이 참여하기 쉬운 정부라는 미션을 어떻게 실현할 수 있을지에 대한 로드맵을 그렸다. 이 과정에서 '시민을 위한' 데이터인 시빅 데이터가 할 수 있는 역할을 인터페이스, 인프라, 피드백이라는 세 가지 공략 포인트로 나누어 설명했다. 파괴적 혁신이 아니라 안전한 혁신이 중요함을, 한 조직의 역량은 그 조직의 구성원의 역량만큼 뛰어남을 강조했다.

한국 사회는 강대국과 선진국이 같다고 생각한다. 많은 한국인에게 선진국은 곧 부강한 나라다. 그래서인지 한국은 '강국'이란 단어를 참 좋아한다. 1990년대에 한국 정부는 "산업화에는 뒤졌지만, 정보화는 앞장서야 한다"라는 기치 아래 정보화 강국을 부르짖었다. 2020년대 한국 정부에게는 인공지능 강국이 새로운 구호가 되었다. 2023년 1월 26일, 한국 정부는 2027년까지 한국을 세계 3대 인공지능 강국으로 만들겠다고 공표했다.

지난 한 세기, 한국 사회에서 기술은 부강해지기 위한 수단이었다. 구한말 조선에게 기술이란 열강으로부터 나라를 지키기 위한 방법이었다. 광복 이후 대한민국에게 기술이란 가난에서 벗어나기 위한 전략이었다. 1970년대의 군사 정권 하에서 태동한 새마을운동의 '잘 살아보세'라는 구호가 이 뿌리 깊은 사고방식을 대표한다. 한국의 유별난 제4차 산업혁명에 대한 집착, 빅데이터 강국, 인공지능 강국이라는 정책의 발상도 이런 전통적 사고의 연장선에서 나온 것이다. 그러나 '잘 먹고 잘 살아보자'와 '성숙한 민주주의'는 그 지향점이 완전히 다르다.

문제가 아무리 많아도, 정부는 실패해서는 안 된다

선진국은 그저 돈이 많은 나라가 아니다. 민주주의가 성숙한 나라다. 성숙한 민주주의 사회는 차별이 적고 기회는 많은 공동체를 추구한다. 접근성도 높다. 정부가 다양한 개인과 집단을 포용하는 사회다. 이런 사회는 기본권이 살아 있다. 사람이기 때문에 기본적으로 누려야 할 권리가 지켜지고, 확장된다.

권리는 돈과 다르다. 돈은 나누면 줄어들지만 권리는 지킬수록 커진다. 누군가의 기본권이 침해됐을 때, 그 사람이 여성이든 성소수자든 외국인이든 장애인이든 그들의 문제가 곧 우리의 문제인 이유는, 그들의 권리가 그들만의 것이 아니라 같은 공동체 구성원인 우리 모두의 권리이기 때문이다.

이런 세상은 그냥 오지도 않고, 쉽게 오지도 않는다. 권력의 근원인 정부가 바뀌어야 한다. 시민이 이용하기 쉬운 정부, 시민에게 먼저 찾아가는 정부, 시민이 참여하기 쉬운 정부가 되어야 한다.

많은 문제에도 불구하고 정부가 여전히 희망인 이유는, 정부가 제공하는 서비스가 필수불가결하고 대체불가능하기 때문이다. 정부가 사회의 기반 시설인 도로, 전기, 수도와 같은 인프라를 제공하지 않으면 누가 제공하는가? 정부가 국민을 자연적, 사회적 위험으로부터 보호하지 않으면 누가 보호하는가? 정부의 실패는 대단히 심각한 문제를 야기한다. 한국의 여느 대기업이 위태로워지는 것보다 더 심각하다. 한 기업이 망하면 대체할 기업이 있다. 많은 경우, 정부가 실패하면 대안이 없다.

02

기계보다
사람과 사회가
더 똑똑해져야 한다

빅데이터와 인공지능의 시대에는 갈수록 기계가 똑똑해진다. 과거에 사람이 하던 일들을 기계가 매우 빠른 속도로 대체해간다.

나는 이 자동화의 물결을 일상에서 경험한다. 회사에서 데이터 분석 업무를 할 때는 헥스라는 플랫폼을 통해 다른 팀원들과 데이터, 컴퓨터 코드를 공유한다. 이 플랫폼을 활용하면 실시간 협업이 가능하다. 챗GPT의 등장 이후, 헥스에 인공지능 기능이 추가됐다. 내가 작성한 컴퓨터 코드에 오류가 발생했을 때, 인공지능에게 수정을 부탁할 수 있다. 회사에서 문서 작업, 지식 정리, 프로젝트 관리 업무를 할 때는 노션을 사용한다. 노션에도 비슷한 시기에 유사한 인공지능 기능이 추가됐다. 이 기능을 이용하면 오탈자 수

정과 윤문은 물론이고, 글머리 기호로 정리한 내용을 문장체로 늘려주거나 긴 글을 짧고 쉽게 정리하는 것도 가능하다. 이 책은 구글의 구글독스라는 워드 프로세서로 작업했다. 여기에도 시범적으로 노션과 비슷한 인공지능 기능이 추가되어 있다.

그러나 여전히 인공지능이 못하는 일이 많다. 인공지능은 도구다. 현재 산업에서 가장 많이 쓰이는 인공지능은 기계학습 형태다. 인공지능(기계)을 학습시킬 데이터가 필요하고, 학습된 알고리듬이 달성할 목표가 있어야 한다. 그 목표의 달성 기준도 정해야 한다. 결국, 이 똑똑해 보이는 도구를 어떤 상황에서 어떤 문제가 발생했을 때 어떤 목적을 위해서 어떻게 활용할지는 사람이 결정한다. 이것은 앞으로도 사람이 해야 할 일이다.

민간과 공공은 지향점이 달라야 한다

'공익을 위한 데이터 과학civic data science'과 '영리를 위한 데이터 과학business data science'은 그 지향점이 다르다.

기업에서 인공지능을 활용하는 이유는 저비용, 고효율이기 때문이다. 인공지능을 통한 스팸 처리가 왜 인터넷 서비스 기업에게 매력적인가? 규모와 비용 때문이다.

이메일 서비스가 폭발적 인기를 끌면 이용자를 따라 스팸도 증가한다. 기하급수적으로 증가하는 이메일과 스팸을 사람이 일일이 분류하려면 엄청난 인건비가 든다. 기업 입장에서는 이 작업을 인공지능을 통해 자동화할 수 있다면 돈을 아껴서 좋다. 이용자는 스팸을 피할 수 있으니 편리하다. 기업은 비용을 절감하고 이용자는 시간을 아끼니 기업은 성장하고, 관련 산업과 시장이 커진다.

4차 '산업'혁명만 생각하면 기업이 좋아하는 저비용, 고효율의 논리를 정부에도 적용할 수 있다. 기업이 인공지능을 활용하듯이 공공 정책을 인공지능으로 해결하는 데 아무 무리가 없다. 이 맥락에서 생각하면 데이터 기반 정부의 목표는 빅데이터 기업, 인공지능 산업의 육성이다. 이것이 현재 한국 정부가 추구하는 방향이다.

정부는 접근성의 최대화를 추구해야 한다

그러나 공공 영역의 문제 대부분은 이렇게 단순한 최적화 문제가 아니다. 기업 입장에서는 자신의 고객만 생각하면 된다. 하지만 민주주의 정부는 구성원 모두를 대표해야 한다. 그것이 사회계약에 따라 민주주의 정부가 존재하는 이유다. 공익의 입장에서 볼 때, 모든 불편함이 다 없애야 할 불편함일까? 이윤과 편리만 최대화하면 어떤 가치와 기준은 희생되고 만다(Green 2019).

중립적 기술은 없다. 기술은 어떻게 설계하느냐에 따라서 접근성이 달라진다. 아직도 생소한 인공지능 대신 버스를 설계하는 상황을 가정해보자. 버스는 이동수단이지만 공간이기도 하다. 이 공간을 설계하는 방법은 크게 두 가지가 있다.

- 1안: 버스의 앞부터 뒤까지 좌석을 빼곡히 채워 넣는다
- 2안: 버스 중간에 여유 공간을 두어 사람 외의 다른 것도 태운다

효율성만 놓고 보면 1안이 더 나은 디자인이다. 1안을 택하면 2안을 택하는 것보다 같은 시간 내에 더 많은 사람이 이동할 수 있다. 한국의 대부분 통근버스, 광역버스가 이런 식으로 디자인되어 있다.

하지만 다양성과 형평성을 기준으로 놓고 보면 1안은 답이 되지 못한다. 휠체어 이용자는 1안으로 디자인된 버스를 애초에 탈 수가 없다. 이렇게 효율성만 추구하면 배제되는 집단이 있다. 접근성이 감소한다.

내가 세종시의 KDI 대학원에서 교수 생활을 할 때, 서울에 가야 할 일이 생기면 오송의 KTX역까지 광역버스를 타고 갔다. 이 광역버스는 1안처럼 설계되어 앞뒤 좌석이 다닥다닥 붙어 있었다. 손에 장바구니를 들고 타는 것도 쉽지 않았으니 당연히 장애인은 이용할 엄두를 내기 어렵다.

지방만 이런 것이 아니다. 서울시 시내버스 중에도 2안에 가까운 저상버스가 일부 있다. 그러나 고속버스, 광역버스는 모두 1안에 가깝다. 2010년 한국장애인개발연구원이 조사한 바에 따르면

그나마 있는 저상버스도 운행 대수가 적고 배차 시간은 길며 고장이 잦다.

기계가 스마트해지는 만큼 사람과 사회가 성숙해야 한다

인공지능도 결국 데이터로 만들 수 있는 도구의 일부다. 기본은 데이터다. 그런 점에서, 데이터 전략은 인공지능 전략에 우선한다. 어떤 데이터를 모아서 어떻게 쓸 것인가? 누구를 위해 쓸 것인가? 민간에서 쓰는 데이터 과학의 기준인 저비용, 고효율은 이 질문에 대한 답이 아니다. 제4차 '산업'혁명이란 프레임은 사실 공공영역에서 적용하기에 적합한 기준이 아니다. '산업'과 '사회'가 같지 않기 때문이다.

민주주의를 성숙하게 만드는 데이터 과학은 산업뿐 아니라 공익을 추구하는 것을 목표로 해야 한다. 그동안 정책 결정 과정에서 배제되고 소외된 사람들이 많다. 그동안 정부가 주의 깊게 들어주지 못했던 그들의 불편과 부담이 데이터화되면, 그것이 시빅 데이터다. 이 시빅 데이터를 기초로 하는 데이터 과학, 이용하기 쉽고 먼저 찾아가며 참여하기도 쉬운 정부를 만드는 데이터 과학이 시민을 위한, 그리고 시민과 함께하는 시빅 데이터 과학이다.

03

필요 없는 일은
하지 않고,
필요한 일은 잘하는 정부

데이터로 필요 없는 일은 하지 않고, 필요한 일은 잘하는 정부를 만들자. 정책은 정부가 시민을 돌보는 수단이다. 정책으로 해결할 필요가 없는 문제를 쓰지 말아야 할 방법으로 풀면 예산이 낭비된다. 할 필요가 없는 일은 하지 말자.

할 필요가 없는 일은 하지 말자

인천시의 배다리 헌책방거리 주변 경인국철 밑 굴다리 벽면에는 사철나무 화분이 가득하다. 기울어가는 배다리 주변의 마을 공동체를 다시 살리겠다는 애초의 정책 취지는 나쁠 것이 없다. 문제는 디테일이다. 실행이 잘못됐다. 햇볕도 잘 들지 않는 곳에 2020년 정부 예산 8,000만 원을 들여 나무를 심어놓았다. 이 나무들이 다 죽어나가자 다시 400만 원을 들여 나무 교체 작업을 했다.

정부에는 규정을 신경 쓰는 사람은 많지만 결과에 관심 갖는 사람은 드물다. 그러니 이런 블랙코미디 같은 사건들이 곳곳에서 흔하게 일어난다.

해야 할 일은 잘하자

일을 제대로 하기 위해서는 목표가 명확해야 하고, 그 목표를 결과를 통해 측정해야 한다. 여기서 결과의 기준은 시민의 행복이다. 해야 할 일은 잘하자.

실리콘밸리의 테크 기업들은 인텔이 시작하고 구글이 퍼뜨린 OKR이란 경영 방식을 선호한다(Doerr 2018). OKR은 인텔을 굴지의 반도체 기업으로 끌어올린 인텔 CEO 앤드류 그로브가 창안했다. 인텔 출신이며 실리콘밸리의 전설적 벤처 투자자인 존 도어가 OKR을 구글에 전파했고, 구글이 OKR을 통해 크롬 웹브라우저, 유튜브 등의 사업에서 큰 성공을 거둔 후 OKR은 실리콘밸리의 기본 경영 방식으로 정착했다. 여기서 O는 Objectives(목표)를, KR은 Key Results(핵심 결과)를 의미한다. 이 기법의 핵심은 일을 '열심히'가 아니라 '잘'하는 조직이 되는 것이다. 절차가 아니라 결과에 집중하는 것이다.

목표와 결과를 명확하게 정의하자

공무원들이 일하는 가장 일반적인 방법은 업무 리스트를 만들고 완수한 일을 체크하는 식이다. 해당 규정을 지키며 업무를 완수했는지 여부에 따라 사업의 성과를 판단한다.

이런 체크 리스트는 보통 위에서 할당된다. 문제는 윗분들이 현장과 분리되어 있다는 것이다. 윗분들이 만드는 정책에 따라 햇볕이 잘 들지도 않는 곳에 화분을 잔뜩 배치하는 판단 착오가 생긴다. 체크 리스트로 일이 진행되니 담당자는 현장이 아니라 윗선의 지시에 따라 업무를 처리할 수밖에 없다. 위에서 시키는 업무를 완수하는 것이 공무원들의 본분이기 때문이다.

이런 상황에서는 길기만 하고 효율성은 없는 업무 리스트를 만들고 완수 여부를 확인하는 데 시간과 노력을 다 쏟기 때문에, 정작 프로젝트가 어떤 성과를 내는지에는 관심을 갖기 어렵다. 이렇게 일해서는 당연히 시민을 위한 결과를 기대하기 어렵다.

정부가 디지털 기술을 활용해 시민들이 정부 혜택을 쉽고 빠르게 누릴 수 있게 한다고 가정하자. 이 목표 달성을 위해서는 먼저 목표 자체가 명확히 정의되어야 한다. 누가 무엇을 어떻게 언제 얼마나 누릴 수 있게 할 것인지를 정의해야 한다.

목표 못지않게 잘 정의되고 측정되어야 하는 것이 핵심 결과다. 정부 웹사이트나 모바일 앱을 통해서 복지 정책을 신청하는 일은 상당히 번거롭고 피곤하다. 이 문제를 해결하려면 정부가 만든 디지털 플랫폼에 접근할 때의 불편함을 줄이려는 노력과 그 결과를 데이터로 측정할 수 있어야 한다. 이용자들이 특정 서비스를 신청하는 데 걸리는 시간은 얼마인가? 정부 웹사이트와 모바일 앱을 어떻게 다시 디자인해야 이 시간을 단축할 수 있을까? 어떻게 해야 디지털 공문서 작성이 온라인 쇼핑만큼 쉬워질까? 결과와 시민에 초점을 둔 이런 고민이 필요하다. 업무 리스트를 체크하는 것에 신경을 쓸 것이 아니라, 이 결과를 만들어내는 데 책임을 져야 한다.

이러한 방식으로 결과를 측정하면 애매함이란 있을 수 없다. 정부가 올해 하반기 육아 지원 온라인 신청 시간을 기존 대비 50퍼센트 단축하겠다는 것을 핵심 목표로 정했다면, 하반기가 끝날 때쯤 이 목표를 달성했는지 여부가 결정된다.

이때, 시간 단축이라는 핵심 결과는 '시민이 쓰기 쉬운 정부 디지털 플랫폼 구축'이라는 정책 방향을 진단하는 수단이다. 끊임없는 자기학습을 통해 정책 서비스의 질을 지속적으로 개선하기 위한 발판이다. 이론에 기초해서 실행하고, 실행에 기초해서 이론을 수정하되, 이 과정이 빠르게 자주 반복되어야 한다. 체계적으로 빨리, 많이 실패해야 한다. 헛수고를 반복하는 것이 아니라, 도전과 성찰을 반복하며 실력을 키우고 성장해야 한다.

코드 포 아메리카가 미국의 미네소타 주정부와 진행한 통합 복지 정책 신청 사이트 구축 사례를 살펴보자. 복지 부처와 담당자 업무는 복잡하게 나뉘어져 있다. 그러나 신청자 입장에서 보면 모든 문제가 한데 얽혀 있다.

가정이 단지 가난하기만 하면 취약 계층 문제다. 가난한 가정에 아이가 있으면 아동복지 문제다. 가난한 가정에 출산한 여성이 있으면 육아복지 문제다. 가난한 가정에 노인이 있으면 노인복지 문제다. 신청자가 복지 수당을 받으려면 각각의 복지 서비스를 따로 신청해야 한다. 하지만 실상은 한 가정이 여러 문제를 복합적으로 안고 있을 가능성이 크다. 그래서 여러 복지 서비스를 한꺼번에 신청할 수 있다면 신청인의 부담을 줄일 수 있다. 담당자 입장에서도 어차피 처리해야 할 민원이라면 한꺼번에 처리하는 것이 더 쉽다.

코드 포 아메리카가 한 일이 바로 미네소타 주정부와 협력해 이런 통합 복지 정책 신청 사이트integrated benefits site를 제작한 것이다. 그러나 이 사이트 제작 자체가 목적은 아니었다. 복지 서비스 신청 과정을 통합해 신청인의 부담을 줄이는 것이 핵심 목표이고, 이 목표의 달성 여부는 신청하는 데 걸리는 시간을 측정해서 확인한다. 기존에 100분 넘게 걸리던 신청 시간을 20분 이하로 줄이는 것, 이 임팩트를 만드는 것이 핵심 지표다.

이 결과를 달성하기 위해 코드 포 아메리카는 먼저 테스트용 신청 웹사이트를 만들고, 이 웹사이트를 신청인과 실무자의 피드백을 받아 개선했다. 테스트용 사이트는 가장 기본적인 기능만 갖추었다. 이 웹사이트를 바탕으로 2020년 초 미네소타주의 네 개 카운티에서 독신 가정만을 대상으로 서비스를 제공했다. 이후에 서류 업로드 기능 등을 하나씩 추가했고, 대상자도 넓혔다. 이렇게 기능을 하나씩 추가할 때마다 다시 신청자와 담당자로부터 새로운 피드백을 받았다. 이 피드백에 따라 계속 개발 방향을 조정했다.

일련의 과정을 통해서 결국 기존 대비 5배 넘는 시간 단축을 이뤄냈다. 최종적으로, 이 사이트에서 신청자가 여러 복지 서비스를 한 번에 신청하는 데 걸리는 시간은 평균 15분이다. 2020년 1월부터 2022년 6월까지 인구 570만의 미네소타에서 이 사이트를 통해 복지 급여를 신청한 주민의 숫자가 40만 명을 넘었고, 이들 중 실제로 혜택을 받는 사람은 24만 명이 넘는다.

우리 정부는 시민이 쓰기 쉽고, 먼저 다가가고, 참여하기 쉬운 정부를 만들기 위해서 어떤 노력을 하고 있는가? 그 노력을 어떤 목표에 견주어 측정하고 있는가? 해야 할 일을 더 잘하기 위해서 무엇을, 어떻게 배우고 있는가?

한국의 디지털 정부 정책에는 빅데이터, 인공지능, 메타버스 등 각종 핫한 단어가 다 들어가 있다. 우리는 유행에서는 밀리지 않는다. 그러나 구호가 아니라 임팩트로 말하자. 사명에 집중하고,

기본에 충실하자. 시민의 부담을 줄이고, 차별을 줄이고, 기회는 늘리자. 이 사명을 명확한 목표, 구체적 핵심 결과, 지속적 피드백에 기초한 신속한 개선을 통해 실현하자. 덜 하는 것이 더 하는 것이다. 잘해야 할 일을 잘하려면 예산을 계산하기보다 디테일한 실행에 집중하려는 노력이 가장 중요하다(Pahlka 2023).

우리에게는 해야 할 일을 잘하는 정부가 필요하다

한국은 한 세대 만에 경제 발전과 민주주의를 모두 달성한 몇 안 되는 국가다. BTS, 블랙핑크를 위시한 케이팝 그룹이 전 세계적 인기를 끌고, 영화 〈기생충〉이 오스카상 4관왕을, 웹드라마 〈오징어게임〉이 에미상 6관왕의 위업을 달성했다. 서울은 어디에 내놓아도 밀리지 않는 국제도시다. 한국의 경제 규모는 유럽의 여느 국가와 비교해도 결코 작지 않다. 한국의 경제성장은 개인의 신체적 특징과도 연결된다. 잘 먹고 잘 자란 한국 젊은 세대의 평균 키는 전 세계 어딜 가도 큰 편에 속한다.

한국의 외양은 그럴듯하다. 그러나 내실과 역량이 부족하다. 정부의 문제 해결 능력이 떨어진다. 사회적 그늘은 예전에도 컸지만 이제는 암세포처럼 사회 곳곳을 파고든다. 21세기 한국은 청년 실업, 부동산 대란, 세대갈등, 남녀갈등 등 온갖 문제를 끌어안고 있다. 인구절벽도 심각하다. OECD의 전망에 따르면 당장 2년 뒤인 2025년에는 한국 인구 4명 중 1명이 노인이다. 이렇게 돈 없고 힘없는 사람들에게 왜 한국 사회는 희망을 주지 못할까.

이러한 사회적 갈등과 문제의 배후에는 한국 사회를 오랫동안 지배해온 뿌리 깊은 차별과 편견이 있다. 정책은 불평등이 발생하고 지속되는 원인이지만 대안이 될 수도 있다. 공공 정책만큼 큰 사회적 임팩트를 깊이, 오래 남길 수 있는 수단이 없다. 공공서비스의 접근성이 개선되면 소외된 사람들이 도움을 받는다. 그런 점에서 세상을 바꾸려면 결국 정부와 정책이 바뀌어야 한다.

성숙한 민주주의는 이념과 구호만으로 만들 수 없다. 잘해야 할 일을 잘하는 정부가 필요하다. 방향을 잘 잡고, 실제 그 방향으로 갈 수 있는 정부가 필요하다.

모든 시민을 대표하는 민주주의 정부의 고유한 사명은 모든 시민을 위하는 정책을 만드는 것이다. 정책의 접근성을 높이는 것이다. 정부가 그 일을 더 잘할 수 있게 돕는 것이 데이터다. 데이터는 지렛대다. 어떤 문제를 풀어야 할지 안다면 데이터는 그 목적지에 더 빠르고 쉽게 도달하도록 도와준다. 그러나 문제 정의가 잘못되어 있다면 데이터는 오히려 문제를 더 빠르게, 더 크게 악화시킨다.

정부가 시빅 데이터를 잘 활용해 시민의 불편을 공공 혁신으로 바꿀 때 시민이 쉽게 이용하고, 먼저 찾아가고, 참여하기 쉬운 정부 그리고 성숙한 민주주의 사회가 만들어진다.

감사의 글

많은 사람들의 도움으로 이 책이 세상에 나왔다. 영화의 엔딩 뒤에 나오는 클로징 크레딧처럼, 짧게나마 이 지면을 빌려 그분들께 그동안 못다한 감사의 말을 전한다.

나의 베이스캠프, 존스홉킨스대 SNF 아고라 연구소의 동료들에게 감사한다. 지난 3년간 SNF 아고라 연구소에서 추진하는 '오늘날의 아고라 지도 만들기' 프로젝트에 참여하면서 연구와 실무에 대해 많은 것들을 배웠다. 이 프로젝트에 초대해준 SNF 아고라 연구소 소장 한하리 정치학 교수는 현실에 뿌리를 둔 학술 연구를 하는 나의 롤 모델이다. 거의 매주 화상 통화를 하며 함께 치열하게 프로젝트를 진행해온 데이터 과학자 밀란 드 브리스는 존경하고 신뢰하는 동료다.

2022년에는 한국 KDI 국제정책대학원 교수로 재직했다. KDI

대학원생 대부분은 국내외 공공 기관의 중간 관리자다. 이들에게 데이터 과학을 가르치면서 데이터 전환 시대에 공공 조직이 맡아야 할 역할에 대해 고민했다.

공익을 목적으로 데이터를 어떻게 써야 할지에 대해서는 미국을 대표하는 시빅 테크 단체인 코드 포 아메리카의 시니어 데이터 사이언스 디렉터인 에릭 지아넬라가 큰 도움을 줬다. UC버클리 대학원 재학 기간에 버클리와 스탠퍼드가 공동 주최하는 전산사회과학 여름학교BAY-SICSS를 공동 조직했다. 이때 코드 포 아메리카가 행사 파트너로 참여하면서 에릭과 친분을 맺게 됐다. 에릭은 코드 포 아메리카로 이직한 이후 이제 직장 동료가 됐다.

공공 영역의 데이터 과학을 연구하고 이해하는 데 도움을 준 미국 학계의 많은 동료들이 있다. 토론을 통해 영감을 준 코넬대 네이선 마티아스 교수, 미시간대 벤 그린 교수, 버지니아대 존 크랍코 교수, 조지타운대 레베카 존슨 교수, 포덤대 로스쿨 아니켓 커사리 교수, 세인트루이스 워싱턴대 안은혜 교수님, 럿거스대 김영림 교수님, 샌디에이고대 백지연 교수님께 감사드린다.

한국 대학과 재단의 동료들도 이 책을 발전시키는 데 많은 힘이 되어주었다. 한국의 공공 데이터 현황을 이해하는 데는 성균관대 최재성 교수님, KDI 국제정책대학원 이인복 교수님께서 도움을 주셨다. 카이스트 조대곤 교수님, 김란우 교수님, 고려대 김성은 교수님, 성균관대 최재성 교수님은 학부생과 대학원생을 대상으로 공공 영역의 데이터 과학에 대해 특강을 할 기회를 주셨다. SK가 설립한 고등교육재단의 도움으로 이 책의 내용을 한국의 고등학생과 중학생에게도 수차례 소개했다.

아직 완성되지 않은 원고를 읽고 상세한 조언을 해주신 분들도 있다. 귀중한 시간을 나눠주신 조지메이슨대 이명 교수님, MIT 박사과정생 소원영 님, UC버클리 박사과정생 송태수 님, 펜실베이니아대 박사과정생 안재경 님, 미시간대 박사과정생 임제인 님께 감사드린다. 이 책이 초고보다 나아진 바가 있다면 이분들 덕분이다.

미국 유학을 가기 전에도 데이터를 통해 공익을 추구하는 방법에 관심이 많았다. 고려대 학부생일 때 동대 전기전자공학부의 김규태 교수님과 함께 모교의 대규모 공개강좌 서비스KU OCW를 론칭했다. 이때 공개강좌를 기초로 온라인 학습 커뮤니티를 어떻게 만들지 고민했다. 이후에는 에듀 테크에서 시빅 테크로 관심을 돌렸다. 코드C.O.D.E의 활동가로서 저작권부터 열린 정부까지 많은 정책 이슈에 대한 공적 논의에 참여했다. 이때 유일한 대학생으로 네이버의 서비스 자문위원을 1년간 맡기도 했다. 고려대 김규태 교수님은 여전히 본이 되는 은사님이시다. 코드의 윤종수 이사장님은 그때는 판사님, 지금은 변호사님이시지만 나에게는 영원히 1호(활동가)님이시다. 김규태 교수님과 윤종수 이사장님이 아니었다면 대학생 시절부터 공공 문제 해결을 위해 데이터를 어떻게 쓰고 쓰지 말아야 할지 생각하고 활동할 기회를 얻지 못했을 것이다.

이 책의 출판을 위해 결정적 역할을 해주신 세종서적 이다희 편집팀장님, 이 책의 가치를 믿고 지지해주신 정소연 주간님, 원고를 수정하는 데 구체적 방향을 제시해주신 이승민 편집자 님과 김재열 편집자 님께 감사드린다.

마지막으로, 내 삶의 버팀목이자 쉴 곳인 아내 선민과 딸 재인에게 감사한다. 이 책을 내 인생에서 가장 소중한 이 두 사람에게 헌정한다.

이 책에 담긴 의견은 전적으로 나 개인의 의견이다. 내가 소속한 혹은 소속되었던 기관의 의견을 대표하지 않는다.

참고문헌

김재익, 2007. "기능적 지역개념에 의한 지역통계의 개발과 활용." 충남발전연구원. 11-34 https://www.cni.re.kr/main/search/down.do?gcd=AC0000003144&seq=1 (2022년 7월 27일 접속)

김진숙, 한은희, 김지선, 우예신, 정선욱, 2023. "e-아동행복지원사업 참여 공무원의 업무 경험에 관한 연구." 한국사회복지행정학, 25(2), pp.65-99

문상균, 배한나, 최재성, 2016. "학원정보 공공데이터를 활용한 서울시 사교육 공급에 관한 분석." 조사연구, 17(3), pp.81-108

새라 윌리엄스 (김상현 옮김). 2023. 《공익을 위한 데이터: 사회 발전을 위한 데이터 액션 활용법》. 서울: 에이콘출판사

유종성, 전병유, 신광영, 이도훈, 최성수, 2020. "증거기반 정책연구를 위한 행정자료의 활용." 한국사회정책, 27(1), pp.5-37

임근찬, 2020. "보건복지 데이터 활용 현황과 과제." 보건복지포럼, 2020(8), pp.2-5

캐럴라인 크리아도 페레스. 2020. 《보이지 않는 여자들: 편향된 데이터는 어떻게 세계의 절반을 지우는가》. 황가한 옮김. 서울: 웅진지식하우스

한규섭, 차상균, 서지혜, 이혜림. 2015년 10월 8일. "정부 조직 내 데이터 사이언티스트 인력 양성 및 채용방안 연구." 한국정보화진흥원. http://library.nia.or.kr/dl_image/IMG/01//000000000970/SERVICE/000000000970_01.PDF (2022년 6월 19일 접속)

Achen, C.H. and Bartels, L.M., 2016. *Democracy for Realists*. Princeton, NJ: Princeton University Press

Acemoglu, D. and Robinson, J.A., 2006. *Economic Origins of Dictatorship and Democracy*. New York: Cambridge University Press

Bailey, M.J., Hoynes, H.W., Rossin-Slater, M. and Walker, R., 2020. "Is the Social Safety Net A Long-Term Investment? Large-Scale Evidence From The Food Stamps Program" (No. w26942). *National Bureau of Economic Research*

Becker, G.S., 1957. *The Economics Of Discrimination*. Chicago: University of Chicago press

Bender, E.M., Gebru, T., McMillan-Major, A. and Shmitchell, S., 2021, March. On the Dangers of Stochastic Parrots: Can Language Models Be Too Big?. *In Proceedings of the 2021 Acm Conference on Fairness, Accountability, and Transparency* (pp. 610-623)

Benjamin, R., 2019a. *Race after Technology: Abolitionist Tools for the New Jim Code*. Medford, MA: Polity

Benjamin, R., 2019b. "Assessing Risk, Automating Racism." *Science*, 366(6464), pp.421-422

Bertrand, M. and Mullainathan, S., 2004. "Are Emily and Greg More Employable than Lakisha and Jamal? A Field Experiment on Labor Market Discrimination." *American Economic Review*, 94(4), pp.991-1013

Bonica, A., Grumbach, J.M., Hill, C. and Jefferson, H., 2021. All-mail voting in Colorado increases turnout and reduces turnout inequality. *Electoral Studies*, 72, p.102363

Bowen, C.M., 2021. *Protecting Your Privacy in a Data-driven World*. Milton: CRS Press LLC

Breznau, N., Rinke, E.M., Wuttke, A., Nguyen, H.H., Adem, M., Adriaans, J., Alvarez-Benjumea, A., Andersen, H.K., Auer, D., Azevedo, F. and Bahnsen, O., 2022. "Observing Many Researchers Using the Same Data and Hypothesis Reveals a Hidden Universe of Uncertainty." *Proceedings of the National Academy of Sciences*, 119(44), p.e2203150119

Buolamwini, J. and Gebru, T., 2018, "Gender Shades: Intersectional Accuracy Disparities in Commercial Gender Classification." In *Conference on Fairness, Accountability and Transparency*, pp. 77-91

Caro, R.A., 2002. *Master of the Senate: The Years of Lyndon Johnson III (Vol. 3)*. New York : Alfred A. Knopf

Carpenter, D., 2010. *Reputation and Power: Organizational Image and Pharmaceutical Regulation at the FDA*. Princeton, NJ: Princeton University Press

Carpenter, D.P., Dagonel, A., Judge-Lord, D., Kenny, C.T., Libgober, B., Rashin, S., Waggoner, J. and Yackee, S.W., 2022. Inequality in Administrative Democracy: Methods and Evidence from Financial Rulemaking. *Working Paper*. https://judgelord.github.io/finreg/participatory-inequality.pdf (2023년 6월 29일 접속)

Cashin, S., 2021. *White Space, Black Hood: Opportunity Hoarding and Segregation in the Age of Inequality*. Boston, MA: Beacon Press

Chetty, R., Hendren, N., Kline, P. and Saez, E., 2014. "Where Is the Land of Opportunity? The Geography of Intergenerational Mobility in the United States." *The Quarterly Journal of Economics*, 129(4), pp.1553-1623

Christian, B., 2020. *The Alignment Problem: Machine Learning and Human Values*. New York, NY: WW Norton & Company

De Vries, M., Kim, J., Han, H. 2023. "The Unequal Landscape of Civic Opportunity in America." *Nature Human Behaviour*

Dean, Jeffrey, and Sanjay Ghemawat. 2008. "MapReduce: Simplified Data Processing on Large Clusters." *Communications of the ACM* 51 (1): 107 – 13

D'ignazio, C. and Klein, L.F., 2020. *Data Feminism*. Cambridge, MA: MIT press

Doerr, J., 2018. *Measure What Matters: How Google, Bono, and the Gates Foundation Rock the World with OKRs*. London: Penguin

Downe, L. 2020. *Good Services: How to Design Services That Work*. Hachette: Laurence King Publishing

Dwork, C., McSherry, F., Nissim, K. and Smith, A., 2006, March. "Calibrating Noise to Sensitivity in Private Data Analysis." In *Theory of Cryptography Conference* (pp. 265-284). Springer, Berlin, Heidelberg

Eberhardt, J.L., 2019. *Biased: Uncovering the Hidden Prejudice that Shapes What*

We See, Think, and Do. New York: Viking

Eckhouse, L., 2022. "Metrics Management and Bureaucratic Accountability: Evidence from Policing." *American Journal of Political Science*, 66(2), pp.385–401

Einstein, K.L., Glick, D.M. and Palmer, M., 2019. *Neighborhood Defenders: Participatory Politics and America's Housing Crisis*. New York, NY: Cambridge University Press

Eubanks, V., 2018. *Automating Inequality: How High-Tech Tools Profile, Police, and Punish The Poor*. New York: St. Martin's Press

Faber, J.W., 2020. "We Built This: Consequences of New Deal Era Intervention in America's Racial Geography." *American Sociological Review*, 85(5), pp.739–775.

Fischel, W.A., 2005. *The Homevoter Hypothesis: How Home Values Influence Local Government Taxation, School Finance, and Land-use Policies*. Cambridge, MA: Harvard University Press

Godinho de Matos, M. and Adjerid, I., 2022. "Consumer Consent and Firm Targeting After GDPR: The Case of a Large Telecom Provider." *Management Science*, 68(5), pp.3330–3378

González, Y. and Mayka, L., 2022. "Policing, Democratic Participation, and the Reproduction of Asymmetric Citizenship." *American Political Science Review*, pp.1–17

Han, H., 2014. *How Organizations Develop Activists: Civic Associations and Leadership in the 21st Century*. New York: Oxford University Press

Han, H. and Kim, J.Y., 2022. "Civil Society, Realized: Equipping the Mass Public to Express Choice and Negotiate Power." *The ANNALS of the American Academy of Political and Social Science*, 699(1), pp.175–185

Harrell, C., 2020. *A Civic Technologist's Practice Guide*. Five Seven Five Books.

Herd, P. and Moynihan, D.P., 2018. *Administrative Burden: Policymaking by Other Means*. New York: Russell Sage Foundation.

Hersh, E., 2020. *Politics Is For Power: How to Move Beyond Political Hobbyism,*

Take Action, and Make Real Change. New York: Simon and Schuster

Hinton, E., 2016. From the War on Poverty to the War on Crime: The Making of Mass Incarceration In America. Cambridge, MA: Harvard University Press

Imbens, G.W. and Rubin, D.B., 2015. *Causal Inference in Statistics, Social, and Biomedical Sciences*. Cambridge: Cambridge University Press

Kahneman, D., 2011. *Thinking, Fast and Slow*. New York: Farrar, Straus and Giroux

Kim, Y., 2021. "Tracking Bodies in Question: Telecom Companies, Mobile Data, and Surveillance Platforms in South Korea's Epidemic Governance." *Information, Communication & Society*, pp.1-18

King, G., Pan, J. and Roberts, M.E., 2013. "How Censorship in China Allows Government Criticism But Silences Collective Expression." *American Political Science Review*, 107(2), pp.326-343

Lane, J., 2020. *Democratizing Our Data: A Manifesto*. Cambridge, MA: MIT Press

Lauer, J., 2017. *Creditworthy: A History of Consumer Surveillance and Financial Identity in America*. New York: Columbia University Press

LeCun, Y., Bottou, L., Bengio, Y. and Haffner, P., 1998. "Gradient-based Learning Applied to Document Recognition." *Proceedings of the IEEE*, 86(11), pp.2278-2324

Lessig, L., 1999. *Code: And Other laws of Cyberspace*. New York: Basic Books

Lieberman, R.C., 1998. *Shifting the Color Line: Race and the American Welfare State*. Cambridge, MA: Harvard University Press

Linos, K., Carlson, M., Jakli, L., Dalma, N., Cohen, I., Veloudaki, A. and Spyrellis, S.N., 2021. "How Do Disadvantaged Groups Seek Information About Public Services? A Randomized Controlled Trial of Communication Technologies." *Public Administration Review*. pp.708-720

Lombroso, C., Gibson, M. and Rafter, N. H., 2006[1887]. *Criminal Man*. Durham, NC: Duke University Press

Lynch, M.S. and Madonna, A.J., 2013. "Viva Voce: Implications from the Disappearing Voice Vote, 1865 – 1996." *Social Science Quarterly*, 94(2), pp.530-550

Maeda, J., 2006. *The Laws of Simplicity: Design, Technology, and Business Life*. MA, Boston: MIT press

Malthus, T., 1998[1798]. *An Essay on the Principle of Population*. Electronic Scholarly Publishing Project. http://www.esp.org/books/malthus/population/malthus.pdf (2023년 2월 7일 접속)

Martinez, L.R., 2022. How Much Should We Trust the Dictator's GDP Growth Estimates?. *Journal of Political Economy*, 130(10), pp.2731-2769

Maslow, A.H., 1966. *The Psychology of Science: A Reconnaissance*. New York: Harper & Row

McGhee, H., 2021. *The Sum of Us: What Racism Costs Everyone and How We Can Prosper Together*. New York: One World

McGuinness, T.D. and Schank, H., 2021. *Power to the Public: The Promise of Public Interest Technology*. Princeton, NJ: Princeton University Press

Moynihan, D., Giannella, E., Herd, P., & Sutherland, J. 2022. "Matching to Categories: Learning and Compliance Costs in Administrative Processes." *Journal of Public Administration Research and Theory*. pp.1-15

Muller, J.Z., 2019. *The Tyranny of Metrics*. Princeton, NJ: Princeton University Press

Narayanan, Arvind, and Vitaly Shmatikov. 2006. "How to Break Anonymity of the Netflix Prize Dataset." *arXiv Preprint* Cs/0610105

Norman, D.A., 1999. "Affordance, Conventions, and Design." *interactions*, 6(3), pp.38-43

Noveck, B.S., 2021. *Solving Public Problems: A Practical Guide to Fix Our Government and Change Our World*. New Haven: Yale University Press

O'Neil, C., 2016. *Weapons of Math Destruction: How Big Data Increases Inequality and Threatens Democracy*. New York: Crown

Obermeyer, Z., Powers, B., Vogeli, C. and Mullainathan, S., 2019. "Dissecting

Racial Bias In An Algorithm Used To Manage The Health Of Populations." *Science*, 366(6464), pp.447-453

Paglayan, A.S., 2021. "The Non-democratic Roots of Mass Education: Evidence from 200 Years." *American Political Science Review*, 115(1), pp.179-198

Pahlka, J. 2023. *Recoding America: Why Government Is Failing in the Digital Age and How We Can Do Better*. New York: Metropolitan Books

Perez, C.C., 2019. *Invisible Women: Data Bias in a World Designed for Men*. New Work: Abrams Press

Pinker, S., 1997. *How the Mind Works*. New York: W. W. Norton

Porter, T.M., 2020. *The Rise of Statistical Thinking, 1820–1900*. Princeton, NJ: Princeton University Press

Rothstein, R., 2017. *The Color of Law: A Forgotten History of How Our Government Segregated America*. New York: Liveright Publishing

Saez, E. and Zucman, G., 2016. "Wealth Inequality in the United States since 1913: Evidence from Capitalized Income Tax Data." *The Quartedsrly Journal of Economics*, 131(2), pp.519-578

Saha, M., Saugstad, M., Maddali, H.T., Zeng, A., Holland, R., Bower, S., Dash, A., Chen, S., Li, A., Hara, K. and Froehlich, J., 2019, May. "Project Sidewalk: A Web-Based Crowdsourcing Tool for Collecting Sidewalk Accessibility Data at Scale." In *Proceedings of the 2019 CHI Conference on Human Factors in Computing Systems* (pp. 1-14)

Sahuguet, A., Krauss, J., Palacios, L. and Sangokoya, D., 2014. "Open Civic Data: Of the People, For the People, By the People." *IEEE Data Engineering Bulletin*, 37(4), pp.15-26

Sandvig, C., Hamilton, K., Karahalios, K. and Langbort, C., 2014. "Auditing Algorithms: Research Methods for Detecting Discrimination on Internet Platforms." *Data And Discrimination: Converting Critical Concerns into Productive Inquiry*, 22(2014), pp.4349-4357

Scott, J.C., 1998. Seeing like a State: How Certain Schemes to Improve the Human Condition Have Failed. New Haven: Yale University Press

Schlozman, K.L., Verba, S. and Brady, H.E., 2012. *The Unheavenly Chorus*. Princeton, NJ: Princeton University Press

Self, R.O., 2005. *American Babylon: Race and the Struggle for Postwar Oakland*. Princeton, NJ: Princeton University Press

Shvachko, K., Kuang, H., Radia, S. and Chansler, R., 2010, May. "The Hadoop Distributed File System." In 2010 *IEEE 26th Symposium On Mass Storage Systems And Technologies* (Msst) (Pp. 1-10)

Skocpol, T., 2003. *Diminished Democracy: From Membership to Management in American Civic Life*. Oklahoma: University of Oklahoma press

Sweeney, L., 2000. "Simple Demographics Often Identify People Uniquely". *Health* (San Francisco), 671(2000), pp.1-34

Sweeney, L., 2013. "Discrimination in Online Ad Delivery." *Communications of the ACM*, 56(5), pp.44-54

Tauberer, J., 2014. *The Principles and Practices of Open Government Data*. Joshua Tauberer

Tocqueville, A., 2003[1835]. *Democracy in America: And Two Essays on America*. London: Penguin

Trounstine, J., 2018. *Segregation by Design: Local Politics and Inequality in American Cities*. Cambridge: Cambridge University Press

Vogel, D., 2018. *California Greenin'. In California Greenin'*. Princeton University Press

Waikar, S. May 10, 2021. "Health Care's AI Future: A Conversation with Fei-Fei Li and Andrew Ng." *Stanford University Human-centered Artificial Intelligence*. https://hai.stanford.edu/news/health-cares-ai-future-conversation-fei-fei-li-and-andrew-ng (2022년 6월 19일 접속)

Washington, H.A., 2006. *Medical Apartheid: The Dark History of Medical Experimentation on Black Americans from Colonial Times to The Present*. New York: Doubleday

Weber, M., 2015[1919]. Weber's Rationalism and Modern Society: New Translations on Politics, Bureaucracy, and Social Stratification. Palgrave Macmillan. pp.129-198

Wiggins, C. and Jones, M.L., 2023. *How Data Happened: A History from the Age of Reason to the Age of Algorithms*. New York: W. W. Norton & Company

Winner, L., 2010. *The Whale and the Reactor: A Search for Limits in an Age of High Technology*. Chicago: University of Chicago Press

Williams, S., 2020. *Data Action: Using Data for Public Good*. Cambridge, MA: MIT Press

우리에게는
다른 데이터가 필요하다

초판 1쇄 인쇄 2023년 9월 1일
1쇄 발행 2023년 9월 5일

지은이 김재연
펴낸이 오세인 | 펴낸곳 세종서적(주)

주간 정소연 | 편집 이다희
표지디자인 co*kkiri | 본문디자인 김미령
마케팅 임종호 | 경영지원 홍성우
인쇄 천광인쇄 | 종이 화인페이퍼

출판등록   1992년 3월 4일 제4-172호
주소   서울시 광진구 천호대로132길 15, 세종 SMS 빌딩 3층
전화   경영지원 (02)778-4179, 마케팅 (02)775-7011
팩스   (02)776-4013
홈페이지   www.sejongbooks.co.kr
네이버 포스트 post.naver.com/sejongbooks
페이스북   www.facebook.com/sejongbooks
원고모집   sejong.edit@gmail.com

ISBN 978-89-8407-821-5   (03330)